CURSO BÁSICO
DE PSICANÁLISE

A. Tallaferro

CURSO BÁSICO
DE PSICANÁLISE

martins fontes

Título original: CURSO BÁSICO DE PSICOANÁLISIS.
Copyright © Editorial Paidós.
Copyright © 1989, Livraria Martins Fontes Editora Ltda.,
São Paulo, para a presente edição.

Publisher *Evandro Mendonça Martins Fontes*
Coordenação editorial *Vanessa Faleck*
Produção editorial *Susana Leal*
Capa *Douglas Yoshida*
Revisão da tradução *Monica Stahel*
Revisão *Cecília Madarás*
Renata Sangeon

3ª edição abril 2016 | 1ª reimpressão maio de 2022 | **Fonte** Warnock Pro
Papel Offset 75 g/m² | **Impressão e acabamento** Imprensa da Fé

Dados Internacionais de Catalogação na Publicação (CIP)
(Câmara Brasileira do Livro, SP, Brasil)

Tallaferro, Alberto
Curso básico de psicanálise / A. Tallaferro; tradução Álvaro Cabral. – 3. ed. – São Paulo: Martins Fontes – selo Martins, 2016.

Título original: Curso básico de psicoanálisis
Bibliografia.
ISBN 978-85-8063-248-4

1. Psicanálise I. Título.

15-07751
CDD-616.8917
NLM-WM 460

Índice para catálogo sistemático:
1. Psicanálise : Medicina 616.8917

Todos os direitos desta edição reservados à
Martins Editora Livraria Ltda.
Av. Dr. Arnaldo, 2076
01255-000 São Paulo SP Brasil
Tel.: (11) 3116 0000
info@emartinsfontes.com.br
www.emartinsfontes.com.br

SUMÁRIO

Introdução..	1
A medicina psicossomática...	6
Capítulo I. História da histeria...................................	13
Capítulo II. Desenvolvimento do movimento psicanalítico......	25
Capítulo III. Topografia do aparelho psíquico..............	37
O sistema inconsciente...	38
Características do inconsciente, 42	
O sistema pré-consciente..	45
O sistema consciente..	46
As instâncias do aparelho psíquico: o id.......................	47
Libido, 52	
O ego...	56
Desenvolvimento do ego, 59 – Duas funções importantes do ego, 64 – A função de síntese do ego, 65	
Alguns conceitos básicos de Melanie Klein...................	66
Características das emoções da criança pequena...........	72
A posição infantil depressiva...	75
Mecanismos de defesa do ego.......................................	77
Mecanismos de defesa do ego contra perigos intrapsíquicos, 77 – A repressão, 78 – A regressão, 80 – O isolamento, 81 –A anulação ou reparação, 81 – A formação reativa, 82 – A identificação, 83 -- A projeção, 85 – Troca de um instinto pelo seu contrário, 85 – Volta do instinto contra o ego, 86 – A sublimação, 86 – Mecanismos de	

defesa do ego contra perigos extrapsíquicos, 87 – A negação em atos e palavras, 88 – A negação na fantasia, 89 – A limitação do ego, 90 – Identificação com o agressor temido, 91 – A renúncia altruísta, 93

O superego 94

Capítulo IV. Os atos falhos 101

Capítulo V. Os sonhos 107
Dramatização ou concretização, 110 – Condensação, 111 – Desdobramento ou multiplicação, 111 – Deslocamento, 112 – Inversão da cronologia, 112 – Representação pelo oposto, 112 – Representação pelo nímio, 113 – Representação simbólica, 113

Capítulo VI. Etapas da evolução da libido 121
Fase oral 123
Importância da relação energética entre mamilo e boca lactente, 131
Fase anal 136
Fantasias sexuais da fase anal, 142 – Diversas formas de expressão da libido anal, 143
Fase fálico-genital 145
Fantasias sexuais da fase fálica, 148
A bissexualidade 151
Dados embriológicos, 152 – Dados anatômicos, 153 – Dados celulares, 153 – Dados bioquímicos, 153 – Dados de pesquisas com vertebrados e mamíferos superiores, 154
Complexo de Édipo 156
Evolução do complexo de Édipo nas meninas, 159
Período de latência 161
Puberdade 164

Capítulo VII. A angústia 171

Capítulo VIII. O caráter 185
Estruturação do caráter 188
A função econômica libidinal do caráter 193
Caráter normal e patológico 196
Caráter histérico, 198 – Caráter obsessivo, 199 – Caráter fálico-narcísico, 201 – Caráter normal e caráter neurótico: modo de pensar, 202 – Caráter normal e caráter neurótico: atuação, 203 –

Caráter normal e caráter neurótico: sexualidade, 203 – Caráter normal e caráter neurótico: trabalho, 204 – O caráter neurótico, 205 – O caráter normal, 206

Capítulo IX. A simultaneidade emoção-músculo 209

Couraça muscular 212

O músculo como elemento de descarga energética 215
Astenia, 219 – Cefaleias, 220 – Síndrome dolorosa do segmento lombossacro, 221 – Reumatismo, 222 – Distúrbios oculares, 223 – Distúrbios auditivos, 224 – Parto, 225 – Vaginismo, 226

Bibliografia 226

Capítulo X. O orgasmo 229

Fisiologia da ejaculação 229
O automatismo genital expulsivo, 232 – Mecanismo nervoso do automatismo expulsivo, 233

Diferença do potencial bioelétrico da pele durante prazer e angústia 236

Função dinâmico-econômica do orgasmo 238
Descrição esquemática do ato sexual orgasticamente satisfatório, 239 – Fase das contrações musculares involuntárias, 243

Tipos de orgasmos patológicos 247
No caráter neurótico-histérico, 247 – No caráter neurótico-obsessivo, 248 – No caráter fálico-narcísico, 248 – A satiríase e a ninfomania, 249

Impotência e frigidez 249
Frigidez, 250 – Impotência, 251 – Angústia provocada pelo orgasmo, 252 – Importância da mobilidade pélvica reflexa, 253

Capítulo XI. Etiologia geral das neuroses e psicoses 257

Capítulo XII. O clínico geral diante do problema da psicoterapia.. 269

Bibliografia consultada 275

INTRODUÇÃO

> Aquele que só tira o que vê e não arranca a raiz pouco aproveitará.
>
> KEMPIS, *XIII, n° 4*

No começo de 1956, ao iniciar o seu oitavo curso anual consecutivo sobre conceitos básicos da psicanálise, o dr. Alberto Tallaferro disse que o impulso que o movia a fazê-lo era "a convicção de que estava cumprindo uma função".

E acrescentou: "Na Argentina, a medicina está evoluindo na mesma direção que em outras partes do mundo, ou seja, para uma concepção integral do doente. Por isso, considerei útil e necessário fazer chegar conhecimentos psicanalíticos básicos aos médicos e estudantes que, sem desejar especializar-se nessa disciplina, queiram utilizá-los como um elemento a mais, no âmbito de seus conhecimentos, para o estudo, compreensão e orientação terapêutica de seus pacientes". Graças a essa mesma evolução, a medicina foi criando, para o tratamento adequado dos pacientes, novos métodos e especialidades.

A psicologia situa-se entre as ciências mais jovens no campo da medicina e talvez por isso esteja tão difundida atualmente a ideia de que ela é, em grande parte, a matéria de especulações puras, de tecnicismos triviais ou, como disse Welles, "apenas um refúgio para a ociosa indústria dos pedantes".

Não falta quem acredite que o psicológico tem pouca ou nenhuma influência sobre a conduta humana, seus problemas ou os chamados distúrbios somáticos. No entanto, apesar de seus poucos anos de existência, a psicanálise contribuiu com notáveis conhecimentos para quase todas as especialidades médicas, a tal ponto que prescindir deles no tratamento de certos distúrbios que se manifestam no ser humano seria tão impróprio quanto renunciar ao uso de antibióticos.

A compreensão da estrutura total da personalidade deve-se principalmente às investigações psicanalíticas, que não se limitaram aos conteúdos conscientes da mente, mas pretenderam estabelecer que o modo de atuar do homem também é condicionado por fatores inconscientes. Essa compreensão permite elucidar, de certa forma, a ação múltipla e dinâmica da psique, proporcionando novas perspectivas aos médicos e estudiosos da psicologia.

A grande transformação operada no estudo das neuroses e psicoses, que Freud não só iniciou como empreendeu durante mais de cinquenta anos de infatigável trabalho, pode ser comparada com a que ocorreu na medicina geral graças aos métodos de auscultação, percussão, medição da temperatura, radiologia, bacteriologia, física e bioquímica.

A psicanálise levou o conhecimento das doenças a um novo nível científico e, como disse Jaspers em sua *Patologia geral*, "Freud marcou época na psiquiatria com o seu novo ensaio de compreensão psicológica. Apareceu num momento em que o psíquico tornou-se novamente visível, depois de se terem considerado, durante vários decênios, quase exclusivamente os conteúdos racionais do homem, seus sintomas objetivos e neurológicos".

Acrescenta Jaspers: "A partir de então, o compreender voltou a ser evidente, mesmo para os investigadores que nada querem saber das teorias de Freud, mas usam termos como 'fuga na doença', 'complexos' e 'mecanismos de defesa e de repressão'".

Diz ainda Jaspers, mais adiante: "Freud não situa o teórico em primeiro plano, mas, pelo contrário, mantém suas representações teóricas fluidas, apoiadas na experiência, que é sua única fonte; por isso, nunca admitiu a construção de um sistema teórico fixo. (...) O surgimento da doutrina freudiana deve-se a uma necessidade intrínseca das tendências contemporâneas; a nossa época, superando a psicologia e a psiquiatria clássicas, rotineiras e mecanicistas, concentradas unicamente em pormenores, reclamava um conhecimento mais profundo e mais sintético da vida anímica do homem".

Em suma: a teoria e o método psicanalítico convertem a antiga psiquiatria descritiva, estática, em uma ciência dinâmica ou psiquiatria interpretativa, ao integrar-se nela.

O professor Maurice Levine apresentou ao Congresso Mundial de Psiquiatria realizado em Paris, em 1950, um trabalho que dá uma ideia da influência que a psicanálise exerceu na medicina. Afirma esse autor que a extraordinária aceitação das ideias psicanalíticas e o desenvolvimento da medicina psicossomática constituem as principais características do movimento médico nos últimos vinte anos nos Estados Unidos. A maioria dos especialistas da psiquiatria norte-americana reconhece, cada vez mais, a importância dos conceitos psicanalíticos, incorporando-os ao ensino. Isso é, em grande parte, uma resposta à solicitação de médicos e estudantes, cujas experiências durante a Segunda Guerra Mundial os levaram à necessidade de admitir um conceito dinâmico das doenças e dos problemas humanos que até então lhes eram inacessíveis.

Atualmente, a maioria dos professores de psiquiatria dos Estados Unidos ou é psicanalista, ou assimilou uma quantidade suficiente de conhecimentos de psicanálise. O resultado final é que a psicanálise deixou de ser uma disciplina de grupo para integrar-se amplamente no campo da psiquiatria e da medicina em geral, passando a constituir parte básica da abordagem do paciente pelo médico.

Na maioria dos centros importantes da medicina norte-americana já não é necessário lutar pela aceitação das ideias psicanalíticas, pois estas foram admitidas há muito tempo. Consequentemente, o trabalho que se realizava nos centros psiquiátricos até esse momento, com uma preocupação exclusiva pela organização hospitalar para pacientes psicóticos, deslocou-se para uma dedicação maior às condutas psicoterapêuticas, com pacientes neuróticos não internados, que já não se encontram sob os cuidados de neurologistas, carentes de conhecimentos adequados para tratar as neuroses.

Alguns dados estatísticos dão uma ideia mais nítida do interesse que existe nos Estados Unidos pela psicanálise. Dos 340 membros da Associação Psicanalítica Americana, segundo os registros de 1950, um total de 195 são catedráticos universitários; além disso, 23 hospitais de primeira, 36 faculdades de medicina e 29 universidades contam com psicanalistas em seu corpo médico e docente.

Em suma, nas escolas de medicina dos Estados Unidos as ideias psicanalíticas já não circulam clandestinamente nem são utilizadas de maneira sub-reptícia ou supersticiosa, sem conhecer ou aceitar sua origem; pelo contrário, elas são ensinadas abertamente, como parte básica da formação médica.

Diz Levine: "Devemos lembrar que é aos psiquiatras que se deve o máximo esforço para que as ideias psicanalíticas se difundissem e fossem aceitas nos Estados Unidos. Já antes disso registrava-se na psiquiatria norte-americana uma tendência acentuada em favor da união com outras disciplinas médicas, e os psiquiatras pré-psicanalistas – entre eles, A. Meyer – contribuíram muito para o movimento, ao assinalar que os conhecimentos psiquiátricos podiam ser de utilidade para os clínicos, tentando enfatizar ao mesmo tempo que a dicotomia 'mente-corpo' é, na prática médica, um conceito falso, filosófico e estéril. Mas só quando o material psicanalítico chegou a dominar o pensamento dos médicos norte-americanos o movimento de colaboração entre clínicos e psiquiatras tomou corpo, dando origem ao que atualmente se chama de medicina psicossomática".

Atualmente, as universidades preparam os médicos como se eles fossem tratar de pacientes apsíquicos ou anencéfalos; mas essa afirmação, evidentemente exagerada, não nos deve levar a pensar que os pacientes sejam só cérebro ou conflitos emocionais. O que se relaciona com as doenças mentais constitui um campo extremamente importante para o estudo e a ação na medicina preventiva.

Os grandes avanços registrados nos últimos anos em relação a alguns processos que intervêm na etiologia dos distúrbios psíquicos projetaram uma luz clara não apenas no terreno da clínica, mas também no da prevenção. É perfeitamente conhecido o fato de que o bem-estar do homem não depende exclusivamente de uma saúde física, mas também de uma correta adaptação ao meio, com uma capacidade adequada para enfrentar as necessidades sociais, econômicas e industriais da vida moderna.

Atualmente, nos Estados Unidos, há mais de 500 mil pessoas internadas com doenças mentais; e, de acordo com a média atual, uma pessoa em cada catorze necessitará, em algum momento, de assistência psiquiátrica.

Segundo cálculos estatísticos, entre 50% e 75% das pessoas que se encontram submetidas a tratamento médico nos Estados Unidos – um país com mais de 200 milhões de habitantes – padecem de algum tipo de afecção psiconeurótica. Um total de 16 mil norte-americanos suicidaram-se em 1949, número que mostra claramente a magnitude do problema da saúde mental e a importância dos trabalhos de prevenção[1].

Isso faz pensar na necessidade de incluir nos programas das faculdades de medicina, de forma mais extensa e mais profunda do que se faz hoje, o ensino da psiquiatria dinâmica. Na Faculdade de Medicina de Buenos Aires, a psiquiatria é uma matéria que se estuda em apenas um ano. Os novos programas deveriam incluir o estudo da psiquiatria dinâmica ou integral em todos os anos do curso. Também nas escolas de odontologia, cinesiologia, obstetrícia e enfermagem seria conveniente dar aos alunos conceitos básicos dessa disciplina, como se faz em algumas universidades do Chile, México e Estados Unidos.

O estudo mais completo dos mecanismos psicodinâmicos capacitaria o médico a adotar, diante do paciente, uma posição que lhe permitisse um enfoque global. Para isso, é preciso considerar o psíquico como função do orgânico, já que não se pode falar de paralelismo nem

....
1. Waring, A. J. e Smith, P., *J. Am. Med. Ass.*, 126: 418, 1944.

de interação, o que implicaria uma concepção dualista, em vez de uma noção funcional e monista. O funcional e monista é a integração de todos os fatores, ou seja, a hierarquia, a compreensão da função com respeito ao ser. O funcional, o adequado, é o que serve para desenvolver ao máximo as potencialidades. Para podermos dizer se um automóvel é bom, temos de ver se funciona e, sobretudo, como funciona; quanta gasolina e quanto óleo consome, como se articulam suas diferentes engrenagens. Também nisso consiste o bom ou o mau da saúde e da doença, e é preciso que se desenvolva uma integração de muitos elementos aparentemente opostos, mas que na realidade não o são.

Disse Jaspers: "A indubitável unidade 'corpo-alma' nem sempre é reconhecível como tal. O que se vê ou se capta é sempre algo destacado, um elemento singular dessa unidade, que deve ser interrogada para se compreender como ela se conduz em sua forma total. Essa unidade só é verdadeira como ideia básica, para todas as análises, como um conhecimento provisório durante a afirmação absoluta, e é útil para preservar o problema da relação do todo com o todo, no vivente do corpo e da alma. A unidade é dificilmente incluída em sua percepção imediata e não é acessível como objeto de conhecimento; é só a ideia que pode conduzir ao conhecimento particular, e como tal determinado, do vivente". O certo é que fica difícil, mesmo no aspecto experimental, encontrar a noção de totalidade, exceto no exemplo da expressão fisionômica, na qual se vê uma unidade. Assim, onde percebemos a alegria do rosto, nunca separamos a alma do corpo, não observamos duas coisas que teriam alguma relação entre si, mas um todo que posteriormente, ou seja, de uma forma totalmente secundária e artificiosa, podemos separar.

A integração do somático e do psíquico está comprovada de diversas maneiras, em fatos que, embora utilizando imprecisamente os conceitos corpo-alma, podem ser formulados grosso modo; por exemplo, para compreendermos como o somático atua sobre o psíquico, podemos assinalar a ação dos tóxicos (mescalina e LSD), as lesões cerebrais, a ação da insulina e o eletrochoque. Também vemos como o psíquico atua sobre o somático na realização de propósitos voluntários do sistema motor ou nas manifestações consecutivas não desejadas, como são as taquicardias emocionais, a hipertensão, o metabolismo alterado etc., bem como na modificação de algumas das chamadas lesões psicossomáticas mediante a psicoterapia. Podemos igualmente considerar, como exemplo, o caso da possibilidade hipnótica de criar diversas lesões somáticas. Se sugerirmos a um paciente em estado hipnótico profundo que ele está sendo tocado com um ferro em brasa, e na verdade o tocarmos com um ferro frio, ele poderá, assim mesmo, produzir uma flictena no local.

A medicina psicossomática

O próprio vocábulo *psicossomático*, usado correntemente, não está isento de crítica. No fundo, ele trai a sua própria intenção semântica, pois em sua designação mostra-se vítima de uma dualidade cartesiana entre corpo e alma, conforme assinala López Ibor.

A atual tendência para a medicina integral é, em parte, resultado da reação contra um mundo que se tornou excessivamente mecanicista e ocupou-se em pesquisar separadamente as diversas facetas que formam o homem e seu ambiente, das quais não é possível ter uma visão de conjunto, uma vez que o ser humano está dentro delas. Mas pode-se pensar que são partes integrantes umas das outras, algumas contraditórias entre si e, ao mesmo tempo, integrantes de um todo.

Pela análise química, pode-se chegar a conhecer os componentes da porcelana utilizada para fabricar uma xícara e chegar, em uma fase posterior, ao ordenamento dos átomos. Esse problema se colocará na medida em que for necessário saber exatamente como é constituída a xícara, e também é válido para o estudo do homem. É possível desmontá-lo psicologicamente, chegar a seus componentes mais profundos e, figurativamente, pô-los sobre a mesa. Entretanto, não é necessário um inventário de componentes e motivações, mas que essa totalidade funcione adequadamente. Para que serve ter uma xícara reduzida a seus átomos, se o que se quer é beber café? O que é difícil saber, e geralmente escapa à observação, é a forma como se produz e se possibilita a integração. Diz Jaspers: "Por exemplo, se movo a minha mão ao escrever, sei o que quero e meu corpo obedece a essa vontade finalista; o que ocorre é assinalável, em parte, nos aspectos neurológicos e fisiológicos, mas o primeiro ato da tradução do propósito psíquico no acontecer corporal é inacessível e incompreensível, tal como o é a magia, com a diferença de que essa é uma magia real e não ilusória".

As manifestações corporais concomitantes dos processos psíquicos não têm importância em sua diversidade, a não ser pelo fato de que expõem universalmente aquela simultaneidade existente entre a psique e o soma. A afirmação de que esses fenômenos são a consequência exclusiva de acontecimentos psíquicos é unilateral. A relação que se produz também, por sua vez, volta a repercutir sobre a parte psíquica. Deve-se considerar que as conexões fisiológicas estabelecem-se inteiramente em círculos. O processo psíquico suscita uma série de fenômenos somáticos, que por sua vez alteram o processo psíquico. Nas manifestações concomitantes que aparecem rapidamente isso não é muito claro, mas, em compensação, nas pesquisas sobre secreções internas já se verifica com maior nitidez. Do psiquismo partem as excitações e inibições relativamente rápidas, por exemplo, na musculatura lisa dos vasos; em compensação, os efeitos sobre as glândulas endócrinas são mais lentos, podendo-se observar o seguinte círculo: o psiquismo estimula o sistema nervoso, este estimula as glândulas endócrinas, que produzem os hormônios, que, por sua vez, influenciam o processo somático e psíquico.

Em geral, é difícil comprovar essas situações experimentalmente; por essa razão, nos experimentos com animais e no homem, assinalam-se mais os aspectos fisiológicos do que os concomitantes psíquicos.

Quanto aos conceitos em que se relacionam o psíquico e o somático, Reich diz em seu artigo "Funcionalismo orgonótico"[2] que se pode considerar que eles se integram de acordo com o seguinte esquema:

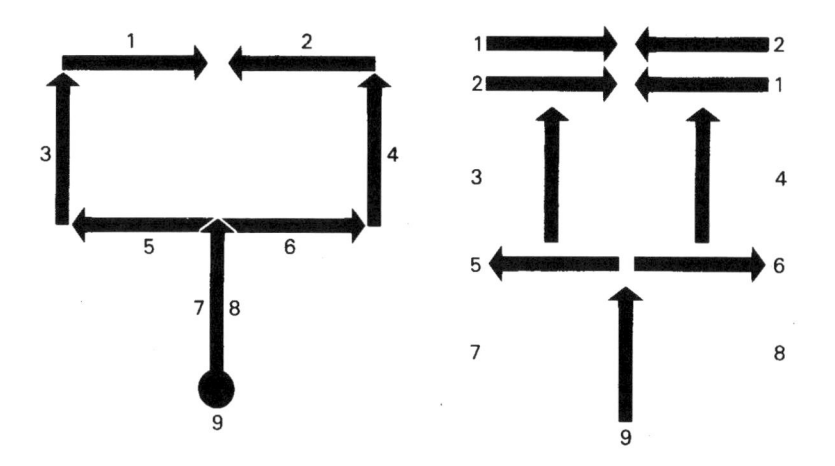

Se considerarmos separadamente as partes desse esquema, verificaremos o seguinte: na superfície, nos pontos 1 e 2, há uma absoluta antítese psique-soma. Esse é o âmbito dos mecanicistas, que consideram o psíquico funcionando separadamente do físico-químico,

....
2. *Orgone Energy Bulletin*, 2, 1, 1950.

embora paralelamente a ele; também é esse o campo em que se situam os vitalistas que, inversamente, sustentam que a energia vital cria e determina o somático. "O somático determina a sensação", dizem os mecanicistas; "as sensações (enteléquia) determinam a matéria", dizem os vitalistas. Tudo depende de se partir do ponto 1 ou do ponto 2.

Os pontos 3 e 4 são elementos que correm paralelos e, considerados fora do resto do diagrama, não têm qualquer conexão entre si. Essas linhas correspondem à teoria paralelista mente-corpo, segundo a qual os processos somáticos e psíquicos são mutuamente independentes e correm paralelos um ao outro.

Os pontos 5 e 6 correm em sentidos opostos, distanciando-se um do outro, correspondendo ao conceito segundo o qual matéria e espírito – soma e psique –, instintos e moral – natureza e cultura –, sexualidade e trabalho, terrestre e divino são elementos incompatíveis. Além disso, são antitéticos. Representam o pensamento de qualquer tipo de misticismo.

Na altura dos pontos 7 e 8 há uma única linha de movimento que se pode ver a partir do lado direito ou do lado esquerdo. Corresponde ao conceito de monismo, da teoria paralelista mente-corpo, segundo o qual o psíquico e o físico são apenas aspectos diferentes de uma mesma coisa.

Devemos admitir que os monistas, com sua maneira de pensar, estão mais perto da verdade do que os mecanicistas, os vitalistas, os dualistas e os demais, mas não levaram em conta a antítese que resulta da divisão do unitário, como sucede no caso da natureza, que se divide em matéria viva e inerte, animais e plantas, ou na divisão dos organismos, que se dividem em órgãos autônomos. Ao não considerarem essa antítese, também não levaram em conta a interdependência do somático e do psíquico.

Diz Reich: "O esquema funcional considera, no entanto, as muitas funções autônomas da unidade funcional. De acordo com esse conceito, as diversas funções derivam de uma fonte comum (9); em um dado campo, funções diferentes são idênticas (7 e 8) e, em campos distintos, são divergentes (5 e 6) ou correm paralelas, independentes uma da outra (3 e 4); ou, finalmente, são convergentes, ou seja, atraem-se ou influem uma sobre a outra de acordo com o princípio de antítese (1 e 2).

"Para ilustrá-lo em termos concretos, o organismo animal deriva de uma só célula unitária que está capacitada para a função de expansão e contração (9). Nessa unidade celular desenvolvem-se, sobre a base das ações de tensão e descarga, as funções tanto somáticas quanto psíquicas do que virá a ser o complexo organismo total (7 e 8), que não manifesta, até esse momento, nenhuma diferenciação em funções psíquicas e somáticas. Só posteriormente se vê a diferenciação. As funções somáticas desenvolvem-se por si mesmas, formando, no decorrer do desenvolvimento embrionário, os diferentes órgãos independentes. Nesse período, as funções emocionais não se desenvolvem para além do estágio primitivo das percepções agradáveis e desagradáveis.

"No nascimento, psique e soma já constituem dois ramos de um aparelho unitário (5 e 6), por um lado, funciona o orgânico, por outro, ocorrem as funções agradáveis-desagradáveis. Mas continua existindo o enraizamento bioenergético que têm em comum (7 e 8).

"A partir desse ponto, esses elementos prosseguem em seu desenvolvimento independentemente um do outro; por exemplo, o grupo modelo (3 e 4), no qual, ao mesmo tempo, um está influenciando o outro. Os diversos órgãos corporais formaram-se e continuam crescendo. Independentemente disso, a função prazer-desprazer dá lugar às três emoções básicas: *prazer, angústia* e *raiva*, e às várias funções da percepção.

"O desenvolvimento e a diferenciação da função de percepção constituem processos autônomos, independentes do crescimento dos órgãos. Entretanto, ambas as séries de desenvolvimento recebem energia biológica de um tronco comum (9, 7 e 8), sob a forma de um sistema nervoso autônomo. O crescimento dos órgãos e o desenvolvimento das emoções dependem do funcionamento total do aparelho vital autônomo."

Atualmente, costuma-se chamar certas doenças de psicossomáticas para distingui-las de outras, e há quem chegue a considerar uma medicina psicossomática paralela à clínica geral, à psiquiatria, à endocrinologia etc. Na realidade, o termo *psicossomático* não é mais que um adjetivo, adequadamente aplicável a um método ou enfoque, que é útil para examinar qualquer tipo de moléstia e é essencial para o diagnóstico e tratamento de algumas delas. A novidade na medicina psicossomática não está nos princípios, mas no método. É essa a opinião de Flanders Dunbar, que diz em seu livro *Corpo e mente* que a crença em que o paciente deve ser tratado como uma unidade "vai muito além daquilo que muitos consideravam medicina. O pajé das tribos primitivas era simultaneamente médico e sacerdote, trabalhando ao mesmo tempo sobre os sintomas psíquicos e físicos dos pacientes, pois nunca os imaginou separados. Depois, à medida que as funções de sacerdote e de médico foram se separando, este último teve de vencer uma forte oposição religiosa para estabelecer e manter seu império sobre as doenças somáticas.

"Preocupado em afirmar seu direito de tratar os pacientes como sua ciência em formação lhe ditava, sentiu-se aliviado ao poder encaminhar aqueles que apresentavam fenômenos psíquicos – que ele francamente não entendia – para os que consideravam sua especialidade o espírito ou a alma dos homens."

Mas o retorno a um tratamento integral do ser teria sido difícil sem a ajuda da psicologia biologicamente orientada de Sigmund Freud. Considerando os fatores psíquicos inconscientes e seu conceito de instinto *uma força biológica contínua, com equivalentes psíquicos*, Freud derrubou o limite rígido estabelecido entre a ciência natural e a psicologia.

Sua influência na medicina representou uma mudança formal, um estímulo radical para o desenvolvimento dessa ciência. Os fatores essenciais já se encontravam na medicina, embora dispersos, mas foi necessário esperar o advento do grande investigador austríaco para que eles frutificassem.

McDougall disse que a contribuição de Freud é a maior desde os tempos de Aristóteles; um outro autor, entusiasmado com a obra realizada pelo criador do método psicanalítico, chegou a dizer que esse foi o fato mais importante nos últimos 7 mil anos de psicoterapia que o mundo registra. O certo é que Freud forneceu o melhor método dos que foram descobertos até agora para a compreensão das mentes normais e patológicas.

É difícil apresentar uma definição da psicanálise, pois nem sempre é possível concretizar conceitos amplos em poucas palavras, mas, para evitar o perigo, duas definições são mais completas do que uma: Malinowski, sociólogo e antropólogo, definiu a psicanálise como *"essencialmente* uma teoria da influência da vida familiar sobre o psiquismo humano".

Anna Freud, filha do famoso homem da ciência, disse que "a psicanálise é a aquisição do maior conhecimento possível das três instâncias que se supõem constitutivas da personalidade psíquica e das relações entre a pessoa e o mundo exterior". Para tornar mais ampla a definição, acrescento: *e o uso desses conhecimentos para evitar e curar os distúrbios produzidos pelas discrepâncias entre eles.*

Tudo o que foi dito leva a pensar que o clínico geral deve examinar seu paciente como aquilo que ele é: uma unidade funcional em que atuam elementos psíquicos e somáticos. Entretanto, isso nada tem de novidade, pois Paracelso (Philippus Aureolus Theophrastus von

Hohenheim, c. 1493-1541), em seu livro *Paragranum*, editado em 1530, já afirmou: "A base da medicina deve ser o estudo da natureza em suas leis físicas, telúricas e cósmicas, a compreensão dos fenômenos biológicos e a preparação dos remédios mediante a química.
"O primeiro médico do homem é Deus, o Fazedor da saúde. Pois o corpo não é um ente separado, mas a morada para a alma. Portanto, o médico deve cuidar de pôr todos esses elementos em harmonia, conseguindo assim sua verdadeira saúde, esse harmonioso acorde que une no homem as coisas do mundo com as divinas."

A palavra *religião* – diga-se de passagem – provém do latim *religare*, ou seja, unir de novo. O processo curativo deve participar dessa característica. Considerado assim o problema, a religião seria a base da medicina, e Paracelso prediz em suas profecias um mal para todos aqueles que não realizam seu autorreconhecimento, pois não conhecem a substância de sua própria natureza. "O viver adequada e saudavelmente é alcançar a harmonia com o próprio ser e deste com o ambiente."

Paracelso prossegue: "Portanto, o médico deve ser também um astrólogo, deve conhecer as leis da harmonia das esferas e sua influência, e ser, ademais, um teólogo que compreenda as necessidades da alma. A antropologia deve ser conhecida por ele para compreender as necessidades do corpo, e a alquimia, para perceber as substâncias universais que se encontram nas misturas harmoniosas existentes em todas as partes, na natureza do mundo material. Também deve ter consciência das forças cósmicas primárias e criadoras, porque são universais e se encontram no próprio homem. E deve ser um místico para reconhecer que existe algo para além da lógica, como já demonstraram os antigos; e, desse modo, um misticismo completará o sistema".

Com a diversidade de técnicas e conceitos que devem ser utilizados na medicina atual, fica difícil que uma só pessoa possa reunir e manipular todos eles perfeitamente. Por isso, a solução prática – ainda que não seja ideal – é o trabalho de equipe, com um chefe que deve ter não só amplos conhecimentos, mas também a habilidade suficiente para poder integrar os diferentes dados fornecidos pelos componentes do grupo e, a partir dessa aparente parcialização do paciente, formular um diagnóstico e uma terapia integral.

CAPÍTULO I
HISTÓRIA DA HISTERIA

Apenas uma razão de ordem histórica e de respeito pela cronologia dos êxitos e fracassos da vida de Sigmund Freud como pesquisador explica o fato de, neste livro, se tomar a histeria como ponto de partida para o estudo do patológico e do normal para a psicanálise.

Enfermidade como tantas outras, desvanecida pelo tempo e refugiada sob diversas formas de expressão, a histeria foi talvez o primeiro mal para o qual os médicos de uma época passada não puderam encontrar uma explicação totalmente somática. Em nome do rigor científico a que estava preso, Freud não pôde aceitar nada do que se dizia para explicar a histeria, sobretudo quando uma grande parcela dos argumentos e razões pecava pelo desconhecimento de indiscutíveis fatores fisiológicos.

O fato é que a histeria foi o mal que permitiu a Freud ligar os primeiros elos na enorme cadeia que o levaria a assentar as bases da psicanálise. A "grande histeria" do século passado, que se manteve com suas notáveis características até o início deste século, comportava uma mobilização geral e aguda de sintomas e motivações, sendo lógico, então, que a psicanálise começasse a se desenvolver por esse caminho.

A história documental da histeria começa nos primeiros escritos médicos e filosóficos. Na antiga Grécia, a filosofia incluía a medicina em seus domínios. Hipócrates, nascido em 460 a.C., já se referia a esse mal, demonstrando que, embora na sua época se conhecesse a epilepsia, muitas vezes não se conseguia distingui-la nitidamente da histeria, sobre a qual, concretamente, só se possuíam alguns conhecimentos rudimentares. Por isso mesmo, pode-se demonstrar que a epilepsia, o *morbus sacer*, deve muito de seu caráter hierático à imperfeição do conhecimento que se tinha, então, da histeria. A maior parte dos doentes daquilo que na época se conhecia como "mal de Hércules" e as célebres pitonisas de Delfos, que, em meio a horríveis convulsões e gritos estridentes, profetizavam o futuro de quem as consultava no Templo de Apoio, não eram, na realidade, mais do que pessoas histéricas.

Hipócrates foi o primeiro a tentar explicar tais manifestações de um modo natural, vinculando-as a um deslocamento do útero, *histeron*, em grego, de onde provém o nome *histeria*. Para ele, em suma, tratava-se de uma anomalia de tipo ginecológico, concepção que, com algumas variantes, dominou a clínica e a terapêutica da histeria até o século XIX.

Os médicos do Egito e de outros povos primitivos do Oriente Próximo também acreditavam que a matriz era um órgão bicorne que podia deslocar-se no interior do corpo até obstruir todas as entradas de ar.

Platão, contemporâneo de Hipócrates, nascido em 427 a.C., sustentava essa mesma teoria, e no *Timeu* atribuiu a Sócrates a seguinte definição:

"A matriz é um animal que deseja ardentemente engendrar crianças. Quando fica estéril por muito tempo, depois da puberdade, aflige-se e indigna-se por ter de suportar semelhante situação e passa a percorrer o corpo, obturando todas as saídas de ar. Paralisa a respiração e impele o corpo para extremos perigosos, ocasionando ao mesmo tempo diversas enfermidades, até que o desejo e o amor, reunindo o homem e a mulher, façam nascer um fruto e o recolham como de uma árvore."

Essa teoria antecipa, em certa medida, o aforismo psicossomático segundo o qual "uma vida sexual insatisfeita *pode* provocar uma neurose".

Mas essa mesma suposição leva ao erro tão difundido de se acreditar que o casamento é uma cura para as mulheres histéricas e que se uma histérica for casada livra-se do mal tendo um filho.

A experiência demonstrou que ocorre justamente o contrário, o que se compreende quando se estudam os conteúdos profundos da doença.

Quatro séculos e meio depois de Hipócrates, sem retirar à matriz toda sua importância na etiologia da histeria, Galeno, no ano 170 de nossa era, qualificou de absurda a opinião de Hipócrates e Platão. Seus conhecimentos mais profundos de anatomia demonstraram-lhe que o útero não podia deslocar-se constantemente desde a vagina até o apêndice xifoide. Em contrapartida, ele suspeitava que a histeria era provocada pela retenção do sangue menstrual ou do sêmen feminino, pois na época se acreditava que a mulher ejaculava sêmen como o homem.

No século IX, um médico árabe, Serapião, disse que os distúrbios histéricos não eram devidos à retenção do sangue menstrual, mas à continência sexual, pois só encontrara essa afecção em mulheres solteiras ou viúvas. Posteriormente, outros médicos árabes, entre eles Rhazes e Avicena, por volta de 1030, negaram que o útero fosse um animal errante e explicaram a etiologia da histeria por vapores tóxicos, de origem uterina, ou digestivos, procedentes do fígado ou do baço e que atacavam o cérebro.

Durante toda a Idade Média, de 476 a 1453, ocorre com a histeria o mesmo que aconteceria com tantos outros aspectos da atividade humana: atribuiu-se a ela um valor demoníaco idêntico ao que lhe conferiu o Corão, que apresenta os distúrbios psíquicos ou nervosos como obra da influência do demônio.

Mas a ciência parece ter dado um passo à frente, pois, na iconografia de então, parte dos possessos e convulsos é masculina, o que prova que a histeria entre os homens era bastante frequente.

Entretanto, na Idade Média o conceito da histeria inspira-se na medicina antiga. É atribuída ora a um deslocamento da matriz, ora à ação de vapores tóxicos de origem genital, mas sempre domina, como fator causal, a intervenção do demônio. Só com a Renascença a histeria deixa de ser um tema teológico para voltar, com toda a justiça, ao campo da medicina.

A partir de 1500, os médicos, liberados do conceito de demônio, voltam a considerar a histeria do ponto de vista somático e veem nela "uma sufocação por deslocamento da matriz". Fiéis às descrições de Hipócrates e Platão, ocupavam-se em relacionar ou interpretar os casos que iam observando.

O respeito pelos antigos foi tanto que Jean Fernel (1497-1558) censurou Galeno por ter dito que a matriz não podia deslocar-se para produzir a histeria.

A terapêutica a que se recorria durante o Renascimento para a cura do mal era extremamente pitoresca. Baseados no conceito de que o útero se deslocava, imaginaram que, para atrair a matriz para o lugar dela, o melhor era fazer a doente aspirar maus odores (chifre queimado, substâncias pútridas, amoníaco, urina e fezes humanas) e colocar-lhe na zona vaginal odores agradáveis (âmbar, tomilho, láudano ou noz-moscada, fervidos em vinho). Acreditavam que, por esse meio, obrigariam a matriz a abandonar as partes superiores malcheirosas e a descer, a fim de aspirar os requintados aromas que se encontravam mais abaixo. Não eram esses, porém, os únicos remédios a que se recorria no século XVI como terapêutica e prevenção contra a histeria. Costumava-se também colocar uma pedra preta, polida e pesada, chamada *pedra de Espanha*, amarrada com ataduras sobre o umbigo da paciente. Na realidade, era um remédio preventivo, pois quando se apresentavam os sintomas concretos do acesso a pedra devia ser retirada. Cardano, em 1550, prescrevia por via oral uma mistura de cascos pulverizados de cervo e raiz de gengibre. Se essa poção não surtisse efeito, podia-se levar pendurada ao pescoço uma bolsa cheia do pó de casco de cervo e gengibre, que daria igualmente bom resultado. Também se recomendava beber infusões de briônia em vinho branco, chá de angélica-da-noruega, funchos, asafétida, cânfora, unguento almiscarado e âmbar, podendo tudo isso ser utilizado também em poções ou pomadas.

O Maestre de Platea, da Escola de Salerno, preconizava no século XII a indicação aos histéricos que se masturbassem.

Remanescentes dessa terapêutica renascentista mantêm-se ainda na nossa época. Não faz muito tempo, era comum encontrar na bolsa de qualquer solteirona ou viúva jovem um vidrinho de sais. Também era prática corrente nos turnos dos hospitais pressionar até a dor os seios das histéricas ou indicar-lhes que se masturbassem, tal como sugeria o Maestre de Platea.

Em finais do século XVI e início do XVII, além das causas físicas, como as hemorragias e as infecções, começaram a ser considerados os fatores emocionais, mas apenas como causa desencadeante, em um terreno que continuava vinculando o mal ao deslocamento ou a vapores tóxicos de origem uterina.

Nesses anos, a má reputação da histeria já começara a se difundir, e o médico português Rodrigues da Fonseca viria a complicar ainda mais a situação ao assinalar que "nos instantes que antecedem o paroxismo histérico, as mulheres propensas a manifestações de histeria experimentam um irrefreável desejo de abraçar homens".

Outro pesquisador da época destacou a semelhança entre a crise histérica e o orgasmo. Alguns médicos já não vacilavam em afirmar que os sintomas considerados vulgarmente efeitos da possessão demoníaca eram, na realidade e por seu agrupamento, perturbações geradas por uma única doença. Suas explicações eram de caráter fisiológico: a bola – chamada de *globus hystericus* – que as pacientes sentiam subir do estômago até a garganta era, segundo eles, decorrente de uma irritação dos plexos mesentéricos, cujas contrações retiravam a parte inferior dos hipocôndrios, que pareciam elevar-se e causar aquela sensação estranha. As dores insuportáveis e a contorção abdominal eram devidas à contração e às convulsões violentas dos intestinos. O riso espasmódico e a dificuldade respiratória eram produtos de contrações do mesmo tipo no diafragma. Nas descrições da histeria, nessa época, aparecia com destaque o espasmo, distúrbio de ordem mecânica. Mas, à medida que as observações iam ficando mais precisas, a histeria foi perdendo aos poucos seu tom de mistério. Alguns médicos descartaram a teoria "oficial" dos humores; mas, na realidade, eram poucos, e seu prestígio não compensava a quantidade.

Em 1616, Charles Lepois, médico francês, rompeu com todas as ideias tradicionais e desculpou-se por estar em aberta contradição com tantos homens de saber; explicou que sua experiência prática e documentada obrigava-o a sustentar que o útero não entrava nessa questão, que sua importância estava inteiramente descartada, e eram os nervos que dominavam o panorama histérico.

Disse Lepois: "A retenção do sangue menstrual deve ser considerada uma lenda, pois a histeria existe em meninas que ainda não menstruaram, em virgens que não menstruam mais e em mulheres cujos períodos menstruais são abundantes, a ponto de eliminarem até oito litros de sangue, isso para não falar nos homens".

Depois atribuiu a enfermidade a um distúrbio das serosidades, que distenderiam a origem dos nervos, sobretudo os medulares e os do sexto e sétimo pares. Do ponto de vista clínico, reconheceu a histeria masculina e a infantil, fazendo uma descrição correta das perturbações sensoriais premonitórias do ataque, como obnubilação da vista e do ouvido, perda de voz e opressão nas têmporas; observou a paralisia dos membros superiores e inferiores e também notou que os tremores eram fenômeno precursor da paralisia histérica. As ideias de Lepois tiveram certa ressonância nos círculos médicos da época, provocando sérias controvérsias, mas sua opinião só foi consagrada pelas observações de Thomas Sydenham (1624-1689), que afirmou ser a afecção histérica predominantemente psíquica, a sua patogenia dependendo de uma desordem dos espíritos animais, fluidos muitos tênues e sutis que, segundo se supunha, serviam para determinar os movimentos dos membros. Assinalou também que a histeria atacava tanto os homens quanto as mulheres e, em particular, os indivíduos habitualmente denominados hipocondríacos, sendo correto, portanto, supor que sua origem não estava na matriz. "A histeria imita quase todas as doenças que afetam o gênero humano, pois, em qualquer parte do corpo em que se localize, produz sintomas próprios dessa região. Se o médico não tiver experiência e, além disso, muita perspicácia, facilmente se equivocará, atribuindo a uma doença essencial própria deste ou daquele órgão sintomas que dependem pura e exclusivamente da afecção histérica. Por isso alguns acidentes se parecem com a epilepsia e suas convulsões podem simular as desta última", adverte Sydenham. Seus estudos específicos abrangeram acne histérica, tosse, vômitos, odontalgia, raquialgia e lumbago.

A obra de Sydenham não foi conhecida por muitos de seus contemporâneos, e só no início de 1859, 200 anos depois, Briquet fez que se desse a ela seu justo valor. Entretanto, não se perdeu totalmente a noção da histeria masculina, pois Raulin, em 1758, dizia que "se os médicos que pensavam que a histeria provinha do útero vivessem entre nós, iriam se surpreender ao ver, como vemos todos os dias, homens que têm, no baixo-ventre, sensações semelhantes àquelas das mulheres histéricas".

Mas, fundamentalmente, desde o século XVII até a Revolução Francesa e início da era contemporânea, manteve-se em plena vigência a teoria de que a histeria era provocada por vapores fétidos desprendidos pela matriz em virtude da decomposição do sangue menstrual e do suposto sêmen feminino.

Em 1768, chegou a Paris o médico alemão Franz Anton Mesmer (1734-1815), que tinha "descoberto" alguns anos antes, em Viena, o magnetismo animal. Mesmer tem uma importância indireta na história da histeria, pois, embora não se dedicasse deliberadamente ao estudo desse mal, quase todos os seus pacientes sofriam dele. Com seus experimentos, ele deu o primeiro passo para a descoberta da hipnose, o que o levaria subsequentemente à psicanálise. Sem saber, Mesmer trabalhava ativamente com a "sugestão", através da "transferência" que só com o advento da psicanálise foi compreendida e racionalmente utilizada.

Enquanto ele discutia com os membros da Academia Francesa, um discípulo seu, o conde Maxime de Puységur, esclarecia em 1784, de forma definitiva, a existência do mecanismo hipnótico. Na realidade, não foi uma descoberta, pois Paracelso relata que, em um convento de Coríntia, os monges utilizavam objetos brilhantes para mergulhar os doentes no sono; e, no ano 90, Apolônio de Tiana forneceu elementos que permitem supor a utilização empírica da hipnose na época.

A consequência positiva das observações de Puységur é ele ter introduzido uma primeira diferenciação no conceito de psiquismo e ter permitido a compreensão de que os fenômenos psíquicos, mesmo os mais simples e espontâneos, obedecem a causas predeterminadas.

Pode-se dizer que o começo do século XIX foi funesto para a evolução do conceito científico da histeria. Em 1816, Loyer-Villermay publica o seu *Tratado das enfermidades nervosas e vaporosas, e particularmente da histeria e da hipocondria*.

Esse trabalho teve uma influência nefasta entre os médicos, pois ele cai no mesmo erro de Galeno e Hipócrates, ao sustentar a existência do esperma na mulher e admitir como causa etiológica da histeria o deslocamento do útero e as sufocações. Loyer-Villermay volta a apresentar a histeria como uma afecção vergonhosa e as mulheres vítimas desse mal como objeto de piedade ou desagrado, ao mesmo tempo negando e combatendo de forma encarniçada a existência da histeria masculina. Briquet afirmou, com inteira justiça, que o Tratado de Villermay mais parecia obra de 1500 do que de 1816.

Como reação à tese equivocada desse pesquisador, um médico do serviço de alienados de La Salpêtrière, o dr. E. J. Georget (1795-1828), publicou um artigo em que criticava os conceitos de Villermay, fazendo uma descrição clínica do ataque histérico que nos permite considerá-lo o primeiro autor a caracterizar o "estado segundo" ou sonambulismo histérico. No seu artigo, Georget descreveu também casos de histero-epilepsia, chegando a sustentar que a epilepsia nada mais é do que um grau avançado de histeria.

Em 1830, na Inglaterra, o dr. Brodie publicou um livro sobre afecções nervosas locais, citando nas páginas dedicadas à histeria conhecimentos que seus contemporâneos em grande parte ignoravam. Não só admitiu com Sydennam a histeria masculina como, ao referir-se à sua etiologia a propósito da coxalgia histérica, disse: "Não são os músculos que não obedecem à vontade, mas é a própria vontade que não entra em ação". Estudou também, com profundo critério clínico, a retenção de urina, as nevralgias e o timpanismo histérico. Formulou a terapêutica das contraturas e paralisias, que consistia sobretudo em estabelecer um tratamento inofensivo, afirmando que essas afecções se curavam muito frequentemente "sob a influência de uma viva impressão moral".

Assim chegamos a 1862, quando Charcot passou a se encarregar da seção de histeria na Salpêtrière. Graças aos seus trabalhos, o histerismo começou a ser considerado verdadeiramente uma afecção nervosa. Completando as preciosas descrições de Briquet, Charcot analisou o grande ataque de histeria convulsiva, distinguindo nele quatro fases: a primeira, epileptoide; a segunda, das convulsões e dos grandes movimentos; a terceira, de atitudes passionais; e a quarta, do período delirante.

Os experimentos que se realizaram na Salpêtrière basearam-se principalmente nas provas efetuadas pelo cirurgião britânico James Braid (1795-1860), que introduziu os termos hipnotismo, hipnotizador e hipnótico, que faleceu depois de 65 anos de uma vida de vicissitudes, em que se misturaram escândalos, pesquisas honestas, um esforço terapêutico e a ambição inescrupulosa (*Zilboorg*).

Braid conseguia mergulhar os seus pacientes em sono hipnótico, fazendo-os olhar fixamente o gargalo de uma garrafa até chegar ao cansaço.

Ao ocupar-se do estudo das paralisias surgidas depois dos traumas, Charcot procurou reproduzi-las artificialmente. Usou, para isso, pacientes histéricos que, por meio de hipnose, transferia para o estado sonambúlico. Conseguiu demonstrar dessa maneira, mediante um rigoroso encadeamento dedutivo, que tais paralisias eram consequências de representações, dominantes no psiquismo do paciente em momentos em que este se encontrava em um estado de disposição especial; *dessa forma se explicou, pela primeira vez, o mecanismo histérico de conversão*. Depois desses experimentos de Charcot, ficava muito difícil duvidar que a psique pudesse provocar sintomas de uma afecção aparentemente orgânica.

Com essa investigação de alcance tão amplo, Charcot deu uma contribuição realmente inestimável para o conhecimento do ser como um todo. Anos mais tarde, baseando-se no resultado dessas investigações, Janet (1859-1942), Breuer (1842-1925) e Freud (1856-1939) desenvolveram suas teorias da neurose, que em um certo aspecto coincidiam com o conceito medieval dessas afecções, substituindo apenas o "demônio" por uma fórmula psicológica, que segundo Melanie Klein é "o objeto mau, perseguidor".

A derrocada da grande histeria, ou melhor, a modificação nos aspectos formais da sintomatologia, levou a medicina atual a cometer uma verdadeira injustiça para com um dos grandes mestres da clínica francesa. Nos tempos de Charcot, a histeria manifestava-se com suas quatro fases perfeitamente definidas. A sua apresentação era evidente, mas, com o passar do tempo, suas formas modificaram-se. Atualmente, é raro encontrar um caso de grande histeria, o que levou muitos médicos a pensarem que o mal tinha desaparecido. No entanto, o que acontece é que o aspecto formal da histeria se modificou. O vocabulário da alma sofreu mudanças com o correr do tempo, como as que se produziram em todos os idiomas. Houve transformações, tornando-se mais refinado ou mais rústico, segundo o nível cultural atingido nesse momento pela própria civilização.

Na Idade Média, contava com formas de expressão diferentes daquelas utilizadas na Idade Contemporânea, e o mesmo foi acontecendo em épocas sucessivas. Essa linguagem, como todas as outras, era regida pela moda. O grande ataque de histeria, que deu lugar a tantos informes médicos nos últimos decênios, viu-se submetido à mesma mudança, sendo hoje muito raro apresentar-se com suas quatro fases plenamente diferenciadas. A histeria agora se "disfarça" muito melhor e não se descobre com tanta facilidade, desde que os termos histeria e hipererotismo passaram a ser sinônimos.

O fundamental na obra de Charcot é sua concepção fisiopatológica da enfermidade. "É psíquica por excelência", disse ele, que foi o primeiro a considerar que o seu valor essencial era um estado doente do espírito. "Se as emoções a determinam, se a sugestão pode provocar ou suprimir fenômenos histéricos, se o isolamento e a terapêutica moral exercem uma feliz influência sobre suas manifestações, em suma, uma vez que aparece ou desaparece por ações psíquicas, é lógico que seja considerada uma doença psíquica", afirmou Charcot.

Em 1893, Breuer e Freud publicaram um estudo preliminar sobre o mecanismo psíquico dos fenômenos histéricos. Em 1895, era publicado o livro *Estudos sobre a histeria* e, com ele, lançavam-se as bases da concepção psicanalítica.

Nessa mesma época, Janet, realizando pesquisas sobre o hipnotismo, chegou a valorizar as recordações traumáticas inconscientes e disse: "Esses resíduos mentais representam grupos de ideias, de imagens produtoras de movimentos de considerável capacidade plástica, que ficam fora do domínio da personalidade consciente, por causa do obstáculo que criam à vida cotidiana". Charcot já vislumbrara o valor dessas recordações esquecidas e, em uma conferência sobre as neuroses nos acidentes ferroviários, insistiu no papel posterior das perturbações da memória, que diminuíam, e a imaginação fantástica que se encarregava de preencher as lacunas produzidas. Os indivíduos que tinham sofrido um acidente faziam relatos fantásticos do ocorrido – e ainda os fazem –, com um tom de verdade tal que aqueles fatos imaginários adquiriam todas as características de realismo.

"Os fatos reais", assinalava Charcot, "deixam, sem dúvida, imagens penosas que se mantêm no mais fundo da consciência e, embora pareçam esquecidas, essas recordações provocam e alimentam temores, angústias ou paralisias, conforme as imagens estejam investidas de emoção ou de movimento." Essas imagens, Janet chamou de "lembranças traumáticas".

Para Grasset (1849-1918), a histeria não é uma doença mental, mas psíquica. Ele chega a essa conclusão baseando-se na dissociação da atividade psíquica em duas formas de psiquismo: superior ou consciente e inferior, poligonal ou automático. Ele distingue os fenômenos psíquicos dos fenômenos mentais. É psíquico todo ato cortical que implique pensamento, intelectualidade. Todo o córtex é psíquico. Em contrapartida, considera mentais apenas os fenômenos ou distúrbios localizados nos centros do psiquismo superior. Dessa elaboração deduz as seguintes proposições: "Tudo o que é psíquico não é necessariamente mental. Na histeria, há sempre distúrbios do psiquismo inferior poligonal; se, ao mesmo tempo, há distúrbios do psiquismo superior, produz-se uma complicação, e o histérico converte-se em alienado".

Bernheim soluciona o problema da histeria a seu modo e crê que todos os fenômenos histéricos são simples ocorrências normais exageradas por "autossugestão". Afirma que em alguns indivíduos esses fenômenos são exagerados porque eles "possuem um aparelho histerógeno muito desenvolvido e fácil de impressionar". Essa predisposição para os fenômenos histéricos constitui a "diátese histérica congênita". Bernheim vai tão longe em sua interpretação psicológica que chega a negar a própria existência da histeria quando diz: "As grandes e pequenas crises da histeria, em suas diversas e numerosas formas, são a simples exageração de fenômenos normais de ordem psicofisiológica. Todos nós somos histéricos em certa medida. Eu diria que a histeria não existe por si mesma".

Depois das concepções psicológicas puras, aparece Babinsky (1857--1932), acrescentando ao mecanismo de natureza psíquica – que ele prefere chamar de sugestão – outro orgânico e reflexo. A sua primeira definição da histeria, formulada perante a Sociedade de Neurologia em 1º de novembro de 1901, diz: "A histeria é um estado psíquico que torna o indivíduo a ela submetido capaz de autossugestão. Manifesta-se principalmente por distúrbios primitivos e, acessoriamente, por distúrbios secundários. A característica dos distúrbios primitivos é a possibilidade de serem reproduzidos por sugestão com rigorosa exatidão em determinados sujeitos e desaparecerem exclusivamente pela persuasão". Babinsky escolheu essa característica da histeria por considerá-la a mais importante, criando um termo novo, *pitiatismo*, derivado de duas raízes gregas que significam: persuasão e curável.

Para explicar o conjunto de sintomas da grande histeria, Babinsky admite dois mecanismos: um exclusivamente psíquico, outro puramente reflexo.

Sollier[1] é o autor da teoria fisiológica que pretende atribuir um substrato anatômico aos fenômenos histéricos. A insônia rebelde e ab-

....
1. Citado por J. Ingenieros em *Histeria y sugestión*, 1904. Ed. Spinelli, Buenos Aires.

soluta desse tipo de doente chamara sua atenção, e alguns fatos clínicos e experimentais permitiram-lhe atribuir tal anomalia dos histéricos ao fato de eles viverem submersos em um estado de sono patológico. Como isso deixa os doentes em um aparente estado de vigília, propôs chamá-lo de *vigilambulismo*. "Se os histéricos não dormem o sono normal, é porque habitualmente dormem outros sonos parciais." Ou seja, estes não afetam o cérebro todo ao mesmo tempo, mas invadem sucessivamente os diversos centros funcionais. Cada centro cerebral adormecido deixa de funcionar, produzindo distúrbios na esfera orgânica correspondente: anestesias, paralisias etc. Esse sono ou letargia cerebral permitiria compreender os matizes e as combinações indefinidas dos sintomas histéricos devido aos diversos graus de intensidade e às variações, mais ou menos rápidas, que pode apresentar, bem como à variedade dos centros afetados simultânea ou sucessivamente.

A teoria de Sollier poderia ser comparada, em parte, com a concepção psicanalítica dos investimentos intrapsíquicos dos representantes dos órgãos e torna-se mais compreensível se substituirmos "sono parcial" por "investimento libidinal" e "centros cerebrais" por "representações de órgãos".

A reflexologia também abordou o problema da histeria, e Krasnogorsky (citado por Gavrilov) esquematizou a fisiologia da histeria da seguinte forma: "O caráter essencial dessa psiconeurose é a debilidade funcional do córtex cerebral, que revela uma excitabilidade subnormal e um rápido esgotamento, seguido de um restabelecimento muito lento da excitabilidade normal.

"Do ponto de vista biológico, a histeria é uma neurose cortical com os seguintes traços característicos: 1º, esgotamento fácil das células corticais; 2º, perda da labilidade normal do equilíbrio dinâmico; 3º, reatividade paradoxal e inclinação para o desenvolvimento dos processos estáticos e segregações prolongadas do córtex."

Uma análise total do conceito etiológico da histeria permite estabelecer que desde o primeiro momento, na Antiguidade, os médicos que abordaram o estudo desse mal conceberam, como sua raiz, um distúrbio ou uma afecção de natureza ginecológica. A etiologia da histeria baseava-se no útero. Existia, pois, uma intuição do conflito genital inconsciente, mas tudo fora transportado para o plano somático.

Esse conceito inconsciente do conflito sexual ou instintivo manteve-se ao longo de toda a Idade Média, mudando sua expressão simbólica no decorrer dela. Na etiologia da histeria, apresentava-se o Diabo como a expressão simbólica do sexual, algo pecaminoso, imundo e repudiável.

O liberalismo que se seguiu à época do Renascimento trouxe um abandono do simbolismo, e os estudiosos da época voltaram a considerar o genital, mas focalizando o problema segundo um ponto de vista parcial, apenas em seu aspecto anatômico.

No século XVII, o conceito amplia-se ao levar em conta as paixões, mas, ao mesmo tempo, é expressão de uma maior repressão da sexualidade. O conceito é afastado então do genital e aproximado do sistema nervoso.

Cem anos depois, no século XVIII, Mesmer aparentemente se distanciou do sexual, uma vez que, segundo a sua teoria, os doentes deviam cair, para sua cura, na famosa "crise convulsiva", que nada mais é do que um orgasmo extragenital.

Mas no século XIX, com Loyer-Villermay, voltou-se a dar atenção ao genital e ao somático. Georget aproximou-se do verdadeiro conflito ao dizer que este era psíquico, mas considerando-o uma reação em face do problema genital. Isso também era o que afirmava Loyer-Villermay, embora o expressasse de forma errônea. Depois, Charcot reprime o sexual (de certa forma, pelo menos em seus artigos, apesar de certa vez ter dito pessoalmente a Freud: "Sempre o sexual... sempre o mesmo...", referindo-se a uma paciente histérica).

Posteriormente, Breuer e Freud, como produtos de uma época de repressão, abordam a histeria no plano psicológico (ideias, estados oniroides), mas o tema sexual não assume nessa época um papel preponderante.

Por último, surge de forma destacada o conflito sexual associado ao conceito psíquico da histeria, e é então que Breuer não mais o sustenta e Freud fica sozinho.

Centenas de anos foram necessários para unir dois conceitos que, em um dado momento, chegaram a ser paralelos e, se unidos, teriam permitido compreender e tratar muito antes essa neurose.

CAPÍTULO II
DESENVOLVIMENTO DO MOVIMENTO PSICANALÍTICO

> Estão aqui os restos mortais de um homem de quem se pode afirmar que, antes dele, o mundo era diferente.
>
> *Palavras de Stefan Zweig no ato de sepultamento de Sigmund Freud, em Londres*

Existe um estreito paralelismo entre a evolução da psicanálise e a vida de Sigmund Freud, a ponto de ser impossível empreender uma história do movimento psicanalítico sem conhecer os aspectos mais importantes da vida do criador desse método tão divulgado nos dias de hoje.

Ao se completarem os 31 anos de inauguração da primeira estrada de ferro e os 48 anos de idade de Napoleão III, nascia na pequena aldeia de Freiberg, Morávia, no dia 6 de maio de 1856, terça-feira, às 18:30 horas, um menino destinado a ser um gênio ilustre e a quem o pai, o senhor Jakob Freud, deu o nome de Sigmund. O menino tinha 4 anos quando os pais o levaram para a cidade de Viena, onde se educou.

Desde muito cedo, demonstrou uma extraordinária agilidade mental, o que lhe permitiu, durante os sete primeiros anos de escola, ser sempre o primeiro aluno e passar de um curso a outro, em geral, sem necessidade de prestar exames.

"Em nenhum momento sentia inclinação especial pela carreira de médico", conta ele em suas *Memórias*, "e era movido, antes, por uma espécie de curiosidade dirigida mais para o gênero humano do que para os objetos naturais."

Durante muito tempo, vacilou entre o direito e as ciências naturais; mas sua inteligência, pronta para a contradição, sua facilidade de palavra e uma preferência pela história geral e pelas humanidades pareciam orientá-lo para as ciências do espírito. Já perto do final do curso secundário decidiu-se, porém, pela medicina, resolução que ele tomou, segundo parece, ao ouvir falar, em uma aula, sobre o estudo incomparável da natureza realizado por Goethe.

Em 1873, quando em Paris os pintores impressionistas expuseram seus quadros pela primeira vez, Sigmund Freud ingressou na universidade de Viena para lutar contra algo que ele não esperava: o fato de ser judeu tornava-o intolerável para os demais, que pretenderam fazê-lo sentir-se inferior e estrangeiro por sua condição. Essa primeira impressão deixou em Freud marcas profundas que logo revelariam toda a sua importância, dado que o familiarizaram com seu destino de caminhar em oposição e ser proscrito da "maioria compacta".

Nos seus primeiros anos de universidade, descobriu que certas peculiaridades e limitações de seus dotes lhe dificultavam os estudos em muitos ramos da ciência, e ele o admite em suas memórias ao dizer: "Assim aprendi quanta verdade existe na advertência de Mefistófeles, quando assinala que é vão saltar de ciência em ciência, pois cada homem aprende somente o que é capaz de aprender".

O curso de medicina compreendia então cinco anos, mas Freud realizou uma especialização natural em que não puderam faltar, ao lado dos estudos previstos no programa, os trabalhos de pesquisa, que lhe tomaram tempo e fizeram que só treze anos depois, em 1881, saísse da universidade com seu diploma de médico.

Durante seis anos, enquanto estudante, trabalhou nos laboratórios de fisiologia de Brücke, e em 1882, com 26 anos, ingressou como estagiário no principal hospital de Viena. Pouco depois, foi promovido a médico interno, transitando de um serviço para outro. Esteve seis meses no Instituto de Anatomia Cerebral, dirigido por Meynert, autor de trabalhos que muito o haviam impressionado em sua época de estudante, quando fora da psiquiatria e da neurologia pouca coisa da medicina parecia interessá-lo.

Foi o próprio Meynert quem propôs a Freud que se dedicasse definitivamente à anatomia cerebral e assumisse as tarefas de professor, para as quais o mestre já se sentia velho. Mas uma intuição do seu próprio destino foi causa que levou Freud a recusar a proposta. Algo o predestinava a converter-se no criador da psicanálise: sua crítica implacável da insuficiência da capacidade terapêutica e do conhecimento técnico daquela época, insuficiência que se revelava na impotência e no desnorteamento diante das neuroses.

Preferiu continuar trabalhando, ignorado, em algumas observações clínicas sobre enfermidades orgânicas do sistema nervoso. Familiarizou-se com os segredos dessa especialidade a ponto de conseguir localizar uma lesão do bulbo com tanta exatidão que os anatomopatologistas, ao redigir o informe de uma autópsia, praticamente nada acrescentavam às conclusões de Freud. Foi o primeiro médico vienense a enviar para autópsia com diagnóstico prévio um caso de polineurite aguda.

Sua total concentração em um aspecto da medicina fez que Freud deixasse passar, sem reconhecer toda a sua importância, uma descoberta médica de primeira grandeza. Já se conheciam na Áustria os efeitos tonificantes e euforizantes da cocaína, e Freud solicitou à companhia Merck que lhe enviasse algumas amostras para investigar suas possibilidades no psiquismo. Verificou que o paciente que fazia a mastigação apresentava logo insensibilidade na língua e no paladar. Mas, como isso não lhe interessava, limitou-se a entregar à *Revista de Terapêutica* de Heitler um informe relatando simplesmente o fruto de suas experiências pessoais e sugerindo que alguns médicos se dedicassem ao estudo das aplicações da cocaína como anestésico local. Ao ler esse artigo, um oftalmologista, Köller, entreviu a possibilidade de insensibilizar o olho externo com uma solução de cocaína. Uma vez realizados os experimentos que confirmaram suas suposições, comunicou o resultado obtido ao Congresso de Oftalmologia realizado em Heidelberg em 1884. Isso foi um rude golpe para Freud, e um dos seus biógrafos, Wittels, afirma que, em 1906, o genial austríaco ainda não esquecera esse fato. Nessa mesma década de 1880, uma circunstância especial viria reunir os três homens que haviam participado da descoberta da cocaína como anestésico. Foi necessário proceder a uma intervenção cirúrgica no pai de Freud, que sofria de uma afecção ocular, e durante a operação estiveram presentes Königsberg, Köller e Freud. Nesse meio-tempo, Freud prosseguia com suas pesquisas. Certo dia, ouviu falar das experiências que Jean Martin Charcot realizava em Paris e imediatamente traçou um plano de ação. Seu primeiro passo foi conseguir a nomeação como professor de doenças nervosas em Viena para poder continuar seus estudos em Paris. Na primavera de 1885, com apenas 29 anos, foi designado professor-adjunto de neuropatologia, cargo que obteve graças às suas publicações sobre clínica e histologia do sistema nervoso. Posteriormente, com o apoio de Brücke, obteve a bolsa que lhe permitiu viajar a Paris no outono do mesmo ano.

Com emoção compreensível e sendo apenas mais um entre tantos médicos estrangeiros de visita, entrou em La Salpêtrière. Pela primeira vez se encontrou num ambiente científico em que não se rechaçava *prima facie* e depreciativamente a histeria, considerando-a apenas uma simulação. Pelo contrário, ali se chegara a demonstrar que a crise histérica e outros sintomas do mal eram consequências de agudos distúrbios internos e deviam ser interpretados de acordo com suas causas psíquicas. Essa postura científica impressionou-o muito; também deixaram profundas marcas em seu espírito algumas conversas com Charcot, a quem ouviu dizer certa vez, um tanto irritado, a respeito de uma paciente: "Mas... sempre o esmo! ... Sempre a sexualidade!". Essa expressão ficou gravada na mente de Freud e depois, em muitas experiências, ele mesmo voltaria a constatá-la várias vezes.

Pouco a pouco, os vínculos entre Charcot e Freud foram se estreitando e do plano médico passaram ao familiar; finalmente, o grande mestre francês lhe propôs que traduzisse suas obras para o alemão.

O que mais impressionou Freud, que trabalhava ativamente na clínica de Charcot, foi o fato de as experiências que este realizava provarem plenamente a legitimidade dos fenômenos histéricos, não só nas mulheres, mas também nos homens, e de o aparecimento de paralisias e contraturas por sugestão hipnótica terem as mesmas características que os pacientes apresentavam espontaneamente.

Antes de deixar Paris, Freud considerou com Charcot a possibilidade de publicar um trabalho comparativo entre as paralisias histéricas e as orgânicas, pois notara que as primeiras não obedecem à topografia nervosa anatômica, mas se expressam de acordo com o conceito popular. Houve quem dissesse que Freud tinha aproveitado sua estada em Paris para se inteirar dos conceitos que estavam formulados por Pierre Janet, e isso parece tê-lo incomodado bastante, pois ele próprio, em sua autobiografia, afirma terminantemente que enquanto esteve em Paris jamais viu Janet e sequer ouviu seu nome ser mencionado.

Ao viajar de Paris para Viena, deteve-se alguns dias em Berlim, a fim de realizar alguns breves estudos de neuropediatria. Na direção do Ambulatorium de Berlim estava então Kassowitz, cujas teorias e conceitos sobre a constituição do protoplasma tiveram influência sobre Freud, que os citou como base de suas afirmações no livro *Além do princípio de prazer*, publicado em 1920.

A partir de 1885, Freud escreveu várias monografias sobre a paralisia cerebral unilateral e bilateral nas crianças, fruto de seus estudos em Berlim.

No outono de 1886, aos 30 anos, casou-se e radicou-se em Viena como especialista em doenças neurológicas e neuroses. Um mês mais tarde, teve de comunicar à Sociedade de Medicina da Áustria o fruto de suas observações em Paris e seus trabalhos com Charcot. Na atmosfera de ceticismo em que fez sua exposição, só encontrou zombarias e incredulidade quando se referiu à histeria masculina. Além do mais, o dr. Billroth, célebre cirurgião da época, levantou-se em plena sessão para dizer-lhe que não entendia como alguém podia falar da histeria masculina, uma vez que o mal era de origem uterina, como indicava seu nome, derivado da palavra grega *histeron*, que significa precisamente útero.

Billroth disse-lhe claramente que não observara um único caso em homens, com sintomas semelhantes aos descritos por Freud. Os médicos ali reunidos incitaram-no a procurar um caso que pudesse qualificar-se como histeria masculina. Em vão tentou Freud fazê-lo, pois todos os velhos médicos vienenses e todos os chefes de serviços hospitalares lhe fecharam praticamente as portas para a investigação de casos. Billroth e seus colegas negavam um fato praticamente demonstrado e pretendiam refutar Freud com uma só arma: a etimologia da palavra! Embora pareça estranho, foi exatamente isso que ocorreu, e só depois de muitos anos Freud pôde compreender por que seus ex--amigos haviam adotado aquela atitude. Já no limiar da morte, Meynert, seu ex-professor e ex-amigo, que também se alistara entre os encarniçados detratores da histeria masculina, confessou a Freud: "Sempre fui um dos mais belos casos de histeria entre os homens", acrescentando que em sua juventude se intoxicava com clorofórmio, chegando a ser necessário interná-lo. Assim, Freud viu que, na realidade, suas ideias desmascaravam os médicos vítimas de histeria, e isso os levara da sincera amizade de antes à animosidade pelas situações inconscientes que se mobilizavam neles. Como não lhe permitiam trabalhar nos hospitais, Freud resolveu buscar um histérico em algum outro lugar e acabou encontrando um homem que apresentava o quadro clássico de anestesia histérica. Levou-o triunfalmente à Sociedade Médica, mas sua revelação foi recebida sem maior atenção.

Durante todo o ano seguinte, Freud não encontrou um lugar onde pudesse dar aulas. Em virtude disso, decidiu retirar-se da vida acadêmica, deixando ao mesmo tempo de frequentar todas as sociedades médicas. Em 1886, instalou-se em Viena como especialista em doenças nervosas. Nesse mesmo ano, causou-lhe viva impressão o fracasso do método de Erb que aplicava a seus pacientes. Diz em suas *Memórias* que lamentavelmente já era tarde quando se deu conta de que essa série de conhecimentos não eram resultado de estudos sérios, mas uma construção da fantasia. Quando se obtinha uma cura, esta era, na verdade, apenas a expressão da sugestão que o médico e o aparelho exerciam sobre o paciente.

Diante dessa situação concreta, iniciou a busca de um procedimento substitutivo e lembrou-se de que em Paris se recorria ao hipnotismo como meio para provocar sintomas. Também soube que, na cidade de Nancy, Liébault recorria com bastante êxito à sugestão para curar enfermidades, sem chegar em todos os casos ao estado de hipnotismo. Durante a primeira etapa de sua atividade profissional, e depois de ter abandonado o método eletroterápico de Erb, Freud empregou a sugestão como principal instrumento de trabalho. Esse método, na realidade, não o satisfazia totalmente, pois carecia da técnica hipnótica suficiente para fazer que alguns de seus pacientes mergulhassem em um sono útil; eles só chegavam a um estado de hipnose mediana. Abandonou então o estudo e o tratamento das doenças nervosas orgânicas para abordar com o maior interesse as enfermidades psíquicas, que até então não tinham um tratamento correto. Com o propósito de aperfeiçoar sua técnica hipnótica, aos 33 anos, passou todo o verão de 1889 em Nancy, onde teve ocasião de presenciar os trabalhos de Liébault em mulheres e crianças da classe operária da região. Mas uma impressão mais duradoura lhe foi causada pela dupla experiência de Bernheim. A execução pós-hipnótica de uma ordem é, por si só, um fenômeno extremamente interessante. "Agora você despertará", diz o hipnotizador, "e dentro de três minutos colocará o chapéu que está pendurado no cabide." De volta ao estado de vigília, o sujeito submetido à hipnose levanta-se, caminha até o cabide e põe o chapéu na cabeça. Se alguém lhe pergunta por que fez aquilo, responde qualquer coisa. Ao contrário do que caberia esperar, não expressa ter sentido um impulso especial que o tenha levado a pôr o chapéu; argumenta qualquer coisa que possa parecer mais ou menos lógica, por exemplo, que tinha de sair ou que queria comprovar se aquele chapéu era o dele. Esse fenômeno é conhecido como experiência "A" de Bernheim. Quer dizer: o paciente leva a efeito uma ação sem conhecer as causas que o impelem e, quando se pede que justifique sua conduta, ele mente, mas sem saber que está mentindo. Tenta dar uma explicação que esteja de acordo com o meio ambiente e por meio da qual aquilo que ele fez pareça racional. Esse fenômeno recebeu, na psicanálise, a denominação *racionalização*. Um fato, uma representação ou impulso, desconhecidos em sua origem pelo sujeito, são capazes de mobilizar no consciente um ato volitivo de qualquer tipo, e, quando se pergunta ao paciente por que o realizou, dá uma razão que conceda à sua atitude um significado mais ou menos coerente e lógico.

Bernheim hipnotizava sobretudo pessoas sãs, o que permitiu inferir que as pessoas podem agir por motivos que não aqueles que elas proclamam conscientemente. A filosofia já tinha preparado a derrota da teoria do livre-arbítrio, e a experiência "A" de Bernheim era a demonstração cabal de que não se podia sustentar totalmente essa lei, conforme disse Wittels.

Mas a base da terapêutica do método psicanalítico encontra-se na experiência "B" de Bernheim, que é a seguinte: o homem cumpriu a ordem e então pergunta-se a ele, com firmeza:

– Tem certeza de que esse chapéu é seu? (De fato, não é dele.) Vamos, pense... Por que o colocou?
– Não me lembro...
– Sim... Tem de saber... pense bem...

Por meio da sugestão e da insistência chega-se ao instante em que o sujeito lembra e diz:

– Sim, coloquei o chapéu porque você me deu essa ordem.

Consegue-se, pois, em um momento dado, que aquilo que não era consciente abandone o inconsciente e entre no campo da consciência.

Se Freud aprendera em Paris que o estado hipnótico podia ser utilizado para se produzir um sintoma histérico, em Nancy comprovou que, sem hipnotismo, apenas por meio da persuasão e da insistência, era possível trazer de volta o sintoma às representações e afetos que o causavam.

Ao regressar a Viena, Freud lembrou-se do caso de uma histérica que tinha reagido diante de uma determinada técnica. Entrou em contato com o dr. Josef Breuer, famoso médico vienense, que atendera essa paciente, pedindo-lhe que ampliasse os dados que lhe fornecera anteriormente a respeito dela.

A paciente era uma jovem de educação e dotes pouco comuns, que adoecera enquanto cuidava do pai, por quem sentia grande afeto. Quando Breuer estudou o caso, a doente apresentava um quadro variado de contraturas, inibição e um estado de compulsão mental; observou, além disso, que a jovem saía de seu estado nebuloso de consciência quando era induzida a expressar verbalmente o estado afetivo ou emocional que a dominava. Diante dessa comprovação, Breuer obteve um novo método de tratamento.

Submetia a paciente a um estado de hipnose profunda, incitando-a a contar o que a perturbava. Depois de ter vencido por esse método a crise de confusão depressiva, empregou o mesmo sistema para modificar as inibições e os distúrbios físicos da jovem.

Em estado de vigília, ela não tinha mais capacidade do que outros doentes para descrever como tinham surgido os sintomas, não conseguia descobrir relações entre eles e os diversos acontecimentos de sua vida. Mas, no estado hipnótico, revelava imediatamente essa relação oculta. Dizia, por exemplo, que seus sintomas se apresentaram em um período de profunda emoção, durante a doença do pai, o que revelava que eles tinham um significado e eram resíduos ou reminiscências de situações emotivas.

Ao revelar o caso, Freud diz que se trata quase sempre de pensamentos ou impulsos que ela tivera que reprimir enquanto se achava ao lado do pai enfermo, e no lugar deles, mais tarde, os sintomas de que se queixava haviam se apresentado como substitutos. Não eram o resultado de uma única cena traumática, mas a consequência da soma de certo número de situações análogas. Quando a paciente recordava uma situação desse tipo de forma alucinatória e, no estado de hipnose, expressava livremente o ato que originariamente reprimia, o sintoma desaparecia e não voltava a se apresentar. Desse modo, e ao fim de um período bastante longo, Breuer conseguiu fazer desaparecer quase todas as manifestações somáticas da paciente.

O novo método utilizava o hipnotismo de uma forma distinta da que fora empregada até então. Em sua finalidade terapêutica, a hipnose consistia em sugestionar o doente contra seus sintomas. Por exemplo, a um paciente que sofria de paralisia histérica dos dedos, afirmava-se imperiosamente, enquanto estava hipnotizado, que podia mexê-los, e ordenava-se que o fizesse. Com o método *catártico* de Breuer, a hipnose era utilizada para descobrir os eventos que tinham causado o sintoma, assim como a relação entre o incidente provocador e o fenômeno patológico.

Freud considerou extremamente interessantes as observações de Breuer e começou a pesquisar entre seus próprios pacientes para ver se apresentavam as mesmas situações e se a sintomatologia se modificava pelo mesmo método, trabalho a que se dedicou durante quatro anos. Em 1893, ainda em colaboração com Breuer, publicou um estudo preliminar intitulado *Sobre o mecanismo psíquico dos fenômenos histéricos*, e dois anos mais tarde saíam seus *Estudos sobre a histeria*. Essa obra não pretendia esclarecer ou estabelecer a natureza da histeria, mas apenas demonstrar ou elucidar, de certa forma, a origem dos sintomas, assinalando simultaneamente a importância fundamental da vida emocional e a necessidade de se considerar, no âmbito do psiquismo, a existência de duas zonas, uma consciente e outra inconsciente.

A teoria era revolucionária para a medicina da época, na medida em que incorporava dois novos fatores ao conceito etiológico da histeria: o dinâmico e o econômico.

O fator dinâmico considera que o sintoma provém da repressão de um instinto ou afeto. O conceito econômico apresenta o sintoma como um equivalente ou substituto dessa energia, que pôde se expressar sob outra forma. Ou seja, o sintoma é o resultado ou equivalente da energia que, se tivesse se expressado diretamente, não teria dado lugar a tal manifestação. No entanto, se a força instintiva não pode expressar-se diretamente, dá lugar a um sintoma; e, se este não for suficiente para a descarga da energia, necessitará criar outros substitutivos. Isso deve ser levado em conta quando se procede a uma avaliação dos distintos métodos terapêuticos, pois muitas vezes um sintoma pode desaparecer rapidamente sem que isso signifique a cura total; em outro lugar e sem vinculação aparente, talvez surja o sintoma – um ou vários – equivalente ao que desapareceu.

Os resultados práticos do método catártico foram, no princípio, muito bons; mas, posteriormente, começaram a aparecer os defeitos comuns aos tratamentos que se baseiam na hipnose e na sugestão. O método, entretanto, foi útil em sua época e ainda hoje tem algum valor, especialmente no tratamento de afecções agudas e superficiais.

Durante a Segunda Guerra Mundial, a narcoanálise foi utilizada como método catártico e com excelentes resultados por L. Alexander e Sargent na evacuação de Dunquerque, e por Grinker e Spiegel no norte da África. Mas o mesmo Alexander assinala que os veteranos de guerra não reagem com a mesma intensidade quando se encontram longe do campo de batalha, o que confirma que o método só é útil nos estados agudos e imediatamente ao trauma real.

Na teoria do método catártico, o tema sexual não tinha um papel preponderante, e também não o tem nas histórias clínicas com que Freud contribuiu para o estudo da histeria. Entretanto, com o tempo, diversos casos que constituíram uma autêntica experiência foram provando a importância do sexual. O próprio Freud diz em suas memórias: "Teria sido muito difícil adivinhar nos estudos sobre a histeria a importância que o fator sexual tem na etiologia das neuroses".

Até aquele momento, as relações entre os dois autores tinham sido cordiais. Tudo se desenrolava dentro da maior harmonia; mas a primeira diferença que surgiu entre eles foi quanto ao mecanismo íntimo da produção da histeria. Breuer inclinava-se para uma teoria fisiológica e queria explicar a dissociação anímica que os histéricos apresentavam como uma falta de comunicação entre as distintas zonas e estados do cérebro. Para Breuer, o processo era o seguinte: durante um estado especial do sujeito, produzira-se uma situação traumática anulada, que permanecia enquistada, não podendo tomar contato com as outras. Na realidade, a teoria era muito ilógica; mas Freud opunha-se a ela, pois, embora no começo tentasse conciliar suas ideias com as de Breuer, via que existiam outros elementos de extrema importância, por exemplo, o fator emocional. Além disso, suspeitava que houvesse inclinações, desejos e impulsos diretos muito semelhantes aos da vida cotidiana.

Freud sustentava – e queria persuadir Breuer disso – que aquilo que atuava e fazia surgir essa dissociação era, na verdade, o resultado de um processo de repulsa, a que chamou primeiro de mecanismo de defesa e depois de *recalcamento*. Isso produzia as dissociações, amnésias e demais sintomas. Apesar de sua boa vontade, não pôde conciliar por muito tempo suas teorias com as de Breuer, e, pouco a pouco, os dois foram se distanciando. A desvinculação definitiva entre ambos produziu-se de um modo que durante muito tempo foi um verdadeiro mistério para Freud.

O que aconteceu, aparentemente, foi que Breuer sofreu um sério trauma durante o tratamento de sua famosa paciente. Esta lhe fez uma cena de amor que Breuer recordava sempre com desagrado; por isso, quando Freud insinuava que o sexual tinha importância dentro da etiologia, Breuer revivia aquela situação traumática e rechaçava imediatamente a teoria. Sem dúvida, Breuer não soube trabalhar na paciente a situação transferencial que na histeria é muito intensa e tende a ter atuação.

Freud continuou seus estudos sozinho e, com o correr dos anos, modificou o método catártico desenvolvendo outro.

Em primeiro lugar, suas condições de hipnotizador eram medíocres; não conseguia mergulhar no sono todos os seus pacientes, e mesmo naqueles que precisava levar a um estado de sono profundo só conseguia induzir uma leve hipnose. Além disso, comprovou que os bons resultados obtidos com os pacientes desapareciam quando a relação médico-paciente era perturbada, ou seja, quando ocorria uma falha transferencial. Sendo impossível controlar e estudar essa situação transferencial pelo próprio mecanismo da hipnose, Freud lembrou-se da experiência "B" de Bernheim, que presenciara em Nancy, em que o indivíduo mentia sem saber, mas, quando se insistia, acabava lembrando-se da ordem hipnótica. Freud pensou então que os pacientes deviam saber o que é que tinha acontecido com eles e intuiu que, se houvesse insistência, possivelmente recordariam tudo. Foi por esse caminho que orientou a sua nova técnica.

A primeira etapa foi o método catártico; depois abandonou a hipnose e recorreu à persuasão e à sugestão, colocando a mão na testa do paciente e assegurando-lhe que, se pensasse insistentemente, poderia recordar o que tinha acontecido. Assim foi – e por isso Freud utilizou o método até aproximadamente o final do século.

A mudança seguinte consistiu no uso da *livre associação*, que descobre o inconsciente enquanto a consciência continua atuando.

Foi nessa época que adquiriu importância a *análise dos sonhos* através das associações livres feitas pelo paciente, permitindo ao analista informar-se de tudo o que ele pensa e desvendar o elemento ou a cadeia associativa que o levará ao nuclear. Com esse procedimento, o *ego* continua existindo, não se anula, como na hipnose, permitindo assim o estudo dos mecanismos de defesa do mesmo, assim como da transferência.

Há uma tendência geral para se acreditar que existe uma vinculação entre o hipnotismo, a sugestão e o método psicanalítico. O único vínculo que existe atualmente é de caráter histórico. Hipnotismo e sugestão foram etapas que levaram à psicanálise e constituem toda uma sequência; mas não têm relação direta entre si, tanto que, atualmente, entende-se que quanto mais sugestão se faz agir sobre o paciente, pior é o tratamento e pior o resultado final.

Em um trabalho publicado em 1904, Freud diz que a oposição entre a técnica psicanalítica e a dos outros métodos de psicoterapia é máxima. "Equivale à que, com referência às artes, foi expressa pelo grande Leonardo da Vinci, ao enunciar suas fórmulas *per via di porre e per via di levare*. 'A pintura', diz Leonardo, 'opera *per via di porre*, quer dizer, vai pondo elementos, as cores, sobre o branco da tela, onde antes nada existia. Em contrapartida, a escultura atua *per via di levare*, tirando pedra da pedra, até deixar a superfície limpa da estátua, que já estava contida nela.' Essa é a mesma diferença que existe entre a sugestão e a psicanálise. A primeira atua *per via di porre*, quer dizer, não se preocupa com a origem, a força e o sentido dos sintomas patológicos que é preciso suprimir e, por isso, só faz sobrepor-lhe uma outra coisa: a sugestão, que terá ou não a força suficiente e a persistência necessária para manter oculto o sintoma. Em compensação, a terapêutica analítica não quer impor nada de novo, mas propõe-se, pelo contrário, retirar ou extrair algo. Com esse fim, investiga a origem, a gênese dos sintomas e suas conexões com a vida patogênica que pretende fazer desaparecer."

Após separar-se de Breuer, Freud continuou trabalhando sozinho até 1903, ano em que fundou uma mesa-redonda que geralmente se reunia às quartas-feiras à noite e foi o núcleo da futura Associação Psicanalítica Internacional. Foram-se juntando especialistas de diversos países e finalmente, em 1908, na cidade de Salzburgo, realizou-se o primeiro Congresso de Psicanálise em que um médico, Sadger, informou, pela primeira vez na história da medicina, sobre o tratamento e cura de um caso de homossexualismo por meio da psicanálise.

Em 1920, fundou-se em Berlim uma Policlínica Psicanalítica com o apoio de Max Ettington, que foi também o seu primeiro diretor. A experiência adquirida nesse primeiro estabelecimento demonstrou que o plano para o ensino da psicanálise devia ser estruturado, e efetivamente assim se fez. As normas que então se fixaram são as que vigoram atualmente, com algumas ligeiras variantes, em todos os institutos psicanalíticos do mundo e têm três etapas fundamentais: Psicanálise Didática, Ensino Teórico e Ensino Prático. A psicanálise didática efetua-se seguindo a mesma técnica da terapêutica. Sua finalidade é sondar profundamente o inconsciente do candidato a psicanalista a fim de estabelecer se existem elementos perturbadores. Essa prova, ao mesmo tempo, resulta em um singular trabalho prático.

Na psicanálise não se pode, como na medicina corrente, realizar estudos em cadáveres. Por conseguinte, emprega-se o material fornecido pelo próprio estudante, que permite que ele vá conhecendo em si mesmo os mecanismos psíquicos, que se conheça profundamente e elimine toda situação conflitual que eventualmente exista nele, pois, se ele chegar a exercer a psicanálise e se vir diante de um caso de um conflito idêntico ao dele, como não vê a própria situação conflitual, também não a verá no paciente. De certo modo, o "seu" problema seria um filtro de cor que anularia, para a análise, todos os problemas semelhantes. Por essa razão, a psicanálise didática é de importância fundamental na formação de um futuro psicanalista.

CAPÍTULO III
TOPOGRAFIA DO APARELHO PSÍQUICO

A teoria psicanalítica tem a particularidade de não considerar os atos psíquicos da mesma maneira que a psicologia clássica faz. Esta os estuda como elementos justapostos, associados e estáticos.

A psicanálise concebe a vida psíquica como evolução incessante de forças elementares, antagônicas, compostas ou resultantes, com um conceito dinâmico do psiquismo.

Na época em que iniciou o estudo do material acumulado, Freud deu-se conta da necessidade de criar um esboço auxiliar para tornar compreensível ou estruturar a sua teoria e, ao mesmo tempo, manter uma ordem na investigação. Criou para isso a *metapsicologia*, estrutura hipotética que lhe serviu para colocar em um conjunto coordenado os diversos elementos estruturais da sua teoria.

Como não podia encontrar ou explicar a origem dos sintomas neuróticos sem conjeturar uma função determinada que se cumpriria em um sistema espacial, realizou tal estruturação e concebeu esse espaço em que atuariam dinamicamente as diferentes forças psíquicas. À primeira vista, isso parece algo fantasioso; mas é preciso lembrar que a maioria das teorias científicas sempre tem algo de fantástico, que é necessário e pode manter-se quando reúne condições que permitam conciliar as exigências práticas com os resultados da experiência. Basta, como exemplo, mencionar o caso da teoria da imunidade de Ehrlich.

O sistema metapsicológico teórico de Freud cumpre esses requisitos. É uma topografia hipotética do aparelho psíquico, mas neste caso hipotético não quer dizer – e nem sequer se concebe essa possibilidade – que a psique esteja dividida em três planos delimitados com maior ou menor rigor. Deve-se considerar que são forças, investimentos energéticos que se deslocam de certa forma, que têm um tipo de vibração específico e que vão todas estruturar os três sistemas que Freud denominou e dividiu topograficamente em *Inconsciente, Pré-consciente* e *Consciente*, cada um deles com características determinadas. Dentro desses três campos de limites imprecisos considera-se a existência de três instâncias ou localizações, que atuam em planos distintos e adquirem as características próprias desse nível da atividade psíquica: o *id*, o *ego* e o *superego*.

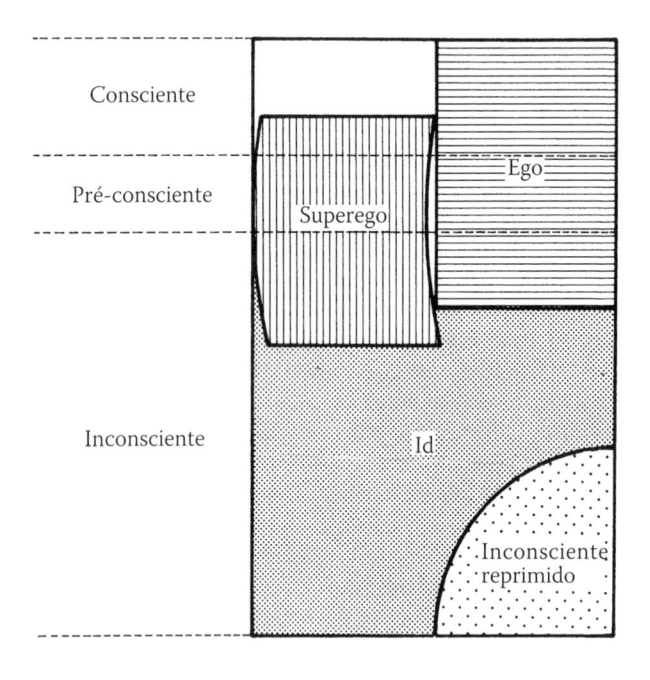

O *ego*, por exemplo, tem uma parte dentro do *consciente*, mas atinge o *pré-consciente* e o *inconsciente*. O *id*, em compensação, está totalmente situado no *inconsciente* e é regido pelas leis desse sistema. Em suma, são campos de limites imprecisos, nebulosos, que têm zonas fronteiriças comuns.

O sistema inconsciente

O conceito de inconsciente é, em sua maior parte, teórico, no sentido de que nunca foi observado diretamente, mas, ao mesmo tempo, é empírico, pelo fato de representar uma inferência imprescindível para explicar, de maneira lógica e sistemática, um grande número de observações. O estudo dos conteúdos do inconsciente permite, no entanto, explicar e demonstrar que os atos mentais e sociais têm uma causa definida, obedecem a um propósito e são emocionalmente lógicos, mesmo que, de um ponto de vista intelectual, aparentemente não seja assim.

Será difícil, portanto, dar uma definição categórica de algo cuja natureza se desconhece intimamente e cujo conhecimento só se pode obter de forma indireta, mediante os dados que nos são fornecidos pelos sonhos, os atos falhos, os testes projetivos, como o de Rorschach, o Szondi, o Teste de Apercepção Temática (TAT) de Murrey e, sobretudo, a história dos sintomas neuróticos e psicóticos. Praticamente se conhece o inconsciente em sua expressão consciente.

Os psicanalistas não são os únicos que admitem a existência de um inconsciente; muitos filósofos e psicólogos também o concebem. Theodor Lipps afirmou que o inconsciente deve ser considerado a base universal da vida psíquica. Malebranche deduzia a inconsciência originária de numerosas representações da impossibilidade de apercepção simultânea. Johannes Friedrich Herbart entende por representação inconsciente toda aquela que se dá além do limiar da consciência; para Edward von Hartmann, os fenômenos psíquicos inconscientes não se encontram submetidos a nenhuma regra da experiência, são sempre o "eterno inconsciente", de existência isolada, com propriedades completamente transcendentes, não acessíveis à comprovação experimental.

Apesar de o inconsciente ser comumente admitido, o seu conceito continua obscuro para a maioria (*Dalbiez*).

O conceito psicanalítico de inconsciente difere daquele dos autores citados anteriormente, que atribuem a ele um sentido negativo e designam por esse nome tudo o que não é consciente. Daí nasce o termo *subconsciente*, derivado do conceito de que tudo o que não é consciente é algo subconsciente, que está por baixo, que é inferior. Para a psicanálise, o termo *subconsciente* não é correto: "sub" é uma desvalorização. O inconsciente, para a psicanálise, é psiquicamente positivo, é um sistema em constante evolução e investido de energia psíquica. Segundo o conceito de Freud, o inconsciente não é o contrário do consciente, como dizia Lipps, nem é o consciente *degradé* ou latente, a que os filósofos da introspecção e da intuição hesitam em conceder a categoria de psíquico. Pelo contrário, é o grau preparatório do consciente e, ainda mais exatamente, é o verdadeiro psiquismo, o psiquismo real (*Freud*).

As experiências hipnóticas "A" e "B" de Bernheim tinham permitido demonstrar, antes do advento da teoria e do método psicanalíticos, a existência de um inconsciente. O cumprimento da ordem pós-hipnótica e sua racionalização permitem ver, de forma experimental, que existe um inconsciente, um elemento que atua por baixo da consciência, mas que é capaz de mobilizar o sujeito sem que este perceba a origem de sua decisão.

Em seu livro *A cura pelo espírito*, Stefan Zweig deu um exemplo extremamente claro de que compreendeu o que Freud expressou: "O inconsciente não é em absoluto o resíduo da alma, mas, pelo contrário, sua matéria-prima, da qual só uma porção mínima alcança a superfície iluminada da consciência; mas a parte principal, chamada inconsciente, que não se manifesta, nem por isso está morta ou privada de dinamismo. Dotada de vida e ação, influi de modo efetivo sobre os nossos pensamentos e sentimentos, representando o setor mais plástico de nossa existência psíquica. Por isso, quem em toda decisão não leva em conta o querer inconsciente comete um erro, pois exclui de seus cálculos o elemento principal de nossas tensões internas; equivoca-se grosseiramente, como se equivocaria quem avaliasse a força de um *iceberg* considerando somente a parte que emerge da água. O seu verdadeiro volume fica abaixo dela"[1].

A existência do inconsciente pode estabelecer-se pelo conteúdo e pelo modo de atuar. Nos conteúdos, devem-se considerar os equivalentes instintivos e as representações de fatos, objetos e órgãos.

Entende-se por *equivalente instintivo* a manifestação psíquica externa de um instinto que se expressa por modificações motoras e secretórias vividas como emoções[2]. Isso quer dizer que existem no inconsciente elementos instintivos que só se apresentam como tais quando

....
1. É necessário fazer um esclarecimento referente ao papel representado pelo inconsciente ou, mais exatamente, o processo primário na atuação do sujeito. A ação e persistência do processo primário é supervalorizada por alguns, pois consideram que os "normais" ou aqueles pacientes com vários anos de psicanálise continuam dominados por atuações que correspondem ao processo primário. O que se deve ter presente é que, depois de uma análise extensa e considerando o exemplo de Stefan Zweig, a parte submersa do *iceberg* continua, mas já não deve ter o volume do início, ou seja, na medida em que o ego amadurece e adquire um sentido de realidade, o pensamento racional de associação horizontal passa a predominar. A partir de então, o sujeito já não deve atuar totalmente regido pelas leis do processo primário; nessas condições, pode-se sustentar, isso sim, que existe um certo grau de livre-arbítrio que, embora não seja total, como alguns pretendem, tem uma vigência que não é desprezível.

2. McDougall assim define emoção: "Concomitante consciente dos impulsos instintivos em plena atuação".

traduzidos para o consciente. Um impulso amoroso aparece com todas as modificações motoras e secretoras, e é vivido como uma emoção. Um impulso agressivo é traduzido e vivido como uma emoção colérica. De acordo com a definição de Freud, os *equivalentes instintivos* seriam as emoções, o elemento que é possível captar pelas modificações da parte formal do sujeito, que são expressões do que está acontecendo em seu inconsciente.

Ao modo de atuar do inconsciente dá-se o nome de *processo primário* por ser a primeira forma de atuação, a mais primitiva do psiquismo. Deve-se levar em conta o fato de a teoria psicanalítica considerar que os processos psíquicos são essencialmente inconscientes e que antes de chegarem a ser conscientes devem sofrer um complicado processo, que tem suas leis determinantes, regras de gramática especial e lógica primitiva que regem esse sistema, que neste caso são as do processo primário.

O sistema pré-consciente também tem suas formas de atuação, denominadas *processos secundários*.

No processo primário, devem-se considerar os elementos que atuam levando-se em conta que, no aparelho psíquico, o que chega a ser consciente provém do inconsciente. Ou seja, existe uma dinâmica que, como tal, deve ter regras que a regulem.

No inconsciente, devem ser considerados os seguintes mecanismos: a) deslocamento, b) condensação, c) projeção e d) identificação. Esses são os elementos, entre outros, que se encontram no processo primário.

O *deslocamento* consiste na mobilização e mudança de lugar de uma carga psíquica, um deslocamento da importância de uma unidade para outra. Assim, em um sonho pode aparecer um elemento que tem uma determinada carga e a transfere para outro. Esse fenômeno produz-se geralmente na histeria de angústia, isto é, nas fobias e na neurose obsessiva. Nesta última, costuma haver um deslocamento para o pequeno, para o menos importante, o que leva a pessoa que tem um certo ressentimento contra outra a agredir não direta, mas indiretamente, de forma dirigida contra o menor. Se é seu vizinho por exemplo, talvez discuta com ele dizendo-lhe que a vereda de sua casa está irregular. Realiza um deslocamento do objeto X com o qual quer agredir para a parte mais afastada e insignificante relacionada com esse objeto, ainda que a sua atitude se dirija, na realidade, contra o vizinho, pessoalmente.

A *condensação* consiste na união de vários elementos separados que têm uma certa afinidade; quer dizer, os traços ou objetos A, B, C e D condensam-se em um novo e único composto de A + B + C + D. É o que ocorre nos sonhos, quando é possível que apareçam em um só indivíduo características de vários personagens distintos: a cor dos olhos de A, os cabelos de B, a forma de andar de C e a indumentária de D.

A condensação é característica da histeria de conversação, na qual um sintoma pode ser a condensação de energia psíquica de vários elementos. Um vômito histérico pode condensar várias situações simultaneamente. Pode ser, em primeiro lugar, um desejo de gravidez, em seguida o desejo de praticar felação e, por último, a repugnância que essa mesma fantasia produz. Todas essas situações se condensam em um só sintoma que, como em todos os casos, terá um elemento que é a expressão da condensação. Todo sintoma está pluridetermindo por diversos afetos que se expressam condensados através daquele. Esse complexo mecanismo ocorre integralmente no inconsciente e é regido pelo processo primário que regula a atividade de todo neurótico ou psicótico.

A *projeção* produz-se geralmente na paranoia, em que o sujeito projeta seus impulsos agressivos sobre outro ou outros e, depois, sente-se perseguido e acossado por esses mesmos impulsos que ele projetou.

A *identificação* ou transferência da ênfase do objeto para o sujeito constitui uma manifestação psíquica geral. Diz Nunberg: "Em todo momento nos identificamos com alguém". Mediante esse processo, uma pessoa considera-se, em certa medida, semelhante a outra, o menino copia o modo de agir do pai, e esse processo de identificação parece ser a possibilidade de uma mútua compreensão humana.

Tanto a identificação como a projeção constituem modos de deslocamento. Na identificação, ele se faz de um objeto para o sujeito, enquanto na projeção se faz do sujeito para o objeto. Se uma pessoa sonha que João caiu da ponte, terá todas as sensações inerentes à queda. Em outros termos, uma ameba incorpora um pedaço de carmim e se tinge. A projeção é o contrário. O sujeito que sente medo no sonho não o vive como coisa própria, mas no episódio onírico haverá um outro personagem que viverá um estado de medo. Na realidade, o que se produz é um deslocamento da carga psíquica do sujeito para o objeto. Na paranoia, a pessoa projeta sua agressividade, mas também o faz com outros afetos, sem se dar conta de que a essência de tudo está nela. Um exemplo é o caso do menino que, diante da jaula dos leões no zoológico, diz: "Vamos embora, vovô, porque você está com medo".

Características do inconsciente

O inconsciente tem seus modos próprios de atuar, que constituem em conjunto o processo primário. São eles:

a) ausência de cronologia;
b) ausência de conceito de contradição;
c) linguagem simbólica;
d) igualdade de valores para a realidade interna e a externa ou supremacia da primeira;
e) predomínio do princípio do prazer.

a) No inconsciente, a cronologia não existe, e tampouco nos sonhos. Na vivência onírica, podem ocorrer casos em que o tempo e o espaço estejam totalmente ausentes. Carecendo de sentido cronológico, o inconsciente não reconhece passado nem futuro, mas apenas um presente[3]. Todas as tendências são vividas pelo inconsciente no tempo atual, inclusive quando se referem ao passado ou ao futuro. Os acontecimentos mais longínquos continuam atuando no inconsciente de um modo invariável, com tanta atualidade como se tivessem acabado de ocorrer. Um paciente de 35 anos lutava inconscientemente e com grande tenacidade contra a autoridade paterna, apesar de seu pai ter falecido quando ele tinha apenas 8 anos de idade.

b) O inconsciente também não tem um conceito definido de contradição. Não faz qualquer reparo à coexistência de eventos antitéticos; seus elementos não estão coordenados e as contradições ocorrem simultaneamente, mantendo sua plena valência, sem se excluírem, mesmo que sejam de sinais contrários. Podem existir ao mesmo tempo um sim e um não... Se na máquina de escrever batermos duas teclas simultaneamente, ambas chegarão juntas à guia que normalmente faz que um tipo pressione a fita e deixe sua marca impressa. Mas, nesse caso, as duas teclas se chocarão ao entrarem na guia, e nem uma, nem outra conseguirá imprimir-se no papel, pois não terão respeitado uma ordem preestabelecida. No inconsciente, porém, tudo se desenvolveria de modo que ambos os tipos tivessem acesso ao papel, imprimindo simultaneamente letras e palavras de sinais e valores contrários. Um amor e um ódio. Inconscientemente, podem-se viver ao mesmo tempo sentimentos de ódio e de amor, sem que um desloque ou anule o outro, nem mesmo parcialmente.

O inconsciente também não sabe dizer não e, quando necessita dar uma negativa, deve enunciá-la recorrendo a outros elementos. Talvez a uma anestesia, se o que ele quer é não sentir; a uma paralisia, se o que deseja é: "não quero".

....
3. Essa modificação do sentido do tempo observa-se também nas experiências realizadas com mescalina e LSD, pois a intoxicação produz um predomínio do processo primário.

c) Quando o inconsciente tem de dizer, expressa-o em forma arcaica, utilizando símbolos. (veremos isso em maior detalhe ao estudarmos o processo de elaboração de sonhos, p. 113-4). Uma paciente sonha que comprou um sorvete, que o saboreia com deleite, e quando sua boca se enche de creme de *chantilly* derretido, sente grande prazer. O significado do sonho é evidente, mas a tradução se fez por meio de símbolos.

d) A realidade interna nos psicóticos e neuróticos tem tanto valor ou mais do que a realidade externa. O psicótico que vive a fantasia de ser mulher tem nela algo que é tanto ou mais válido do que sua personalidade real. Portanto, é perfeitamente natural que atue como tal. Também o psicótico que se crê milionário vive uma realidade interna mais válida do que a externa; está convencido de que comprou todos os rios e campos do país e, em um gesto de generosidade, que nele é autêntico, presenteia um amigo com duas fazendas e um outro com um rio inteiro. Isso parece engraçado, mas, para o homem cuja ação psíquica está condicionada pelo processo primário, é algo tão sério e tão concreto quanto seria para um homem normal.

e) O homem normal aprende a esperar e a acomodar-se a fim de conseguir a satisfação dos instintos; em contrapartida, o neurótico e o psicótico, que se encontram dominados pelo processo primário, não podem suportar o desprazer, pois as tendências do inconsciente buscam sua satisfação, sem se preocupar com as consequências que ela possa apresentar. Esse imperativo constitui o que se denomina *predomínio do princípio de prazer*. Existe nesse plano do aparelho psíquico um caráter peremptório que é uma qualidade geral dos instintos e constitui a essência deles.

Dentro do sistema inconsciente, é necessário levar em conta uma porção, uma parte dele, que se encontra integrada por elementos de uma natureza tal que, se chegassem a ser conscientes, apresentariam notáveis diferenças em relação aos demais. Esses elementos diferentes, que não têm livre acesso ao sistema consciente, constituem o que se denomina *inconsciente reprimido*.

Portanto, no inconsciente podem ser consideradas, hipoteticamente, uma parte composta por elementos que se encontram temporariamente nele e estão, por conseguinte, submetidos às suas leis, mas que podem a qualquer momento tornar-se conscientes, e uma parte cujos elementos não podem aflorar ao consciente, mas chegam, mesmo assim, a produzir determinados efeitos por vias indiretas, alcançando a consciência sob forma de sintomas ou sonhos. Todo o reprimido tem de permanecer inconsciente, mas não forma por si só todo o conteúdo desse sistema. O reprimido é, portanto, uma parte do inconsciente, o *inconsciente reprimido*, segundo Freud.

De acordo com o sistema hipotético, o id em sua totalidade e parte do ego e do superego encontram-se dentro do sistema inconsciente.

Antes que Freud fixasse as normas do método psicanalítico, era difícil penetrar no inconsciente; agora, os meios para fazê-lo encontram-se ao alcance de qualquer pessoa preparada na técnica psicanalítica. Mas é preciso saber buscar. O estudante que vê pela primeira vez um preparado no microscópio ou se detém diante de uma radiografia poderá tirar poucas conclusões. O que vir lhe parecerá nebuloso, confuso; mas com o tempo, e mediante o uso de lentes mais fracas e radiografias menos complexas, aprenderá qual é o valor do que tem à sua frente. Por analogia, quando se "olha" pela primeira vez dentro do sistema inconsciente, pouco ou nada se consegue ver, mas depois, com a técnica adequada e a prática necessária, o irreconhecível se destaca com nitidez.

Assim, Dalbiez disse que, "para muitos, a psicanálise é apenas uma filosofia e, portanto, julgam-se no direito de discuti-la de um modo puramente dialético, sem recorrer à experiência. É surpreendente que haja médicos cuja formação deveria afastar de um tão grave erro de método, que publicam trabalhos críticos sobre a psicanálise nos quais não figura nenhuma observação pessoal, e que parecem nem suspeitar da necessidade de comprovação experimental. Para criticá-la, é necessário começar por refazer suas experiências, considerando, no entanto, que, se nada começa sem ela, também nada termina somente pela experiência".

O sistema pré-consciente

Na topografia hipotética do aparelho psíquico criada por Freud, o sistema pré-consciente está situado entre o consciente e o inconsciente. O seu conteúdo está integrado, em parte, por elementos em trânsito do inconsciente para o consciente e, também, do consciente para o inconsciente, adotando a forma de material pré-consciente. Existem, além disso, impressões do mundo exterior, radicadas nele como representações fonéticas ou verbais.

As tendências e representações objetivas inconscientes chegam à consciência através do sistema pré-consciente, associando-se para isso aos conceitos que, em forma de representações verbais, foram adquiridos da realidade.

O pré-consciente está relacionado com a realidade externa e com o inconsciente, e essa é a razão pela qual durante o trabalho onírico usam-se acontecimentos reais, uma ideia concebida em estado de vigília etc. para expressar um desejo inconsciente.

Assim como o sistema inconsciente é regido pelo processo primário, também o pré-consciente tem leis próprias que constituem o *processo secundário*, que compreende:

a) a elaboração de uma sucessão cronológica nas representações;
b) a descoberta de uma correlação lógica;
c) o preenchimento de lacunas existentes entre ideias isoladas;
d) a introdução do fator causal, ou seja, relação de coexistência e sucessão entre os fenômenos: relação causa-efeito.

Durante o sonho, essa tarefa se cumpre no pré-consciente, tal como acontece nos estados de vigília, em que essa atividade constitui o ato de pensar. "As ideias pré-conscientes", disse Nunberg, "aparecem enxertadas nos impulsos inconscientes, e daí surge a necessidade de distinguir a essência da enfermidade daquilo que é o resultado da elaboração secundária."

O sistema consciente

O consciente é um órgão de percepção para as impressões que nos absorvem no momento e deve ser considerado um órgão sensorial situado no limite entre o interno e o externo, com capacidade para perceber processos de uma ou de outra procedência.

Durante o sono vemos imagens, ouvimos vozes e percebemos sensações e sentimentos. Em estado de vigília também podemos perceber, com a diferença de que o círculo do percebido é mais amplo do que durante o sono. Nesta última atividade, só são percebidos os estímulos deformados que têm origem no inconsciente, enquanto no estado de vigília o que percebemos com maior nitidez são os estímulos que nos chegam do mundo exterior por meio dos órgãos dos sentidos. Portanto, entre as percepções oníricas e as de vigília existe uma única diferença: no indivíduo acordado, a superfície mais sensível seria a externa do consciente, enquanto durante o sono, dominado pela atividade onírica, essa superfície seria menos permeável aos estímulos externos, aumentando, em compensação, a sensibilidade da superfície interna.

Para que um ato psíquico chegue a ser consciente, é necessário que percorra todos os níveis do sistema psíquico. No sonho, por exemplo, as representações de objetos pertencentes ao inconsciente devem associar-se, sobretudo, às representações pré-conscientes correspondentes. Só então, e depois de vencer a censura instalada entre os dois campos, entram em contato com esse sistema e chegam ao conhecimento do indivíduo (*Nunberg*).

O homem não reage sempre a todo estímulo e tem-se a impressão de que o sistema consciente conta com um dispositivo especial, capaz de protegê-lo de certas excitações que poderiam perturbar seu equilíbrio. Freud deu a esse dispositivo o nome de *detector* ou *amortecedor de estímulos*.

Se um estímulo externo é excessivamente intenso para o psiquismo, ele é captado pelo aparelho protetor, amortecido e transmitido de forma econômica e gradual. Esse dispositivo tem, pois, a propriedade de amortecer os potenciais energéticos que chegam até ele.

Se, a título de exemplo, transportarmos isso para o campo somático, lembraremos o que acontece com os eletricistas que, ao trabalharem com um fio sem proteção isolante, levam um choque; se estiverem mentalmente preparados para recebê-lo, a impressão e o abalo serão muito menores. O mesmo acontece com um golpe qualquer. Se o homem o recebe sem nenhuma advertência prévia, o trauma é maior do que seria se ele estivesse prevenido.

Em síntese, o aparelho protetor recebe o estímulo do exterior, amortece-o e transmite-o gradualmente, evitando que o equilíbrio psíquico do organismo se perturbe.

A localização topográfica desse amortecedor de excitações corresponderia hipoteticamente, dado que é impossível assinalar centros ou zonas anatômicas específicas, ao córtex cerebral, que filogeneticamente também coincide com esse limite. O desenvolvimento do sistema nervoso efetua-se às custas do folheto ectodérmico da gástrula, aquele que nas primeiras fases da formação embrionária se encontra entre o mundo externo e o interno, e que, mais tarde, em virtude do processo de invaginação, situa-se a maior profundidade.

O amortecedor de excitações é o que capacita o homem a regular sua vida psíquica, mediante uma distribuição econômica das cargas energéticas, o que lhe permite conservar o repouso e manter em equilíbrio adequado sua tensão energética.

As instâncias do aparelho psíquico: o id

A denominação *id* foi introduzida na terminologia psicanalítica por Georg Groddeck, que, por sua vez, a tomou de Nietzsche, sendo legitimada por Freud em 1923, em seu livro *O ego e o id*, ao lhe conferir um determinado conteúdo conceitual. O id está integrado pela totalidade dos impulsos instintivos. Tem conexões íntimas com o biológico, de onde extrai as energias instintivas que, por intermédio dessa instância, adquirem sua exteriorização psíquica.

As tendências do id coexistem de forma independente e não estão regidas por nenhuma organização unitária. Tudo o que se desenvolve no id está submetido ao processo primário (cf. p. 41-2). Por conseguinte, é regido pelo princípio de prazer e é, em suma, o ser primitivo sem freios.

Todos os setores do id são inconscientes, e grande porção dele é constituída por elementos arcaicos, em parte de origem ontogenética e em parte de natureza filogenética, ou seja, tudo o que é herdado, tudo o que o indivíduo trouxe consigo desde o nascimento – portanto, o que está constitucionalmente fixado, em especial os instintos, que para Hering são a *memória hereditária da espécie*. Bleuler esclarece essa definição ao dizer que por meio do instinto "consegue-se um fim determinado, sem que seja necessário ter passado por qualquer exercício prévio". Também se pode dizer que "os instintos são as forças que supomos causadoras das tensões de necessidade".

Essas definições são complementadas pela de Freud, para quem instinto é "um excitante interno *contínuo* que produz, quando é respondido de forma adequada, um gozo específico".

Quanto à evolução do conceito de instinto, Freud sustentou, em 1905, que havia uma oposição entre os instintos do ego ou de autoconservação e os instintos sexuais. Posteriormente, em 1914 (*Sobre o narcisismo: uma introdução*), ele modificou esse conceito, concluindo que havia uma oposição entre a libido objetal e a libido narcísica; e, por último, em 1920, sustentou o conceito de oposição existente entre os instintos de vida (Eros) e de morte (Tânatos), segundo o enunciado em seu livro *Além do princípio de prazer*.

Freud foi um dos autores que mais contribuíram para o conhecimento do tema. Embora não tenha começado seus estudos visando diretamente aos instintos, seu trabalho de pesquisa levou-o paulatinamente a ocupar-se deles.

Somente em 1915, em *Os instintos e suas vicissitudes*, eles passaram a ocupar um lugar de destaque em suas pesquisas. Embora seja certo que nos primeiros artigos faz detalhadas e inúmeras contribuições nesse sentido, somente depois de 25 anos de intenso trabalho se aventurou a teorizar sobre o tema.

No decorrer de seus estudos, Freud modificou várias vezes esse conceito, o que é uma prova de sua séria posição científica. Desenvolveu inicialmente uma concepção dualista, que manteve ao longo de toda a sua obra. Diz Ernest Jones que, para adotar essa posição dualista – dentro da qual fez suas modificações –, Freud baseou-se na antítese amor-ódio, que foi buscar em Schiller.

É necessário fazer uma distinção entre impulso instintivo (*Trieb*) e instinto. Um organismo simples não é a mesma coisa que outro mais estruturado, pois no primeiro não se encontra um ego intermediário entre o impulso do id e sua expressão no mundo exterior. Mas, à medida que se evolui, vão sendo encontrados elementos mediadores, novas formações ou produtos de evolução que permitirão diferenciar um impulso de um instinto (*Loewenstein*). Devemos considerar que aquilo que antes se denominava instinto de autoconservação nada mais é do que elementos ou mecanismos do ego que estão vinculados à experiência anterior. Para Stern, *impulso instintivo* é aquela força que quer atingir o fim sem levar em conta os meios, e *instinto* é o movimento energético dirigido e condicionado para alcançar seu fim. Entretanto, essa diferenciação não esclarece totalmente o que se deve entender por instinto. Alguns autores consideram que os instintos são uma série ou sucessão de reflexos mas, em seu livro *Medicina psicosomática*, Rof Carballo afirma que, embora um instinto possa utilizar uma série de reflexos, é impossível afirmar que seja apenas isso, uma vez que o reflexo somente toma uma porção do indivíduo, e em um movimento instintivo vê-se atuar todo o organismo como uma unidade que pode perfeitamente utilizar as cadeias de reflexos para atingir esse fim. A diferença fundamental seria que o impulso instintivo tenta alcançar seu fim sem levar em conta os meios, ao passo que o instinto ocorreria por uma mobilização, de modo que o organismo deve valer-se de meios adequados para alcançar tal finalidade.

Nos últimos anos, Freud renunciou, em princípio, a considerar a enumeração de todos os instintos, como fez Papillaut, referindo-se ao instinto de nutrição, de conforto, de conservação, sexual, gregário e hipergregário.

Limitou-se a levar em conta dois instintos primários: de vida e de morte. O primeiro – instinto de vida – tenderia à reunião, integração, fusão, conservação e criação de novas vidas. O outro é o que motiva o envelhecimento e a morte. Sua finalidade é a destruição, a desintegração e o aniquilamento, motivo pelo qual se desvia do próprio organismo para o meio ambiente, mesclado com os instintos de Eros, e se manifesta sob a forma de sadismo.

Freud considerou que existe uma tendência a voltar ao inanimado, e o que o levou a enunciar essa teoria foi constatar que em certas situações traumáticas, e até mesmo durante a terapia analítica, há fatos que se repetem. Os pacientes voltavam a repetir as situações traumáticas, e ele sentiu a necessidade de encontrar algum elemento que lhe permitisse compreender essa tendência à repetição. Como solução, ocorreu-lhe pensar que os organismos vivos tinham sido inanimados algum dia e que, portanto, nos indivíduos, e nesse sentido, existia uma tendência regressiva.

Utilizando alguns conceitos de Weissman, que considera haver no protoplasma uma parte mortal, Freud especulou com a ideia de que a única coisa que os instintos de vida fazem, pela forma como atuam, é evitar a morte acidental.

Produz-se então o paradoxal, pois os instintos do ego, ou de autoconservação de seu primeiro conceito, correspondem em sua última teoria aos de morte. Por que o ser vivo tenta retornar ao inanimado? Freud sustenta que esse instinto de morte encontra-se em todos os seres, invisível nos unicelulares, mas já mais evidente nos pluricelulares. Esse conceito foi objeto de muitas críticas e até mesmo Freud não o aceitou como definitivo, considerando-o apenas uma elaboração teórica suscetível de ser modificada ou substituída a qualquer momento por outra[4]. A enunciação dessa teoria deu origem a equívocos, em virtude do uso das palavras; assim, muitos expressam que durante o tratamento de pacientes puderam comprovar a existência de um instinto de morte. Mas o que ocorre, na realidade, é que interpretaram como expressão do instinto de morte as tendências agressivas e mortais contra um objeto do mundo exterior, logo voltadas contra o próprio sujeito (*Reich*).

Os instintos são difíceis de se compreender psicologicamente, pois constituem um conceito limite entre o psicológico e o biológico, e podem ser estudados de ambos os pontos de vista.

Assim considerados, constituem um fenômeno biológico com uma representação psíquica, que os leva ao conhecimento do mundo. Os seus equivalentes psíquicos são excitações, tendências, desejos, representações e fantasias que, associados afetivamente, chegam à consciência sob a forma de material pré-consciente e incitam o ego a atuar para ser descarregado no mundo exterior e obter, desse modo, a satisfação que essa mesma descarga produz.

Biologicamente consideradas, as forças instintivas ativas existem por trás dos equivalentes indicados e podem ser reduzidas a uma fórmula geral: *um estímulo contínuo que em sua maior parte tem origem*

....

4. Diz Alexander: "É óbvio que esta teoria já não constituía uma tentativa de descrição de forças instintivas, mas apenas uma abstração filosófica".

em processos biológicos e alterações energéticas e químico-físicas dos órgãos. Diz Nunberg, na *Teoria geral das neuroses*, que o instinto representa uma excitação biológica *contínua* que induz o organismo a reagir de determinada forma.

O que diferencia um estímulo biológico ou instinto de um estímulo exterior é a impossibilidade de fugir dos primeiros, cuja fonte está em nós mesmos.

No sentido psicanalítico, o termo *instinto* representa uma tentativa de unificar o somático com o psíquico, elementos que a psicologia clássica pretendeu separar durante anos.

Com o seu conceito de instinto, que ele estudou em virtude de necessidades fisiológicas, Freud tentou estabelecer uma base biológica para a psicologia e derrubar, assim, a separação artificial entre psique e soma.

Apesar de existirem várias teorias sobre os instintos, os princípios dinâmicos da psicanálise estão firmemente estabelecidos e são independentes das teorias referentes à origem fundamental dos instintos, do mesmo modo que as leis ópticas são válidas mesmo quando os físicos não estão totalmente de acordo quanto à própria essência da luz.

Os instintos têm características que lhes são próprias e distintivas:

1) fonte de origem
2) impulso
3) objeto
4) fim

A fonte de origem é o processo energético, físico-químico, que se desenvolve em um órgão somático, cujo estímulo é representado no psíquico por um equivalente instintivo.

As condições de excitação nos órgãos tomados como fonte instintiva tinham sido consideradas anteriormente de maneira muito simplista. Supunha-se, por exemplo, que a falta de alimentos originava no estômago a digestão da membrana mucosa por parte dos ácidos livres. Comprovou-se que esse conceito era errôneo ao se observar que pessoas que vivem sem estômago, em consequência de cirurgia, também têm uma nítida sensação de fome. Foi Krafft-Ebing quem considerou a repleção do canal espermático como origem do instinto sexual; mas esse conceito só poderia ser válido no caso de homens adultos.

A *fonte* dos instintos parece ser um processo muito mais complexo e de natureza predominantemente bioquímica ou energética pura. Ainda hoje, é deficiente o conhecimento desses complicados processos, pelo próprio fato de que se desenvolvem no interior do nosso organismo em forma de mudanças químicas, o que torna difícil uma investigação exata.

A *intensidade* ou o *impulso dinâmico* dos instintos mede-se em razão da importância dos obstáculos que é capaz de superar para obter sua satisfação. Tomemos como exemplo um indivíduo que está com fome e não tem o dinheiro necessário para comprar pão. Passa uma vez, olha o pão e o deseja. Volta a passar e fica parado diante da vitrine, mas não faz mais do que isso, pois seu instinto não tem força suficiente. Mas, se essa força aumentasse, em um certo momento o indivíduo apanharia uma pedra, quebraria a vitrine, pegaria o pão e o devoraria, sem pensar nas consequências posteriores.

O impulso de um instinto é o seu fator motor, o elemento dinâmico, a quantidade de energia que representa. Tem caráter peremptório, que é a qualidade geral dos instintos, sua própria essência.

O *objeto* dos instintos é algo que pertence ao mundo exterior e pode ser uma pessoa ou uma coisa pela qual e com a qual o instinto atinge sua satisfação ao suprimir a excitação ou estado de necessidade. A conexão entre o instinto e o objeto não é primordial, no sentido de ser o objeto o que dá origem ao instinto. Pelo contrário, este é o primitivo, existe antes do objeto, e só quando se produz uma adequação instinto-objeto para obter satisfação é que se dá uma vinculação entre ambos.

O objeto é o mais variável do instinto, quanto aos meios a que recorre para conseguir sua satisfação. Mas há casos em que estão patologicamente ligados a um objeto específico, situação a que se dá o nome de *fixação*. O objeto é tão variável, que alguns sujeitos tomam como tal o próprio ego, ou seja, um amor narcísico cuja expressão é o *autoerotismo*.

Os instintos fazem parte do id, que está totalmente submerso no inconsciente, e são, por conseguinte, regidos pelas leis desse sistema, em especial pelo princípio de prazer.

Todo instinto tende a chegar a um *fim*, que é restabelecer um estado no qual deixa de subsistir uma determinada tensão instintiva, que é desagradável, para se chegar ao equilíbrio tensional, após a obtenção de um prazer. O exemplo mais típico é o do orgasmo genital.

Libido

O que se deve entender por libido? A tradução do vocábulo latino *libido* é desejo, inclinação, vontade, ânsia, apetite ou paixão. Em psicanálise, o termo é empregado exclusivamente vinculado a prazer e desejo sexual. Freud adotou esse termo de Moll, que o usa para assinalar a expressão dinâmica da sexualidade. Portanto, deve-se entender libido como *intensidade da energia dinâmica do instinto sexual* – ou seja, o seu elemento quantitativo.

Todo ser humano dispõe de uma determinada quantidade de "força pulsiva sexual" (libido) que poderá aumentar ou diminuir pela ação de diversos fatores suscetíveis de serem classificados como intrapsíquicos e extrapsíquicos (cf. quadro abaixo).

Os interesses sexuais foram o objeto mais proveitoso na investigação psicanalítica, pela grande importância – embora não seja exclusiva – dos instintos sexuais na etiologia das neuroses. Mas ao lado dos interesses sexuais existem os fatores ambientais (sociais, econômicos, políticos, religiosos etc.) que também têm sua preponderância e foram enfaticamente sublinhados por alguns autores, entre eles Karen Horney, Wilhelm Reich e Harry S. Sullivan.

A) Intrapsíquicos
- I) sonhos
- II) fantasias
  - 1) conscientes
  - 2) inconscientes

B) Extrapsíquicos
- III) objeto
  - 1) visão
  - 2) olfato
  - 3) tato
- IV) somáticos
  - 1) puberdade
  - 2) climatério
  - 3) endocrinopatias
  - 4) tumores
- V) farmacológicos
  - 1) hormônios
  - 2) excitantes
    - 1) álcool
    - 2) drogas etc.
  - 3) depressores
    - 1) barbitúricos
    - 2) drogas etc.
- VI) telúricos
  - 1) primavera
  - 2) inverno
  - 3) aran (O_3)[5]
  - 4) íons
    - 1) positivos
    - 2) negativos[6]

---

5. Nos momentos em que o índice de *aran* (O_3) é menor na atmosfera, os tipos C da classificação de Curry experimentam maior excitação sexual. E, pelo contrário, quando o índice de *aran* é alto, os tipos F sentem indiferença sexual com manifestações de fadiga.

6. Um excesso de íons positivos na atmosfera (moléculas com carga positiva) afeta desvantajosamente os processos fisiológicos, enquanto um excesso de íons negativos produz efeitos favoráveis ao bem-estar do organismo (Robles, Medina e Mibasham, "La Semana Médica", 106, 9, 1955).

A psicanálise foi acusada de parcialidade por supervalorizar os instintos sexuais na etiologia das neuroses, alegando-se que o homem possui outros interesses além dos sexuais. A esse respeito, Freud disse: "Em nenhum momento esquecemos ou negamos isso. A nossa parcialidade é semelhante à do químico, que reduz todas as estruturas moleculares à energia da atração química, sem negar, por isso, a força da gravidade, mas abandonando seu estudo ao físico"[7].

O conceito psicanalítico de sexualidade foi o que provocou maior resistência em todos os círculos, influenciada, em sua maior parte, pela educação cultural, que tende a rechaçar a satisfação instintiva, o que explica que a sociedade adote uma atitude hostil em face desse conceito, uma vez que a reprovação ética e moral dos instintos sexuais levou à identificação do sexual, de modo geral, como sujo e indecente, mau e demoníaco.

Existem vários instintos sexuais, a que se dá o nome de *instintos parciais*, que têm origem em fontes orgânicas e biológicas. Esses instintos parciais (exibicionismo, voyeurismo, instintos orais, anais, fálicos e sádicos) atuam, no começo, independentemente uns dos outros e só depois de algum tempo evoluem, reunindo-se em uma síntese mais ou menos perfeita.

No adulto, essa organização se faz em torno da satisfação genital e, por isso, é chamada de organização final, ou genital, dos instintos.

O fim para o qual cada um desses instintos parciais tende é o prazer orgânico, a descarga de tensão. Nas primeiras etapas de sua evolução, sobrepõem-se às funções vegetativas; portanto, o ato de mamar também tem nas crianças um significado sexual.

Pouco a pouco, os instintos separam-se das funções vegetativas e seguem os caminhos que o ego lhes marca para a descoberta de seu objeto. Uma parte dos instintos sexuais continua associada, ao longo de toda a vida, às funções vegetativas, fornecendo-lhes componentes libidinais; por isso, o comer é, no adulto, uma descarga libidinal, que no caso de quem vive para comer é mais patente do que naqueles que comem para viver.

Em muitas oportunidades, os componentes libidinais passam facilmente despercebidos enquanto a função é normal, mas tornam-se claramente perceptíveis nos estados patológicos.

Cada um dos instintos parciais tende à obtenção do prazer orgânico, e por sexual deve entender-se tudo o que tenha o prazer como meta.

---

7. Entretanto, durante os tratamentos, na minha opinião, não se pode nem se deve descuidar da incidência de todos os fatores concorrentes, já que o lógico é ter sempre presente a ideia da continuidade organismo-ambiente.

Diz Freud: "As pulsões sexuais incluem aquelas tendências meramente afetivas e amistosas, às quais o uso corrente aplica uma palavra extremamente ambígua: amor".

Grande parte da resistência que se tem feito à psicanálise deve-se, na realidade, a uma interpretação errada do termo *sexual*. Para a psicanálise, tudo o que é genital é sexual, mas nem tudo o que é sexual é genital, uma vez que o termo denota funções que não são genitais. É o caso do comer, para os glutões.

Ao fixar o alcance da palavra *sexual*, Freud não ampliou seu significado, mas os conceitos por ela denominados. O seu conceito da ideia de *sexualidade* é, sem dúvida, muito mais amplo do que a ideia corrente, mas também não é exato dizer que a forma como Freud usa a palavra difere muito da acepção que lhe é dada habitualmente.

Diz ele em sua autobiografia: "A sexualidade está divorciada de sua conexão demasiado estreita com os genitais, e considero-a uma função mais ampla do corpo, que tem como meta final o prazer e só secundariamente serve para fins de reprodução".

Em síntese: pode-se dizer que para a psicanálise o termo *sexual* denota a função geral de obter prazer.

Essa separação entre o sexual e o genital permite colocar as atividades sexuais das crianças e dos perversos no mesmo terreno dos adultos normais. Encaradas do ponto de vista psicanalítico, as perversões explicam-se como manifestações de instintos parciais, componentes da sexualidade que se libertaram da primazia genital e se lançaram por conta própria na busca de prazer, tal como o fizeram em fases precoces do desenvolvimento da libido[8].

Como exemplo de uma atividade infantil considerada sexual pela psicanálise, pode-se citar o prazer de chupar o dedo em crianças de pouca idade, estudado por R. Sterba, que nos diz: "Uma criança chupa o polegar com os lábios e a língua sem extrair daí benefício algum do ponto de vista da autoconservação. Nesse ato de chupar o polegar podem-se observar detalhes que também se apresentam na atividade sexual dos adultos. As crianças chupam os dedos ritmicamente, e a maioria das atividades sexuais adultas registra o mesmo movimento. A sucção descreve uma curva. Começa moderadamente, depois aumenta a agitação e atinge um ponto culminante para logo decrescer. A atitude sexual do adulto segue o mesmo curso. O ponto culminante do prazer da sucção é acompanhado, às vezes, por uma excitação que se

....

8. R. Sterba, "Los instintos", *Revista de Psicoanálisis*, ano 2, n. 2, 1945.

apodera da musculatura toda, tal como acontece em algumas crianças quando defecam ou urinam. O orgasmo, que é a experiência máxima de prazer e a satisfação mais intensa sentida pelo adulto no ato sexual, manifesta uma reação semelhante.

"A analogia essencial entre a sucção do polegar e as manifestações dos adultos é, indubitavelmente, o prazer experimentado em ambos os casos. Quem, alguma vez, já observou o prazer de uma criança durante a sucção do polegar e a calma e serenidade que ela manifesta no final de sua atividade é obrigado a reconhecer, por essa demonstração objetiva de prazer, que existe uma profunda analogia entre a sucção ou algum outro costume similar da infância e a atividade sexual dos adultos. Se perguntássemos a uma criança de pouca idade por que chupa o dedo, ela certamente responderia: 'Porque é uma coisa muito agradável'.

"Nessas atividades infantis podem ser observadas características subjetivas e objetivas das manifestações sexuais do adulto. É lógico considerá-las, pois, atos sexuais" (*Sterba*).

O ego

Para Freud, o ego nada mais é do que uma parte do id modificado pelo impacto ou a interação das pulsões internas e dos estímulos externos. De acordo com essa hipótese, formulada do ponto de vista psicológico, o ego seria constituído por uma modificação do próprio id[9]. Recorrendo a um exemplo grosseiro mas sumamente objetivo, poderíamos dizer que o ego é algo como a casca do queijo, que se modifica pelo contato com o mundo exterior.

....
9. Nos últimos anos, alguns autores – entre eles, Hartman e Kubie – consideram que o ego, tal como o aceita Rof Carballo, não é o resultado passivo das influências energéticas internas ou externas, mas uma estrutura em virtude da qual o homem tem de *dominar a situação* se quiser subsistir. Essa estrutura hiperformalizada do córtex cerebral é o que faz o homem *estar na realidade*. Tal estrutura, entretanto, não nasce de uma interferência entre os impulsos instintivos e as percepções externas; as percepções externas são "da realidade", em virtude da estrutura do córtex cerebral, prefixada pela evolução embrionária (*Rof Carballo*). Quer dizer, ter-se-ia modificado o conceito primário e hipotético de Freud em bases puramente psicológicas, levando-se em conta elementos estruturais somáticos e neurológicos, considerando-se então a existência de um elemento, a estrutura do córtex cerebral prefixada pela evolução embrionária: o neocórtex, com sua função neurológica, possibilitaria ao ser humano conhecer a realidade e colocar-se diante dela e de todos os seus objetos. O primeiro conceito hipotético e psicológico de Freud tem, assim, uma base neurofisiológica que corresponderia ao que ele intuiu em suas pesquisas.

Diagrama

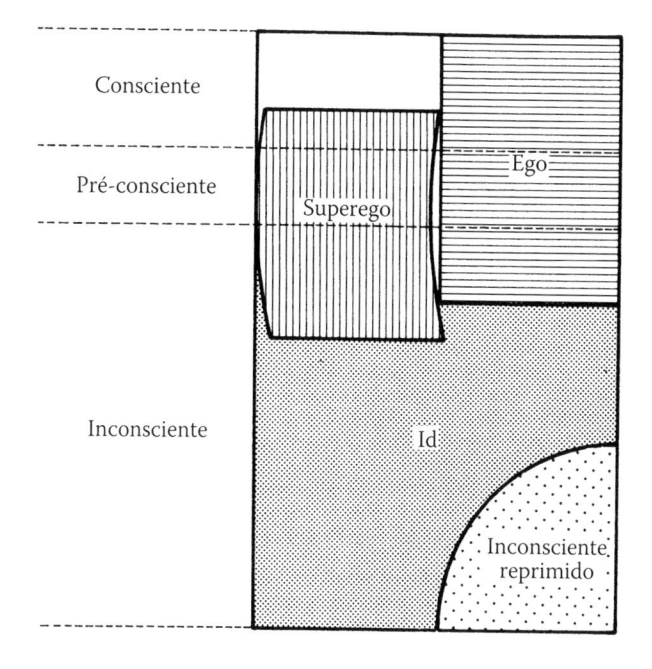

Consciente	
Pré-consciente	Ego / Superego
Inconsciente	Id / Inconsciente reprimido

Para desenvolver a teoria freudiana com sua topografia hipotética do aparelho psíquico, pode-se dizer que o ego está situado entre o mundo interno e o externo, em uma posição tal que se comporta como receptor dos impulsos que lhe chegam de ambos os campos.

Durante as primeiras etapas da psicanálise, identificava-se todo o ego com o consciente, mas pesquisas posteriores demonstraram que essa instância tem partes que atingem o pré-consciente e até mesmo o inconsciente.

De acordo com os centros nervosos que os receberam, os estímulos externos deixam vestígios que criam, nessa instância do aparelho psíquico, uma imagem do corpo que em psicologia se chama "imagem ou esquema corporal".

O ego, por sua situação entre o interno e o externo, coincide parcialmente com o sistema de percepção, na topografia hipotética do aparelho psíquico.

Por conseguinte, uma parte do ego é inconsciente; outra é pré--consciente, e uma terceira, consciente.

Freud tinha identificado em suas primeiras pesquisas a censura do sonho com o consciente, e por isso as tendências desta última instância eram consideradas contrapostas às inconscientes; mas depois que se descobriu a existência da parte inconsciente do ego, nunca mais se voltou a confundir a posição entre "consciente" e "inconsciente" com a que existe entre o ego e os impulsos do id.

A descoberta da parte inconsciente do ego foi o resultado de seu estudo mais detalhado, que de início deixou-se de lado, pois era mais interessante o material que aflorava do inconsciente; no entanto, esse estudo revelou a extraordinária importância do ego, e hoje percebe-se cada vez mais a transcendência das diversas funções dessa instância psíquica, sobretudo na terapêutica.

Como dissemos, à medida que se foram conhecendo as funções do ego, compreendeu-se que a oposição não era entre o consciente e o inconsciente, mas existia uma real contraposição entre o ego e os impulsos do id, e que os elementos repressores eram forças do ego, a serviço do superego, condicionados também pela função homeostática do primeiro.

O principal papel do ego, portanto, é coordenar funções e impulsos internos, e fazer que estes possam expressar-se no mundo exterior sem conflitos. Por isso, a antiga oposição entre consciente e inconsciente já deixou de ser válida; pelo contrário, considera-se que aquilo que tem importância e na realidade ocorre, do ponto de vista econômico-dinâmico, é uma força do ego – tomada do id – que se opõe aos impulsos instintivos que tentam expressar-se.

O ego dispõe de uma organização e é capaz de dirigir todas as tendências do id para uma determinada finalidade.

Alexander considera que o ego é a atividade integradora da personalidade, um representante do mundo externo, que serve ao mesmo tempo às inclinações do id, o qual – como representante genuíno do mundo interno – é egoísta, pois rege-se pelo princípio de prazer. De um certo ponto de vista, o ego tem uma estrutura especificamente motora, e poderíamos dizer, a título de ilustração, que ele maneja a chave da motilidade, sendo capaz, portanto, de impedir que um impulso do id possa expressar-se. Contudo, isso não ocorre sempre, pois em certos momentos o ego e o id estão muito unidos, especialmente nos períodos primários da evolução, quando a separação entre ambas as instâncias ainda não é nítida. É então que o ego cede a qualquer impulso proveniente do id, situação que poderia chamar-se ideal e na qual se dá ao ego o nome de *ego ideal*, que não é a mesma coisa que o ideal do ego. O ego ideal o é para o id, pois faz o que este quer. Como exemplo, poderíamos dizer que é como um pai que faz tudo o que seu filho pequeno deseja. Em contrapartida, o ideal do ego é uma imagem externa idealizada, um objeto real modificado por um processo, o de "idealização", ao qual o ego toma como modelo e meta de sua estrutura.

Desenvolvimento do ego

No decorrer de sua evolução, à medida que passa pelas diferentes etapas de sua conformação, o ego sofre transformações quanto ao seu modo de atuar. É útil assinalar essa peculiaridade, pois ajuda a compreensão de alguns problemas e mecanismos patológicos.

No processo de *fascinação* – conforme o denominou Bernfeld –, o ego reproduz as primeiras percepções e depois passa a fazê-lo com todos os estímulos que lhe chegam. A criança repete atitudes e gestos simples dos indivíduos de seu meio ambiente.

Outro mecanismo do ego primitivo é a tendência para introjetar o agradável e expulsar o desagradável. A primeira realidade que a criança percebe é comestível e, portanto, tende a introjetar tudo o que vê e a projetar o que lhe desagrada, o que permite compreender o profundo significado que tem, psicologicamente, o vômito: é uma incontestável expressão de desagrado.

A imitação do percebido e a introjeção oral constituem o fundamento da *identificação primária*, que é a primeira forma de amor para com um objeto e também a primeira reação motora diante de estímulos exteriores[10].

....
10. Melanie Klein explica, em seu livro *Psicanálise da criança*, a psicologia da infância por processos psíquicos de introjeção e projeção. Diz: "A criança, nas primeiras fases do seu desenvolvimento, tem um ego que é sobretudo corporal, em estreita vinculação com as sensações que lhe chegam de seu próprio organismo e sem relação nenhuma com o mundo exterior. Depois, em suas primeiras relações com este último, o ego depende do mecanismo da identificação primária, o que significa que a criança, nessa fase de sua evolução, considera pertencentes ao seu próprio organismo os objetos do mundo exterior, por exemplo, o peito materno. Essa identificação primária tem certa analogia com a introjeção oral do seio e a assimilação do leite materno.

"O organismo da criança conhece não só as satisfações do tipo daquela que lhe é proporcionada pela alimentação, mas também experimenta sensações desagradáveis, como a de fome. Esta última costuma ser acompanhada de uma sensação de mordida interior que, quando muito intensa, chega a ser dolorosa. A fome desenvolve também na criança o desejo de morder o seio materno a fim de se apoderar do alimento de que necessita. A sensação de ser mordido e o desejo de morder são considerados pelo bebê a mesma coisa, pois se representam simultaneamente. É por isso que a

O ego primário dos períodos evolutivos iniciais é nitidamente prazenteiro, pois introjeta o que é agradável e projeta fora dele o que é desagradável, desde que esteja intimamente unido a ele, onde rege o princípio de prazer. O que predomina é, portanto, o prazer e nada mais do que o prazer.

Nas primeiras etapas da vida de um indivíduo, o ego é estruturalmente débil, mas julga-se onipotente por ter em si mesmo parte do mundo exterior, que introjetou previamente por via oral. Acredita-se .... criança pensa (por mais rudimentar que seja o que ela possa pensar): 'Como tenho desejos de morder, tenho a sensação de ser mordido interiormente'. Quando a fome é aguda, desenvolve na criança um desejo intenso de agressão, que se faz acompanhar de gritos, choro, esperneios, evacuações; e se, com todas essas exteriorizações, ela consegue que a mãe lhe proporcione alimento, tudo vai bem; mas se isso não acontece, as exteriorizações prolongam-se por muito tempo e causam uma sensação de mal-estar corporal intenso, consequência de um desejo de agressão prolongado e insatisfeito, aumentado pela sensação interior de estar sendo mordido.

"O ego da criança é, nessa época, totalmente prazenteiro e aceita do mundo exterior o que é agradável, rechaçando como inexistente tudo o que é desagradável. O organismo físico da criança comporta-se desse modo quando mama no seio materno seu conteúdo agradável e elimina os excrementos que lhe são desagradáveis. Quanto às suas sensações interiores, o ego infantil também pretende comportar-se de um modo análogo, retendo as sensações mais agradáveis. Por isso, o lactente quer projetar no mundo exterior o mal-estar que lhe ocasiona a fome e sua agressão insatisfeitas. O seio materno (objeto exterior que ele deseja) também é o objeto sobre o qual realiza a projeção de seu mal-estar e, assim, considera o seio 'mau', que o morde interiormente e é, portanto, responsável por todas as outras sensações desagradáveis que experimenta.

"E, pelo contrário, tem a ideia de 'seio bom', que é aquele que produz satisfações para ele. O estado de bem-estar do bebê é tal que o leva a fantasiar com a existência de objetos exteriores bons, que se preocupam com seu bem-estar, e também com a existência de objetos maus. Quer introjetar os primeiros para conservar o bem-estar que lhe proporcionam, o que origina a existência de objetos 'bons intrapsíquicos'. E opta simultaneamente pela projeção dos objetos 'maus'. Mas nem sempre é possível manter essas introjeções e projeções, pois as necessidades orgânicas fazem que a criança passe por períodos de bem-estar corporal e psíquico, e por outros em que sente dor. Tudo isso ocasiona nas fantasias da criança a existência de objetos 'bons' e 'maus' interiores, relacionados com os correspondentes exteriores.

"Com o avanço da idade, a criança conhece melhor a realidade ambiental e esse melhor conhecimento é o que lhe permite enfurecer-se com essa realidade, para tranquilizar-se dos temores que desperta nela sua própria agressividade. A criança dá-se conta de que sua mãe – toda ela e não uma parte, como acreditava antes – é boa e gosta dela. Diante de tal realidade tranquilizadora, a criança procura guardar sempre consigo essa mãe boa ou sua imagem intrapsíquica, para vencer assim os temores que os objetos maus interiores geram nela."

então possuidor do mundo e daí nasce sua onipotência, apesar de ser um ego sumamente pobre (*Nunberg*). Assim, tem impulsos de atuação mágica e de onipotência, que nascem no id e aparecem como tais no ego. A humanidade, em seu desenvolvimento desde as trevas primevas até o estágio atual, também passou por uma fase animística, na qual tentava dominar o mundo recorrendo a procedimentos mágicos. Nunberg considera que essa etapa animística é o estágio narcísico da evolução dos povos. Ainda hoje, é possível observar nos povos primitivos elementos mágicos em diversas cerimônias.

De acordo com um trabalho de Ferenczi, considera-se que o ego passa, no decorrer de sua evolução, por quatro fases de magia e de onipotência:

1) Fase da *onipotência incondicional*, que corresponderia à do estado fetal. É uma fase totalmente hipotética e que muitos autores não aceitam.

2) Fase das *alucinações mágicas*, um período de comprovação mais fácil. Todo o impulso nesse estágio da evolução do ego é imediatamente satisfeito por meio de alucinações. Assim, quando o bebê tem fome, proporciona-se uma satisfação alucinando o seio que deseja. Também no adulto se percebe uma situação semelhante. No período em que a regressão se produz durante o sonho, o ego atua da mesma maneira. O desejo transforma-se imediatamente em uma representação alucinada. Poderíamos citar como exemplo o caso do indivíduo que despertou no meio da noite com sede. Achou que fazia frio demais para saltar da cama e ir buscar um copo de água, por isso optou por continuar dormindo. Sonhou então que estava caminhando por uma praça, em um lugar muito quente, e de repente se deparou com uma fonte, em torno da qual bebiam vários camelos. Caminhou até ela e, sempre em sonho, mergulhou os lábios na água, que estava muito fresca, e saciou a sede.

3) Fase da *onipotência com o auxílio de gestos mágicos*. A reação da criança diante de uma necessidade corporal é geralmente acompanhada de um movimento de braços e pernas, choro e gritos, o que faz que, em face de tais manifestações de mal-estar, a mãe ou a babá venha resolver a situação. Isso faz a criança se afirmar cada vez mais na crença de que são precisamente esses movimentos que produzem a satisfação e também de que suas atitudes e gestos têm um poder ilimitado.

Grande parte dos sintomas histéricos podem ser considerados resultado de uma ficção inconsciente, em que as necessidades não satisfeitas são igualmente recompensadas por meio de gestos artificiais.

A onipotência por meio dos gestos mágicos mantém-se com caracteres nítidos no cerimonial dos povos primitivos, os quais acreditam que a magia dos movimentos dos bruxos de sua tribo tem realmente um determinado poder. Até mesmo o homem evoluído, quando se desespera e não pode expressar-se por meio das palavras, em geral também começa a fazer uso da magia dos gestos e agita os braços com energia e veemência. Isso, evidentemente, produz seu efeito, pois quem vê e escuta esses disparates também revive sua própria magia e a projeta. É o caso de um paciente que, em face de qualquer situação desagradável – no sentido de que necessitava de muito afeto – começava a executar uma série de movimentos coreiformes que lhe permitiam obter "magicamente" os cuidados especiais por que ansiava e a atenção exclusiva das pessoas que o cercavam. Dessa maneira, os movimentos persistiam nele e impediam sua evolução favorável, pois sabia, por experiência, que com esse tipo de atuação obtinha satisfações que, de outro modo, não teria conseguido.

4) Fase da *superioridade do pensamento*. Esta etapa parece iniciar-se simultaneamente com a linguagem, que durante os períodos anteriores só estava integrada por sons articulados a que se atribuía uma significação mágica, tal como diz Müller, em *Mitologia comparada*, e como se costuma observar ainda entre as crianças e os esquizofrênicos[11].

....
11. O selvagem é incapaz de diferenciar claramente as palavras dos objetos e imagina que o elo entre um nome e o sujeito ou objeto denominado não é mera associação arbitrária e ideológica, mas um vínculo verdadeiro e substancial que une os dois de tal modo que o dano ou malefício pode agir sobre uma pessoa com toda a facilidade por intermédio do nome dela, como o faria por meio de seus cabelos, unhas ou qualquer outra parte material dela.

O homem primitivo considera seu nome uma parte vital de sua pessoa e, por isso, cuida dele. Os índios peles-vermelhas põem-se dois nomes: um, "Filho da Primeira Estrela", por exemplo, que só é conhecido da mãe dele e dele próprio; e outro, "Machado Afiado", que é o de uso corrente. Assim, não deixa nas mãos de qualquer um seu nome, que para ele é o mesmo que sua pessoa, e, por conseguinte, todo o mal que se faça a "Machado Afiado" não chegará ao "Filho da Primeira Estrela".

Os delinquentes fazem mais ou menos a mesma coisa: um apelido nada mais é do que o nome que qualquer pessoa pode utilizar, mas o verdadeiro permanece oculto. Mudando frequentemente de apelido, creem que conseguirão ludibriar a ação policial. Isso explica também o terror dos primitivos à fotografia. Quando se dão conta de que a imagem deles fica dentro da máquina e em poder de outro, são tomados de angústia, pois temem que algum dano que se faça à fotografia possa reproduzir-se neles mesmos. E, inversamente, quando o noivo se zanga com sua amada, rasga a foto dela, mas, na realidade, o que está expressando é um desejo que na vida real nunca se atreveria a realizar. Essa forma de atuação mágica é utilizada com frequência pelos feiticeiros a fim de praticarem seus malefícios. Na fotografia da pessoa a quem se quer causar

Essas fases mágicas do ego desaparecem quase por completo quando são substituídas pelo sentido da realidade. Mas até mesmo esse sentido pode fracassar nas alucinações típicas, como no caso dos exploradores sedentos que, em pleno deserto, veem um oásis; seu fracasso também se observa nas psicoses.

Perceber, adaptar-se à realidade e *atuar* são as funções mais elevadas do ego, mas qualquer homem pode, em algum momento, ter um pensamento mágico. Sempre considerará um presságio funesto passar sob uma escada ou derramar um saleiro. Admita-se que uma pitada desse sentimento torna a vida mais agradável do que seria se fosse a realidade nua e crua. O mal para o homem é usar a magia e acreditar que está vivendo na realidade.

A finalidade de uma atuação adequada à realidade é chegar a modificar o meio ambiente de maneira tal que as realizações do ego e as tendências do id possam concordar. Alexander diz que a missão do ego é realizar uma homeostase, evitando que os impulsos instintivos, os obstáculos e estímulos externos sejam excessivos, servindo, portanto, como barreira reguladora. Quer dizer, chega o impulso ao ego, este o diferencia segundo o âmbito de onde procede e, em seguida, realiza uma ordenação e síntese dos impulsos anárquicos provenientes do id. O ego extrai resultantes dessa síntese e trata de descarregar em um só movimento, em um processo econômico dinâmico, uma certa quantidade de energia.

O ego não só é capaz de atuar sobre o mundo exterior e modificá-lo, mas pode também atuar sobre o organismo, condicionando as reações deste até o ponto de chegar a simular a realização de um desejo. É frequente observar nas clínicas obstétricas casos de mulheres que apresentam todos os sinais de gravidez sem que, na realidade, estejam grávidas. Trata-se, em geral, de mulheres estéreis e histéricas que, dessa forma, procuram satisfazer o desejo de serem mães. Uma paciente sonhou que estava deitada na cama e que aparecia um homem que a obrigava a ter relações sexuais com ele. Para materializar seu desejo apresentou, durante dois meses a fio, todos os distúrbios vegetativos da gravidez, inclusive a amenorreia e o aumento do abdome.

Quando uma pessoa normal quer satisfazer um impulso do id, tenta, se lhe for possível, modificar o mundo exterior. A forma de fazê-lo

....
dano espeta-se um alfinete no coração – se o que se deseja é que ela morra – ou na cabeça – se o desejo é de que ela perca a razão. Ou, em outros casos, modela-se uma estatueta que se assemelhe à vítima e introduzem-se nela cabelos ou restos de unhas desta, e os estragos que se fazem na estatueta manifestar-se-ão também na pessoa assim representada.

é por meio da técnica, de seus conhecimentos, de sua experiência e do sistema muscular, e então modifica-o de tal forma que essa satisfação possa ser levada a efeito, obtendo assim a descarga da pulsão de um modo socialmente aceitável que não lhe criará conflitos. A essa modificação do mundo exterior dá-se o nome de *aloplastia*, e quando, pelo contrário, a alteração produz-se no ego, como no caso da pseudogravidez, o processo recebe o nome de *autoplastia*.

Para que o homem se adapte às exigências reais da vida, é necessário que abandone o princípio de prazer, a fim de poder desenvolver-se harmoniosamente com a realidade, que é a saúde.

Duas funções importantes do ego

O ego tem duas funções muito importantes: o *exame da realidade* e o trabalho de *síntese*.

Exame e sentido da realidade. Dissemos que todo impulso volitivo procede do id, mas sua ação depende inteiramente do ego, a ponto de um impulso poder ser completamente neutralizado. Para agir desse modo, o ego tem a "chave" da motilidade, o que lhe permite, ao mesmo tempo, comprovar a existência real dos objetos. Na dúvida sobre a realidade de um objeto, a primeira coisa que o indivíduo tenta fazer é tocá-lo. Os alucinados, em uma tentativa de se convencerem da realidade do que estão vendo, agitam as mãos no ar, como os vemos fazer com muita frequência. Essa tentativa de comprovação constitui o "teste" ou "exame da realidade".

Nas etapas mais evoluídas do ego, esse exame já não se realiza com o auxílio exclusivo da motilidade: a inteligência ou as reminiscências são suficientes para permitir que o indivíduo comprove se o elemento existe no mundo exterior ou se é somente um produto de sua fantasia. O ego vale-se de dois recursos: o teste da realidade por meio da atividade motora (tocar primeiro e acreditar depois, algo parecido com o que fez São Tomé...) e, depois, o sentido da realidade, em que já não há necessidade do motor e por meio do qual se sabe se "isso" está realmente aí.

A tarefa fundamental do ego é perceber e, ao mesmo tempo, estabelecer se o percebido se encontra no mundo interno ou no externo.

Com o aumento da experiência cotidiana, diz Nunberg, com a sedimentação de impressões externas fixadas no sistema pré-consciente, capazes, às vezes, de adquirir a mesma intensidade que uma percepção, produz-se no ego, em sua porção pré-consciente, uma imagem do mundo externo que não difere essencialmente da realidade.

Assim que se produz a identidade entre o resultado da ideação e a realidade externa percebida pelos sentidos, podem-se iniciar as volições e as atuações adequadas. O reconhecimento da realidade e a adaptação a ela não dependem, em um enfoque puramente psicológico[12], apenas da estrutura do ego perceptivo atuante, mas também de uma instância do próprio ego, a parte auto-observadora que analisa as vivências antes de outorgar-lhes o valor de uma perfeita realidade, ou seja, depois de ter ficado estabelecido se o estímulo é interno ou externo e se a resposta não provocará conflitos posteriores.

O percebido são marcas ou vestígios de impressões, mas não as próprias impressões. As desta instância não correspondem verdadeiramente às sensoriais (*Nunberg*).

"Por conseguinte", diz Nunberg, "podemos admitir que da auto-observação diária deriva, pouco a pouco, a outra instância de observação e crítica, desprovida de qualquer qualidade sensorial."

No homem médio normal, o ego perceptivo e o ego examinador desenvolvem-se paralelamente, pois suas atuações são harmônicas, dentro dos limites variáveis de cada indivíduo. Geralmente, as duas instâncias não podem ser distinguidas uma da outra, e só quando se produz um intenso conflito entre ambas é que elas se destacam visivelmente separadas.

A função de síntese do ego

No id, os impulsos são antagônicos e não estão regidos por nenhuma organização unitária. O ego, por sua vez, tem entre suas funções a de compensar a oposição desses impulsos unificando-os na forma de sentimentos, ações ou volições, uma vez que não suporta a contradição (cf. processo secundário, p. 46). Assim como harmoniza os impulsos do id, tem, depois, de fazê-los concordar com as exigências da realidade

---

12. Outros autores, citados por Rof Carballo, consideram, tal como ele próprio o aceita, que a atividade fundamental do ego – a de "incumbir-se" da realidade – deriva imperiosa e inexoravelmente da hiperformalização do neocórtex cerebral, que obriga o ser vivo a essas duas atividades fundamentais: "enfrentar-se com as coisas como realidade" e "conviver com as coisas como realidade".

O sentido da realidade tem uma evolução lenta, e a orientação no mundo externo e a saúde psíquica do homem dependem de seu correto funcionamento.

e os requisitos do superego. Portanto, não é simplesmente um unificador, mas também um mediador entre o id, a realidade e o superego.

Pode-se dizer que a atividade correta de um ego normal é uma função de homeostase, que consiste no seguinte: receber primeiro o impulso, distinguir de onde ele vem; depois, realizar um processo de síntese entre os diferentes elementos que procedem do id, tentando fazer que uma determinada quantidade de energia possa descarregar-se em um único movimento. É um verdadeiro coordenador dos impulsos que lhe chegam do id, das normas que o superego lhe dita e das exigências do mundo exterior. Por exemplo: um objeto desperta uma tensão no id. O ego estabelece se o objeto é real ou fantasiado, se a satisfação com ele não provocará uma reação no superego. Se pelas atitudes do objeto o ego considerar que ele é receptivo, dará passagem ao impulso que se gerou no id para que se satisfaça com esse objeto real, não proibido e receptivo.

Em resumo, a função de homeostase do ego realiza-se, segundo Alexander, por meio de quatro funções:

1) a percepção interna de necessidades instintivas;

2) a percepção das condições externas existentes, das quais depende a gratificação;

3) a faculdade integrativa, que permite ao ego coordenar impulsos e instintos entre si e, depois, com a censura do superego, adaptá-los finalmente às condições ambientais.

4) a faculdade executiva, pela qual controla a conduta voluntária.

Alguns conceitos básicos de Melanie Klein

Depois de estudado o ego e suas funções mais destacadas, e antes de começar com os mecanismos de defesa do ego e do superego, é conveniente, de um ponto de vista didático, realizar um exame sumário dos conceitos de Melanie Klein, visto que essa autora, ao ocupar-se das relações objetais na primeira etapa da vida, estudou especificamente a dinâmica da vida emocional da criança pequena e, por conseguinte, os mais primitivos mecanismos de defesa.

Antes de entrar propriamente no tema, é necessário transcrever o que Melanie Klein e seus colaboradores esclarecem a respeito de suas descrições sobre os mecanismos precoces da criança: "Em certo sentido, todas as descrições realizadas por nós são artificiais porque temos de usar palavras para descrever experiências que têm lugar em um nível primitivo, antes que a verbalização tenha sido adquirida, e porque o processo de verbalização a que nos vemos obrigados para poder transmiti-lo envolve, provavelmente, uma modificação dessas primeiras situações; os processos psíquicos mais primitivos estão ligados, e aquela experiência original cujo conteúdo queremos traduzir usando somente palavras deve ser, sem dúvida, vivenciada pelo bebê como sensações, podendo dizer-se que a criança só pode usar o corpo para expressar seus processos mentais". Esse é um dos muitos motivos pelos quais os conceitos kleinianos parecem, às vezes, um pouco estranhos.

Antes de prosseguir com os conceitos de Melanie Klein e seus colaboradores, recordemos o que Freud expressou quando se referiu ao significado das fantasias. Diz ele que "a psique responde à realidade de suas experiências interpretando-as – ou melhor, interpretando-as mal ou distorcendo-as – de modo tão subjetivo, que incrementa seu prazer e preserva-o da dor". Esse ato de interpretação subjetiva da experiência, que se leva a efeito por intermédio da projeção e da introjeção, foi chamado por Freud de alucinação e constitui a base do que se designa "vida fantasiada". Entende-se por vida fantasiada a forma pela qual as percepções e sensações internas e externas são interpretadas e representadas a si mesmo em sua mente, sob a influência do princípio prazer-desprazer.

Também ao se referir às fantasias inconscientes, Paula Heimann define-as como "as funções psíquicas mais primitivas, inerentes ao funcionamento das urgências instintivas".

Joan Rivière, por sua vez, diz que "a vida fantasiada da criança é a forma como as sensações internas e externas e suas percepções são representadas e interpretadas na mente infantil, sob a influência do princípio prazer-dor".

Uma das manifestações mais convincentes da atividade das fantasias sem palavras é a dos sintomas histéricos de conversão. Nestes, o paciente regressa a uma linguagem pré-verbal e faz uso de sensações, atitudes, gestos e processos viscerais para expressar emoções e desejos inconscientes, ou seja, fantasias.

Um exemplo citado por Susan Isaacs ajuda a compreender a existência de fantasias não verbalizadas. Uma menina de 1 ano e 8 meses, com escasso desenvolvimento da palavra, viu um sapato de sua mãe em que a sola se desprendera e ficara pendurada. A menina ficou horrorizada e começou a gritar de terror. Durante uma semana, fugia e gritava quando via a mãe calçando qualquer tipo de sapato. Depois de algum tempo, só tolerava que a mãe calçasse um par de chinelos novos e brilhantes. Aos poucos foi superando aquele estado, e sua mãe pôde voltar a calçar qualquer tipo de sapatos. Aos 2 anos e 11 meses, porém – ou seja, quinze meses depois –, a menina perguntou subitamente, com voz assustada: "Mamãe, onde estão seus sapatos estragados?". Temendo outra gritaria, a mãe respondeu que os havia jogado fora. A criança respondeu então: "Eles poderiam ter-me comido toda, se você não os tivesse jogado fora".

Antes de começar com os conceitos de M. Klein, é necessário definir a avidez, a inveja e o ciúme.

A *avidez* é uma emoção de tipo oral que consiste em um desejo veemente, impetuoso e insaciável, que excede o que o sujeito necessita e o que o objeto é capaz de dar. Por exemplo, esvaziar totalmente o seio, chupando-o até secar e devorá-lo, quer dizer que o seu propósito é uma introjeção destrutiva. Em contrapartida, a *inveja* não é apenas roubar como anteriormente, mas também colocar na mãe, e especialmente em seu seio, maldade, excrementos e partes más de si mesmo, com o fim de lhe causar dano, destruir e controlar. No sentido mais profundo, significa destruir sua capacidade criadora; é uma identificação projetiva destrutiva. Também podemos defini-la como um sentimento de raiva contra outra pessoa que possui ou desfruta de algo desejável, com impulso de tirá-lo ou danificá-lo. O *ciúme* baseia-se na inveja, mas compreende pelo menos duas pessoas e refere-se principalmente ao amor que o indivíduo sente que lhe é devido e lhe foi tirado ou está em perigo de lhe ser tirado por um rival.

Vejamos por etapas o que M. Klein observou e como foi estruturando sua teoria. Ela assinala que, no começo da vida, há duas fontes de ansiedade na criança: uma interna e outra externa. A interna seria resultante da ação da pulsão de morte que atuaria no interior do organismo do indivíduo, a qual fundamenta o temor de aniquilação. Já haveria nessas primeiras experiências ou sensações uma ideia de perseguição e destruição, de aniquilamento interno. A fonte de ansiedade externa estaria na experiência de nascer, ou seja – como Freud já assinalou e voltaremos a ver –, a angústia de nascimento seria o padrão de todas as futuras angústias em face de um momento de frustração ou necessidade. A dor e o incômodo produzidos pela perda do agradável estado intrauterino são vividos pela criança como forças que atacam, como forças hostis. Por isso, a angústia persecutória está presente desde o começo da vida e desde o início da relação da criança com o mundo extrauterino.

O que inicia a relação objetal na criança? A primeira relação objetal que a criança realiza é a alimentação e a presença da mãe, que fazem a criança se relacionar objetalmente, mas com a característica de que é uma relação de objeto parcial. Com efeito, não é a relação com o objeto total, mas apenas com uma parte dele, visto que com a mãe e a alimentação – geralmente é a mãe quem a amamenta e alimenta – a relação primordial é com o seio, com o mamilo materno. Essa relação é objetal, mas tanto para os impulsos de vida como para os de morte, M. Klein presume que existe sempre uma interação variável entre impulsos libidinais e impulsos destrutivos; nesse caso, pode-se conceber a existência de um equilíbrio ótimo entre os instintos de vida e os de morte, quando o indivíduo está livre de fome e de tensão interna. Quer dizer que, nesse momento, os impulsos agressivos e os impulsos libidinais estariam equilibrados pelo indivíduo ao saciar sua fome, sua urgência em urinar e defecar, e o oxigênio. O equilíbrio que se produz quando não há fome nem tensão interna pode perturbar-se tanto por pulsões internas quanto por elementos do meio; essa alteração do equilíbrio entre instinto de vida e instinto de morte desperta uma emoção oral, que é a *avidez*. Qualquer aumento da avidez fortalece a sensação de frustração, quer dizer, o sujeito fica mais sensível às frustrações e, paralelamente, aumenta a intensidade da agressão. Isso incrementa ao mesmo tempo a ansiedade persecutória e esta, por sua vez, aumenta a avidez, ou seja, a avidez produz um aumento da sensibilidade à frustração, e a frustração aumenta a intensidade da agressão; a intensidade da agressão produz a intensificação da ansiedade persecutória e é causa de inibições precoces na alimentação, ao mesmo tempo que intensifica a avidez, formando um círculo fechado.

M. Klein suspeita que a base constitucional da intensidade da avidez é provocada pela força dos impulsos destrutivos, em sua interação com os impulsos libidinais. Seria algo constitucional, haveria uma constituição na qual predominariam os impulsos destrutivos sobre os libidinais, o que provocaria uma intensificação da avidez. Em alguns casos, a ansiedade persecutória aumenta a avidez e em outros produz inibições precoces da alimentação.

Há dois poderosos estímulos dos impulsos libidinais e destrutivos, que são as experiências da criança em ser alimentada e em ser frustrada. Assim, como resultado dessas experiências, constituem-se internamente as imagens de dois seios: um seio vinculado à frustração e um seio vinculado à satisfação; o primeiro seria o seio mau; o segundo, o seio bom.

Essa divisão é como enxergar em dobro e, em parte, a separação faz-se por causa da imaturidade do ego, da falta de integração do ego e do processo de divisão do objeto. Por isso, é tão nítida a separação interna entre o seio bom e o seio mau. Mas, apesar de nos primeiros três ou quatro meses ser assim a relação objetal com os objetos parciais, M. Klein presume que também em alguns momentos a criança chega a ver a mãe como uma imagem total, mas não diferenciada, como se a imagem materna fosse uma nebulosa, mas com dois elementos nítidos: um seio bom e um seio mau.

Às experiências de frustração e gratificação somam-se dois processos que são básicos e característicos do ego e, ao mesmo tempo, contribuem para a sua própria formação e estruturação; esses processos são o de introjeção e projeção, os quais contribuem para tornar mais ambivalente a relação objetal. Assim, a criança projeta no seio bom as coisas boas que sente, e as coisas más no seio mau. Desse modo, ficam estruturadas no conteúdo do seu inconsciente (lembramos o que já foi dito) uma imagem interna de seio bom e uma imagem interna de seio mau, as quais vão se transformando em protótipos que, a partir desse momento, formam o núcleo do superego e transformam-se, ao mesmo tempo, na origem de tudo o que é bom e de tudo o que é mau. Toda vez que a criança sente algo útil, algo agradável; toda vez que é recompensada e sua avidez é aliviada, libertando-se de mal-estares, ela fantasia isso como sendo produzido pelo seio bom e atribui a ele o fato de sentir-se íntegra e amada. Pelo contrário, toda vez que sente fome, dor ou frio, ou seja, mal-estares persecutórios, atribui isso ao seio mau. Desse modo, a imagem do objeto externo e internalizado é distorcida na mente da criança por suas fantasias, que estão ligadas à projeção de seus impulsos sobre o objeto. Encontramos essas fantasias precoces da criança no conteúdo de muitos contos infantis. A representação do seio bom aparece sob a forma da fada, que satisfaz o indivíduo enquanto, em contrapartida, a bruxa representa o seio mau. À medida que evolui, a mesma criança começa a ver que, de repente, uma coisa que é boa torna-se má; por exemplo, está mamando e subitamente retiram-lhe o seio, para daí a pouco voltarem a dar. Por esse motivo, nos contos encontramos fadas que são bruxas, bruxas que são fadas e fadas-bruxas.

Faremos uma descrição das conexões, ou seja, da relação da criança com o seio mau. Se considerarmos o quadro que existe na mente da criança por meio das análises dos adultos, veremos que o seio mau e odiado adquiriu por projeção todas as suas más características destrutivas que eram aquelas que a criança tinha – seus impulsos destruidores orais – no momento em que se sentia frustrada e odiada. Assim, nas fantasias infantis dessa época, a criança tem impulsos destrutivos e sente que morde e despedaça o mamilo ou seio, devora-o e o aniquila, e que depois o seio ou mamilo fazem o mesmo dentro dela. Isso quer dizer que ela projeta sua agressão oral no seio mau, destruindo-o, separando-o e depois sentindo que o tem dentro, que esse seio mau a está mordendo, destruindo internamente; mas como nesse período da evolução libidinal há não só impulsos sádico-orais, mas também anais e uretrais, a criança fantasia atacar o seio materno com urinas peçonhentas e excrementos explosivos e desintegradores, sendo essa a razão pela qual teme que o seio se torne explosivo e peçonhento para ela. Uma fantasia desse tipo, muito estruturada, é a que levaria estes lactentes a não aceitarem o seio materno.

M. Klein afirma que a hipocondria estaria vinculada à fantasia de objetos persecutórios internalizados, ou seja, em vez de estar no mundo exterior, os objetos estariam internalizados e o indivíduo recearia ser interiormente destruído por eles.

Apoiando-nos nesse conceito de M. Klein, daremos um exemplo obstétrico extraído de nossa experiência: o aborto espontâneo, que, como se sabe, geralmente se produz nos primeiros três meses de gravidez, mesmo quando não haja fatores somáticos que o determinem, pode ser evitado e a gravidez, chegar a seu termo com uma psicoterapia adequada.

A fantasia infantil desse seio peçonhento, explosivo, destruidor, na mulher imatura passa da imagem do mamilo para a do pênis. A fantasia inconsciente de muitas grávidas imaturas é a de que o feto se desenvolve a partir do pênis que ficou retido e localizado no útero no ato sexual. Compreende-se que, se a fantasia infantil (no inconsciente não existe o tempo) de que o pênis é um mamilo peçonhento e explosivo se mantém, o aborto "espontâneo" constitui-se em um ato lógico, uma vez que, para a sua fantasia inconsciente, se "isso" que a grávida percebe em seu interior continuasse crescendo, acabaria por desintegrá-la.

Voltando à projeção da avidez: como na fantasia o objeto é influenciado pela avidez devido ao impulso oral da criança, passa a ser o elemento essencial da angústia persecutória, ou seja, na fantasia a criança sente que esse seio mau a persegue e quer devorá-la, da mesma forma como ela fantasia devorar sofregamente o seio frustrador e, por projetar a "tensão" de sua fome, o perseguidor torna-se cada vez mais intenso e persistente. Entretanto, e apesar do que foi dito anteriormente, a ação ou atividade do seio mau e perseguidor está neutralizada, nas primeiras etapas, pelas relações com o seio bom. M. Klein assinala que, embora localize seu sentimento em sua relação com o seio, a criança também se relaciona com outros aspectos da mãe, pois desde muito pequena já responde ao sorriso dela, às suas mãos e à sua voz, quando a mãe a pega ao colo e cuida dela. É assim que a satisfação e o amor que recebe nessas situações ajudam a criança a neutralizar a ansiedade paranoide e também os sentimentos de perda e de perseguição que foram despertados pelo trauma do nascimento. Por isso, a sua relação positiva com a mãe ajuda a criança a vencer a angústia, aliviando-lhe a ansiedade persecutória e aumentando, desse modo, a sua confiança nesse seio bom.

Características das emoções da criança pequena

A diferença essencial entre relação objetal infantil e madura é que, enquanto o adulto concebe o objeto como existindo independentemente dele, a criança sempre o tem como vinculado a si mesma. Em sua fantasia, assume uma posição onipotente com respeito a seus objetos. Estes lhe pertencem, são parte dela, vivem somente por meio dela e para ela. Até mesmo o objeto projetado continua relacionado com o corpo da criança pequena, uma vez que não há uma nítida distinção entre seu corpo e o que lhe é exterior.

Em termos gerais, pode-se afirmar que uma das características apresentadas pelas emoções da criança pequena é o fato de serem extremas e poderosas; daí o seio mau ser vivenciado pela criança como um perseguidor terrível e o seio bom tender a tornar-se um seio ideal que apaziguaria a avidez por um desejo ilimitado, de forma imediata e como satisfação perdurável. Assim começa a ter sentimentos sobre um seio perfeito e inexaurível, sempre disponível, sempre gratificante. Encontramos essas fantasias sob várias formas; por exemplo, existe no Japão uma estatueta que representa a imagem de Nyoi-Hoshu, sustentando na mão uma bola milagrosa. Segundo a lenda, quem a possuir realizará todos os seus desejos. Outro exemplo da fantasia e das histórias sobre esse seio perfeito e inexaurível são as árvores de doces sem fim que aparecem nos contos de fadas. Em outro plano, temos a máquina que fabrica dinheiro, o samovar e a famosa geladeira doméstica sempre bem abastecida, que, em minha opinião, deveriam ter a forma de seio e a cor rosada para cumprir totalmente seu papel simbólico.

Outro fator que atua na idealização do seio é a força do temor persecutório da criança, o que cria a necessidade de aumentar o poder de um objeto bom, gratificante, que anule a ação do seio mau; é o que fazemos quando nos encontramos em dificuldades e temos um amigo que nos ajudará: sempre o idealizamos, atribuindo-lhe muitas qualidades que, às vezes, esse amigo está longe de possuir, a fim de anular a situação desagradável que seria a parte má e, desse modo, nos sentirmos mais apoiados e aliviados. Por isso, podemos dizer que o seio idealizado é o corolário do seio perseguidor e que a idealização deriva da necessidade de proteção contra os objetos persecutórios; portanto, a idealização é um método de defesa contra a angústia persecutória.

Há um fenômeno na vida corrente que nos ajudará a compreender a forma como se realiza o processo de idealização: é a satisfação alucinatória em um sonho. Durante a satisfação alucinatória, verificamos que a frustração e a ansiedade derivadas de diferentes origens foram superadas, que foi recuperado o seio externo perdido e que o sentimento de ter um seio ideal internalizado se reativou. Como o seio alucinado é inesgotável, porque o que se alucina é um seio ideal, a avidez é momentaneamente saciada. Entretanto, cedo ou tarde, a tensão biológica de fome devolve a criança à realidade da frustração com todas as emoções que são experimentadas de novo. Na satisfação alucinatória, estão em jogo vários mecanismos defensivos fundamentais. Um deles é o controle onipotente do objeto, tanto interno quanto externo, para que o ego tome posse completa de ambos os seios, bom e mau, tanto interno como externo. Depois, durante a satisfação alucinada, mantêm-se separadas a ideia do seio perseguidor e a experiência de frustração, por um lado, e a ideia de um seio ideal e da experiência de ter sido saciado, por outro. Essa cisão é que leva a uma divisão do objeto e a uma divisão de sentimentos, o que está encadeado com o processo da negação.

Dissemos que é na satisfação alucinatória que encontramos a negação em forma extrema, tão extrema que leva à aniquilação de qualquer objeto ou de qualquer situação de frustração. Assim, com o que se limita a negação? Podemos responder que ela se limita com o forte sentimento de onipotência que é característico das primeiras etapas da vida. Na alucinação de perseguições aterradoras, também pode chegar a ocorrer que o objeto bom ou idealizado esteja como que aniquilado, quer dizer, não exista na realidade. Assim como pode chegar a aniquilar o seio mau e perseguidor, parece que durante a alucinação de perseguições aterradoras o que fica aniquilado, ou desrealizado, ou fora da realidade, ou inexistente, é a imagem do seio bom idealizado e protetor.

Quando a ansiedade persecutória é menor, o que ocorre com o ego? A tendência para a divisão também é menor, e o ego tende mais para a integração. Ao que tudo indica, um avanço no sentido da integração pode se produzir quando a criança não está frustrada, ou seja, quando se sente querida e alimentada normalmente. Por isso, M. Klein associa essa tendência para a integração a uma expressão do instinto de vida.

A síntese de amor e ódio em relação a um objeto total dá origem ao começo da fase depressiva, por volta dos 4 meses. O que ocorre com a ansiedade depressiva como resultado do desenvolvimento e das experiências de síntese? A ansiedade depressiva vai ficando cada vez mais frequente e persiste durante períodos mais prolongados, havendo, às vezes, uma ação simultânea de processos esquizoparanoides e processos depressivos.

A fantasia de que o seio está despedaçado ou de que é bom e mau também produz uma divisão no ego, embora não seja uma divisão de natureza idêntica. Os primitivos métodos de divisão influem fundamentalmente nos caminhos pelos quais, em qualquer estado posterior, a repressão, ao rechaçar, determina, por sua vez, os graus de interação entre o consciente e o inconsciente. Em outras palavras, a extensão em que várias partes da mente permanecem "porosas" ou "permeáveis" em sua relação mútua está determinada pela força ou debilidade dos mecanismos esquizoides precoces.

Os fatores externos também desempenham um papel vital, como já dissemos, desde o começo da vida. Assim, os estímulos que intensificam o terror persecutório reforçam os mecanismos esquizoides, e, ao mesmo tempo, como consequência disso, o ego começa a se dividir.

Freud sustenta que o ego desenvolve-se por introjeção de objetos. No começo da vida, o objeto introjetado é o seio bom, introjetado em situação de felicidade e satisfação, transformando-se no núcleo vital do ego e fortalecendo a capacidade para a integração. O seio bom interno que forma o útil e benigno superego também fortalece a capacidade de amar e confiar nos objetos, e é por isso que constitui uma fonte essencial de seguro contra a angústia. Nesse momento, começa a ser o representante do instinto de vida, mas só pode preencher essa função se esse seio for sentido como não danificado, como íntegro e são, o que implica ter sido introjetado com preponderância de amor e gratificação.

Descrevemos anteriormente a forma pela qual o sadismo oral impele a devorar e a cavar o seio, e dissemos que o ataque deriva de todas as fontes de sadismo, mas com duas principais linhas de fantasia: uma primeira linha oral sádica ligada à avidez, que consiste em esvaziar o corpo da mãe de coisas boas desejáveis e idealizadas que a criança fantasia estarem contidas em seu interior. A segunda linha de fantasia é a forma atacante de predomínio anal; essa fantasia consiste em encher o corpo da mãe com coisas más representadas principalmente com excrementos, a fim de estragar, controlar ou destruir o objeto, e também com partes de si mesma, sentidas como más e que, em fantasia, penetram no corpo da mãe e a controlam. Nessa fantasia, o ego toma posse por projeção de um objeto externo e, desse modo, em alguns casos extremos, o objeto chega a ser o representante do ego; essa é a base da identificação projetiva. Em termos gerais, poderíamos falar de "escravos" do objeto amado. É o mecanismo do sujeito que fica "atado" ao objeto, porque pôs tantas coisas dele no objeto que perdê-lo é como perder partes de si mesmo.

A identificação por projeção e introjeção parece ser resultante de processos complementares que se realizam em relação precoce com o seio. Assim, o impulso sádico-oral para mamar como vampiro, o esvaziamento do seio e do corpo da mãe, desenvolve-se na fantasia como se a criança abrisse caminho através do corpo da mãe. Para ter uma imagem gráfica dessa fantasia infantil, podemos lembrar o que ocorre com as lagartas da maçã. A fantasia seria enfiar-se no seio e no corpo da mãe e ir devorando-a, escavando-a.

A identificação por introjeção e a identificação por projeção começam simultaneamente e interatuam desde o começo da vida. O impulso de projetar maldade é intensificado pelo temor a perseguidores internos; a finalidade é tirá-los de dentro ao sentir-se incapaz de controlá-los. É o que fazem os governos: quando têm muitos inimigos internos, exilam-nos.

Quando a projeção é dominada pelo temor persecutório, o objeto (em que o si mesmo mau foi projetado) começa a ser perseguidor por excelência, por ter sido dotado com todas as maldades do sujeito. A reintrojeção desse objeto reforça o temor aos perseguidores, tanto internos, representados pela pulsão de morte, como externos. Em contrapartida, a projeção de amor é uma precondição para encontrar um objeto bom; a introjeção de objetos bons estimula a projeção do amor; e a reintrojeção fortalece o sentimento de possuir um objeto bom.

A posição infantil depressiva

O progresso da integração depende de os impulsos de amor predominarem temporariamente sobre os destrutivos, o que leva a estados transitórios em que o ego sintetiza em um único objeto os sentimentos de amor e de destruição. Esse processo de síntese é o que inicia, por volta dos 4 meses de idade, a fase depressiva, na qual constatamos que: 1) uma emoção dolorosa de culpa e necessidade de reparação se inicia; 2) a agressão está mitigada pela libido, e, consequentemente, a ansiedade persecutória encontra-se reduzida; 3) a ansiedade relacionada com o destino do objeto interno e externo que está em perigo leva a uma identificação mais forte com este, o que conduz o ego a efetuar uma reparação e inibir os impulsos agressivos, ao sentir que eles são perigosos para o objeto amado e para o próprio ego, uma vez que esse objeto amado está identificado com ele.

Já se assinalou que a partir do quarto mês começam a se notar mudanças no desenvolvimento intelectual e emocional do bebê. Ao mesmo tempo, a organização sexual progride, os impulsos anais e uretrais aumentam, mas, de qualquer modo, os orais continuam predominando. É por isso que existe uma confluência de fontes libidinais, quer dizer, de instintos de vida e de agressão que suscitam várias situações de ansiedade e produzem graus de fantasia mais elaborados e diferenciados.

A evolução a que me referi reflete-se na relação da criança com a mãe e, em alguns casos, com o pai e outras pessoas. Agora a relação já não é com um objeto parcial, mas com o objeto total, embora continue subsistindo, com menor carga, a relação parcial com o seio. O processo de síntese ocorre em relação a impulsos e objetos internos, inclusive o superego, e também diminuem, assim, as discrepâncias entre mundo interno e externo, ou seja, entre as imagens internas e externas. Esses avanços da síntese são igualmente acompanhados de maior integração das diversas partes em que o ego estava dividido. A ambivalência aqui é menor do que na etapa anterior e é sentida predominantemente em relação a um objeto total. Mas, ainda que o poder dos impulsos destrutivos tenha diminuído, nem por isso eles deixam de se apresentar como perigosos para o objeto amado. Assim, a avidez e o propósito de defender o objeto amado têm um papel importante, uma vez que a ansiedade pela perda irreparável do objeto amado e indispensável tende a aumentar a avidez. Esta é sentida como incontrolável e destrutiva, pondo em perigo, assim, o objeto amado, tanto interno quanto externo. Daí resulta que o ego aumenta a inibição do desejo instintivo dirigido para o objeto, o que pode acarretar dificuldades para o apetite alimentar da criança e, mais tarde, inibições nas relações afetivas e eróticas.

Os avanços em direção à integração e à síntese são o resultado de uma capacidade crescente do ego para conhecer a realidade. A ansiedade vinculada à mãe internalizada, sentida como um objeto que sofreu danos ou lesões, que está em perigo de ser aniquilado ou já foi aniquilado e perdido para sempre, leva a uma identificação mais intensa com o objeto danificado. Essa identificação com tal qualidade de objeto reforça a tendência para a reparação, e é por isso que o ego tenta inibir os impulsos agressivos. O ego usa também, às vezes, a defesa maníaca.

Mecanismos de defesa do ego

Situado entre o id e o meio ambiente, e constantemente controlado pelo superego, o ego encontra-se em posição bastante difícil. Isso às vezes lhe provoca angústia, a qual mobiliza o processo defensivo. A angústia é motivada pelo perigo de que a organização total do ego – diz Waelder – possa ser destruída.

O ego então constroi barreiras que lhe permitem rechaçar certos impulsos ou solucionar os conflitos originados pela oposição das exigências de cada uma das instâncias psíquicas. Esses *mecanismos de defesa* são utilizados pelo ego em sua luta contra perigos intra e extrapsíquicos ou ambientais. Freud empregou pela primeira vez essa denominação em 1894, no artigo intitulado *As neuropsicoses de defesa*, para indicar a resistência do ego aos instintos. Depois substituiu esse termo por uma palavra: repressão. Mas em 1926, em *Inibições, sintomas e ansiedade*, voltou a empregar a expressão *mecanismos de defesa*, que tem a vantagem de poder ser utilizada como denominação geral de todas as técnicas diferentes que o ego emprega em sua luta contra as exigências instintivas. A repressão é apenas uma de tais técnicas.

Mecanismos de defesa do ego contra perigos intrapsíquicos[13]

Os mecanismos de defesa do ego contra perigos intrapsíquicos são:

1) repressão;
2) regressão;
3) isolamento;
4) anulação ou reparação;
5) formação reativa;
6) identificação;

....
13. Os motivos de defesas contra os instintos, segundo Fenichel, são: o ego teme o instinto a) porque teme o superego; b) por angústia objetiva derivada do sentido de realidade; c) diante da força do instinto que pode dominar e desorganizar o ego; d) pela necessidade de manter a síntese, ou seja, pelos conflitos entre tendências opostas.

7) projeção;
8) troca de um instinto pelo seu contrário;
9) volta do instinto contra o ego;
10) sublimação[14].

Alguns dos mecanismos de defesa, segundo Anna Freud, são capazes de dominar grandes cargas instintivas ou afetos, enquanto outros, pelo contrário, só podem controlar quantidades pequenas. Os motivos que regem no ego a escolha de um tipo de mecanismo ainda não são muito conhecidos, mas, no campo da teoria, pode-se dizer que essa instância psíquica recorre à repressão quando necessita combater, sobretudo, os desejos sexuais. Mas a repressão é o mecanismo que oferece maior perigo, em virtude da dissociação simultânea que produz no ego. Os outros mecanismos são empregados, provavelmente, em face de impulsos agressivos, complementando apenas ou o que a repressão deixou inacabado, ou o que retorna das ideias proibidas quando esta falhou.

A repressão

É o processo em virtude do qual a libido do sistema pré-consciente é subtraída, de modo que um ato psíquico não possa encontrar o caminho que conduz ao sistema consciente e, portanto, torna-se ou permanece inconsciente (*Nunberg*). Ou, como disse Freud, "impede o acesso do impulso instintivo à motricidade mas, ao mesmo tempo, mantém intacta sua carga de energia". O histérico, por exemplo, provoca, por meio da repressão, o afundamento no inconsciente da causa de seus distúrbios.

A repressão constitui uma fase preliminar da condenação, uma noção intermediária entre esta e a fuga. A satisfação do instinto reprimido seria possível e agradável em si, mas inconciliável com outros princípios e aspirações. Por um lado causaria prazer, por outro, des-

---
14. As defesas típicas do ego precoce (6 meses) em face da angústia de tipo paranoide são as seguintes, segundo Melanie Klein:
  1) dissociação do objeto (em uma parte boa e outra má, e introjeção da boa);
  2) dissociação dos impulsos;
  3) idealização;
  4) negação da realidade interior;
  5) negação da realidade exterior;
  6) sufocação das emoções.

prazer. Por conseguinte, uma condição indispensável da repressão é que o motivo de desprazer adquira um poder superior ao do prazer que a satisfação produziria. Logicamente, para que isso ocorra, é preciso que o *superego* e o sentido de realidade tenham um grau suficiente de desenvolvimento.

A função exclusiva da repressão é rechaçar e manter distanciados do consciente determinados elementos, por meio de um esforço contínuo e permanente. Isso significa um dispêndio constante de energia e é, por isso mesmo, antieconômico. Poderíamos citar como símile da repressão o trabalho do indivíduo que deseja manter um barril vazio afundado na água. Ele terá de usar uma força constante, já que a sua interrupção permitiria ao barril vir imediatamente à tona.

Toda repressão consiste em duas fases: uma é a *repressão primitiva* ou *repulsa*, que afasta do campo da consciência a representação psíquica do instinto, o que provoca uma fixação, ou seja, a representação reprimida mantém-se imutável a partir desse momento, ficando o instinto ligado a ela. A segunda fase é a *repressão propriamente dita*, que recai sobre as ramificações psíquicas da representação reprimida ou sobre aquelas séries de ideias procedentes de fontes distintas, mas que se ligaram associativamente à representação.

Portanto, a repressão propriamente dita é um processo secundário. Deve-se considerar que primeiro atua a repulsa que parte do *ego* e depois a atração que o primitivamente reprimido exerce sobre tudo aquilo com que possa entrar em contato associativo.

A repressão não alcançaria seu propósito se essas duas forças não atuassem ao mesmo tempo. O fato de que uma representação esteja reprimida não impede que ela perdure no inconsciente e continue se organizando, criando ramificações e estabelecendo relações, constituindo assim o que se denomina *complexo* – ou seja, uma constelação de ideias associadas entre si, afetivamente carregada, em particular, de ideias inconscientes.

O que a repressão faz é impedir a relação com o sistema consciente e a atuação do instinto no mundo exterior.

A consequência de sua ação é o fato de, ao ser subtraída à influência consciente, a representação do instinto desenvolver-se de uma forma muito mais livre e ampla. Essa representação instintiva cresce e encontra formas extremas de expressão. Essa energia enganosa do instinto é consequência de um desenvolvimento ilimitado da fantasia e do estancamento que surge como resultante do fato de se negar a satisfação.

Entretanto, não se pode absolutamente considerar exato o conceito de que a repressão mantém afastadas do campo consciente todas as ramificações do primitivamente reprimido. Quando essas ramificações se distanciaram suficientemente da representação central ou nuclear do complexo, seja por deformação ou interpolação de numerosos elementos, chega-se a uma representação que pode aflorar no campo da consciência. Matematicamente, poderíamos dizer que a força da repressão é inversamente proporcional à distância que existe entre elas e a representação nuclear.

Baseando-se precisamente nisso, é possível levar a efeito a terapia psicanalítica que leva em conta esse elemento flutuante, e, a partir dele, por meio da livre associação, vai-se aproximando do conflito nuclear, como quem desfaz um novelo puxando por uma ponta. Não é possível indicar, em geral, a amplitude que alcançará a deformação nem a distância que haverá entre o reprimido e aquele elemento para que este consiga vencer a resistência do ego.

A repressão trabalha de um modo completamente individual e é extremamente móvel. Deve manter uma pressão constante, pois sua interrupção a levaria ao fracasso, como no exemplo do barril, que voltaria a flutuar. Portanto, do ponto de vista econômico, a cessação da repressão significa uma grande economia de energia, a qual fica assim à disposição do ego para funções úteis.

O fator primordial para o surgimento de uma repressão é o quantitativo. Assim que a representação a censurar supera um certo grau de catexia, surge o conflito, e a defesa é imediatamente mobilizada. Desse modo, o incremento da carga energética produz, em tudo aquilo a que a repressão se refere, os mesmos efeitos que a aproximação do consciente. Paralelamente, a diminuição da carga equivale a um distanciamento ou à deformação, conforme disse Nunberg. A repressão é, em si, um mecanismo psíquico de defesa, e sua manifestação formal é a *inibição*, que se encontra quando se examina um paciente. Quer dizer, um indivíduo apresenta-se inibido como expressão do seu mecanismo interno defensivo repressor.

A regressão

Dá-se o nome de regressão ao processo que conduz a atividade psíquica a uma forma de atuação já superada, evolutiva e cronologicamente mais primitiva do que a atual.

Durante o período de evacuação, em tempo de guerra, pôde-se observar na Inglaterra que as crianças que já tinham aprendido a não urinar na cama voltaram a fazê-lo quando ficaram separadas de suas mães. A modificação das correntes instintivas era provocada nesse período pela perturbação que se produzia na relação entre a criança e sua mãe. O choque provocado pela brusca separação deu origem a um nível anterior de desenvolvimento da regressão.

O indivíduo requer gratificações instintivas e, se não pode obtê-las no nível que já alcançou, regressará a uma fase anterior em que experimentara satisfações mais completas. A regressão da atuação do ego a um nível anterior ao amadurecimento pode ocorrer em qualquer período. De modo geral, produz-se como consequência de uma grande decepção ou de um intenso temor, quase sempre o temor consciente ou inconsciente ao castigo. A intensidade da regressão é motivada por dois fatores intimamente ligados: o grau de vacilação com que o indivíduo aceita as novas formas de satisfação e o grau de fixação nos padrões anteriores (*Fenichel*). Exemplo de regressão pode ser observado no neurótico obsessivo que, quando se encontra em conflito por suas tendências edipianas fálicas e o medo simultâneo de castração, substitui suas exigências edipianas genitais por desejos sádico-anais.

A regressão do ego refere-se à atuação mágica, ou seja, a um tipo de expressão que é característico de um ego imaturo (cf. p. 59-60).

O isolamento

O isolamento faz que se considere separado aquilo que, na realidade, permanece unido – por exemplo, quando a relação entre a cena traumática, o conflito ou desejo reprimido e o sintoma foi reprimida. Esse tipo de defesa é observado particularmente nos neuróticos obsessivos, que conhecem conscientemente, na maioria dos casos, o fato que foi a causa dos seus sintomas, mas não sabem conscientemente que os mesmos sintomas provêm daquela vivência.

Era o caso, por exemplo, de um homem que tinha desejos conscientes de matar o pai (situação traumática) e, como sintoma desse desejo, sentia um temor enorme de facas. Esse medo devia-se ao fato de ele, inconscientemente, vincular as facas ao desejo parricida.

A anulação ou reparação

Nas neuroses obsessivas, a anulação também é um modo de defesa contra os instintos, que consiste na realização de um ato determinado com a finalidade de anular ou reparar o significado de um anterior. Em seu livro *Histeria e neuroses obsessivas*, Fenichel dá um exemplo que elucida o significado da anulação. Diz ele: "Um paciente via-se impelido a rezar de forma obsessiva durante uma doença grave de sua mãe; mas, ao terminar a reza, aplicava um tapa na boca, ato com que pretendia anular o efeito positivo da reza".

A formação reativa

A formação reativa leva o ego a efetuar aquilo que é totalmente oposto às tendências do id que se pretende rechaçar. Durante a análise de um paciente, encontrou-se um exemplo típico de formação reativa. Eis o relato do analisando:

"Cheguei em casa irritado e encontrei a filhinha da empregada. Senti desejos de jogá-la na rua por uma janela que estava aberta, mas me contive. Sentei-me para estudar e, de repente, vi a mãe da garotinha colocar um banco junto à janela para que a filha pudesse ficar olhando a rua. A partir desse momento, não consegui mais estudar e fui sentar-me perto da menina para tomar conta dela. Eu temia que a criança se debruçasse demais e caísse pela janela..."

A ideia rechaçada é jogar a garotinha à rua. A formação reativa foi sentar-se perto para tomar conta dela.

Há algum tempo, a revista *Reader's Digest* publicou um artigo que pode ser citado como exemplo de formação reativa. Certa ocasião, nos Estados Unidos, foi cometido um assassinato, e as autoridades policiais confiaram a investigação do fato a um dos seus melhores detetives. Ao contrário do que cabia esperar, registraram-se gritantes anormalidades na investigação, razão pela qual a tarefa acabou sendo confiada a um outro detetive que, para assombro de todos, descobriu que o homicida era nada menos que o seu famoso colega. Como formação reativa às suas tendências criminosas, aquele homem fizera-se policial, mas, ao diminuir a intensidade da censura, durante o sono, as tendências do id puderam ser descarregadas no mundo exterior e ele cometeu o crime.

Em 1954, a imprensa mundial registrou com todos os detalhes o caso sensacional de John Christie, o "assassino da meia-lua", como foi chamado. Christie matou várias mulheres e, certa vez, valendo-se de sua condição de policial – cargo que ocupava como formação reativa –, mandou enforcar um chofer de caminhão, marido de uma de suas vítimas, acusando-o de ser o autor do crime.

Também é muito comum o caso de alguém que, por formação reativa, faz-se bombeiro voluntário, como defesa contra a sua piromania. Segundo Fenichel, a pessoa que elaborou formações reativas não criou, com isso, um determinado mecanismo para utilizá-lo quando se produzir a ameaça de um perigo instintivo, mas modificou a estrutura de seu ego como se o perigo estivesse sempre presente, de tal forma que ele esteja preparado em qualquer momento em que o perigo se produza.

Desse modo, em um esforço para criar formações reativas como defesa contra os instintos, originam-se traços caracterológicos de natureza distinta. Por exemplo, se a pessoa luta contra tendências anais, ela desenvolverá hábitos de limpeza, de ordem e economia obsessiva; se ela luta contra tendências agressivas, cairá em uma bondade indiscriminada e rígida.

A identificação

A identificação representa a forma mais precoce e primitiva de vinculação afetiva. Consiste, em sua forma mais típica, em transferir o acento psíquico do objeto para o ego. Em outras palavras, o ego incorpora o objeto de forma muito semelhante à que a ameba engloba uma partícula de carmim.

No início de 1954, o índio Tetegameo, cacique da tribo dos kakataybos, que habita a região peruana de Aguaytía, foi à cidade de Lima a fim de solicitar ajuda oficial para a sua tribo. Uma das coisas que Tetegameo mais estranhou foi o fato de os brancos enterrarem seus mortos. Disse ele: "Nós incineramos os nossos mortos e depois ingerimos suas cinzas numa infusão. Desse modo, assimilamos as virtudes dos nossos maiores". Esse é um exemplo típico de identificação introjetiva.

A identificação pode ser parcial ou total. Em um caso de identificação parcial, por exemplo, o aluno fuma cachimbo, como faz o professor; mas na identificação total, ele estuda e mantém uma atitude geral idêntica à do mestre.

Em *Psicologia de grupo e a análise do ego*, Freud estuda as diversas formas de identificação em um sintoma neurótico que se verificava no caso de uma menina que padecia de tosse. Quando tossia como consequência de sua identificação com a mãe, tratava-se de um desejo de substituí-la no amor do pai; mas a menina, ao mesmo tempo, castigava-se. Se a tosse dela era uma identificação com o pai, o mecanismo tornava-se distinto. Era uma substituição de desejos libidinais positivos em relação a uma pessoa querida, por uma identificação com ela.

Contrariamente a esses dois exemplos, há outra forma de identificação que é independente de qualquer tendência afetiva para com a pessoa cuja conduta se imita. É o caso do internato de moças, onde uma delas sofre uma crise histérica ao receber uma carta do noivo. As outras reproduzem a crise, querendo, com isso, demonstrar o desejo de se encontrarem na mesma situação amorosa vivida pela colega. Para realizar esse tipo de identificação, não é necessário que haja, em relação a ela, uma determinada tendência afetiva.

Em um dos tipos de homossexualidade, o paciente identifica-se com a mãe e só pode amar outros rapazes como reflexo do afeto que ela sente por ele. Nesse caso, a defesa contra os instintos do id reside na eliminação da mulher como objeto sexual, que é consequência da identificação. Quer dizer, há rejeição de toda tendência heterossexual, que o paciente tenta anular porque percebe que ela contém um perigo para ele, o de castração, ao viver inconscientemente o ato heterossexual como incestuoso.

R. Knight trata de elucidar as diferenças e semelhanças existentes entre a introjeção[15], a projeção e a identificação, considerando a possibilidade de distinguir três formas de identificação.

A *identificação projetiva* é a que o ego faz em relação ao objeto. O homem identifica-se projetivamente no teatro, seguindo angustiadamente as situações dramáticas. A mulher sofre junto ao rádio ou à televisão enquanto acompanha as peripécias de sua novela. E todos se inquietam quando, de repente, um orador fica em silêncio.

Um indivíduo mescalinizado identificou-se com a roupa pendurada no varal de um terraço vizinho e disse que em uma camisola via a esposa, em outra peça de roupa via-se a si mesmo e, com eles, também representados por roupas, seus filhos; e que todos, dando-se as mãos, pareciam prestes a voar para um mundo muito distante.

A *identificação introjetiva* é a que se faz do objeto para o ego. A menina que tosse como o pai, ou como a mãe, realiza uma identificação introjetiva.

A *identificação por deslocamento* tem um mecanismo um pouco complexo. Uma pessoa que se desgosta com outra projeta em uma terceira as qualidades negativas que, com ou sem justiça, atribui à primeira. Depois briga com esta última, solucionando a seu modo a situação conflitiva que se apresentava. Na psicanálise, muitas vezes é essa transferência de rancor que possibilita a cura, pois o paciente atribui ao analista, em uma identificação por deslocamento, os defeitos atribuídos ao indiví-

---

15. Introjeção é a inclusão inconsciente de um objeto ou parte dele no ego do sujeito.

duo causador de sua situação, agredindo o analista, que é o representante, por deslocamento da imagem odiada.

A projeção

A projeção é o mecanismo de defesa por meio do qual o indivíduo atribui a um objeto externo suas próprias tendências inconscientes inaceitáveis para seu superego, percebendo-as então como características próprias do objeto. É o caso das pessoas que entram em um estabelecimento para comprar alguma coisa com a ideia de pagar a menos, se for possível, e depois, fracassada a manobra, saem e voltam a contar o dinheiro para ver se os comerciantes não deram troco a menos. Ou o caso do neto que, no zoológico, diz a seu acompanhante: "Vamos embora, vovô, pois você está com medo dos leões".

Nas crianças e nos primitivos, em muitos casos ocorre o animismo, mecanismo de projeção consideravelmente desenvolvido e pelo qual se atribuem propriedades humanas a objetos inanimados.

"Os índios ojibways pensam que as árvores são sensíveis, e, por esse motivo, cortá-las converte-se em uma operação cirúrgica delicada, que deverá ser executada com a maior ternura possível. Se for ferida de qualquer outra maneira, a árvore cairá sobre o operador descuidado dando-lhe a morte" (*Frazer*).

Muitas vezes, as crianças golpeiam furiosamente a quina da mesa contra a qual se chocaram, dizendo: "Boba! Boba!", como se a mesa fosse um ser vivo.

Portanto, pode-se dizer que a *projeção* consiste em atribuir tendências próprias a outras pessoas ou coisas. No decorrer da análise, observa-se com frequência que o paciente projeta suas tendências no analista. Por exemplo, diz que o está achando nervoso ou agressivo, quando na realidade é o paciente que está sofrendo inquietação ou tendo ideias agressivas contra o analista.

Esse é o mecanismo defensivo mais destacado na paranoia.

Troca de um instinto pelo seu contrário

Consiste na mutação do amor a um objeto por ódio a esse mesmo objeto. Isso ocorre geralmente em consequência de uma frustração nas solicitações amorosas, e a crônica policial está repleta de exemplos. A manchete típica é: *Amante despeitado matou uma jovem com três tiros.*

Volta do instinto contra o ego

Trata-se do mecanismo pelo qual uma carga agressiva, primitivamente dirigida contra um objeto do mundo exterior, volta-se contra o ego e chega, às vezes, a destruí-lo, tal como ocorre nos suicídios. Mas o caso mais corrente é machucar-se em vez de machucar o outro, o que constituiria um ato de sadismo.

A sublimação

A sublimação é a adaptação lógica e ativa às normas do meio ambiente, com proveito para nós mesmos e para a sociedade, dos impulsos do id, rechaçados como tais pelo ego, em uma função harmônica com o superego. Isso constitui uma forma de satisfação indireta, visando à utilidade social.

Deve-se considerar uma forma de sublimação o processo pelo qual um instinto abandona seu objetivo original, uma vez que, pelo princípio de realidade, a satisfação poderia originar um desprazer (castigo). Desse modo, o instinto elege um novo fim em relação a outro objeto, seja pessoa ou coisa, que concilie as exigências do princípio de realidade e do superego, e que, além disso, tenha um sentido plenamente aceito pela sociedade.

Esse deslocamento de objeto ocorrido na sublimação é índice da plasticidade característica do instinto e resultado da debilidade dos laços que unem o instinto com o seu objeto.

Os instintos dessexualizados procuram então fins culturais que podem ser artísticos ou científicos, ou, em uma esfera menos elevada, artesanais, industriais e todos os outros que formam, em conjunto, o que se denomina *"civilização"*.

Em seu artigo *O trabalho como sublimação das tendências agressivas*, K. Menninger diz que Freud não foi inteiramente original quanto à sublimação, pois a mesma ideia tinha sido sugerida muitíssimo antes por Ovídio, que aconselhava: "Vós, que tratais de dar fim às vossas paixões, concentrai-vos em vossas ocupações e logo a voluptuosidade vos dará as costas".

Diz Menninger: "De todos os métodos disponíveis para orientar as energias agressivas da humanidade em uma direção útil, o trabalho ocupa o primeiro lugar, já que todo trabalho representa uma luta contra algo, um ataque ao ambiente. O agricultor rasga a terra, envenena insetos; o médico luta contra a doença e a morte; o advogado, contra a parte oposta; o guarda de trânsito luta com os motoristas e os pedestres; e o chofer de ônibus, com os demais veículos".

Para cada etapa libidinal (oral, anal, fálica), há um tipo de atividade sublimada característica, como se verá mais adiante.

Existe uma diferença nítida entre o trabalho como formação reativa e o que se realiza como sublimação. O primeiro tem um caráter espasmódico, obsessivo, e é executado de maneira forçada, que não produz prazer; o segundo flui livremente e é agradável.

Uma pessoa capaz de sublimar pode deixar de trabalhar durante um período de tempo prolongado, tendo o repouso, para ela, tanto valor quanto a atividade (*Reich*).

A não realização de um trabalho – encarado como formação reativa – faz que, cedo ou tarde, se manifeste uma intranquilidade interior que pode, se o estado se mantém durante um certo tempo, converter-se em angústia e mesmo em agressividade. Na sublimação, as energias do ego estão livres e podem ser utilizadas para o trabalho produtivo. A formação reativa caracteriza-se por uma conservação do objeto exterior e uma repressão da finalidade instintiva, e, depois, uma inversão do instinto com a formação simultânea de contracatexia.

Na sublimação, produz-se o abandono (não a repressão) e mudança da primeira finalidade e objeto do instinto, com a mesma orientação deste e com ausência de contracatexia (*Reich*).

Com o propósito de elucidar as diferenças e relações entre formação reativa e sublimação, Fenichel compara: "a) uma criança que aprende a escrever bem e sente, ao fazê-lo, grande prazer; b) uma criança que apresenta inibição para a escrita; c) uma criança que escreve de maneira forçada e meticulosa, sem lhe causar nenhum prazer; e d) uma criança que suja ou borra tudo".

Todas elas deslocaram para a função de escrever cargas instintivas anais. No caso da primeira criança, existe uma sublimação: o ego não quer garatujar, mas escrever. As outras três não conseguiram canalizar as cargas instintivas anais e sentem-se forçadas a inibi-las mediante contracargas ou, então, por formações de reação que dificultam o trabalho e o tornam desagradável ou destituído de prazer. Na última criança, a sublimação está completamente ausente e a formação de reação, quase completamente; por isso, ela estraga o caderno.

Mecanismos de defesa do ego contra perigos extrapsíquicos

Diante das situações desagradáveis e perigosas que provêm do mundo exterior, o ego mobiliza alguns dos seguintes mecanismos defensivos:

1) negação em atos e palavras;
2) negação na fantasia;
3) limitação do ego;
4) identificação com o agressor temido;
5) renúncia altruísta.

Durante alguns anos, o ego infantil mantém a liberdade de negar tudo o que lhe produza desprazer na realidade, conservando intacta, porém, sua opinião sobre ela.

Esse trabalho do ego infantil para evitar o desprazer por meio da resistência direta contra as impressões do mundo externo pertence à psicologia normal e, por conseguinte, não deve ser considerado patológico.

Foi muito útil à ciência estabelecer em que momento de sua evolução o ego perde a possibilidade de compensar quantidades de desprazer objetivo por meio da fantasia. Para o adulto, entretanto, o devaneio às vezes tem um papel importante, seja ampliando os limites de uma realidade estreita ou suplantando uma situação real desagradável por outra imaginária mais satisfatória. Já na maturidade, o devaneio não é mais do que um produto secundário de natureza lúdica, de carga libidinal escassa, que no máximo pode dominar mínimas quantidades de mal-estar ou enganar o indivíduo fornecendo-lhe o alívio ilusório de um desprazer menor. Somente nos processos patológicos e em casos em que se registra uma intensa regressão do ego, pode-se voltar a adquirir, no indivíduo adulto, o valor total desse tipo de substituição.

A negação em atos e palavras

Na dramatização e inversão de situações da realidade, a criança opera com objetos do mundo exterior extremamente diversos. Por isso, podemos dizer que a negação da realidade constitui uma das muitas motivações básicas dos jogos infantis em geral e, em particular, no jogo de teatro, tão comum na infância. Exemplo corrente disso é "brincar de adulto", em que os meninos põem um chapéu e um paletó do pai, enquanto as meninas brincam de mamãe, calçando os sapatos de salto alto e a bolsa da mãe, e chegam a maquilar-se, em uma engraçada tentativa de ser como ela. O mesmo acontece quando as meninas brincam de "visitas" e simulam carregar maternalmente nos braços suas "filhas-bonecas" quando vão à casa imaginária de outras.

Anna Freud estudou um caso muito interessante.

"Pedrinho, que tinha 5 anos de idade, ficava em um estado de extremo mau humor sempre que via um homem excepcionalmente alto e robusto. Punha então o chapéu do pai na cabeça e saía andando pela casa. Enquanto ninguém interferia em seu jogo, parecia feliz e contente. Mas, sempre que o obrigavam o tirar o chapéu, reagia com sintomas de intranquilidade e profundo desgosto. O que começou com o chapéu do pai deslocou-se depois para um boné com viseira que parecia de adulto. Pedrinho ia para todo lado com o boné, e, quando não deixavam que o pusesse na cabeça, o menino o apertava contra si. No entanto, a comprovação constante de que necessitava das mãos para outras atividades levou-o a buscar um lugar seguro para guardar seu boné. Foi assim que descobriu a possibilidade de fazê-lo na abertura da calça. O tesouro chegou ao lugar que, desde o início, correspondia a ele devido a seu significado simbólico: o mais próximo possível de seus órgãos genitais."

A negação na fantasia

Esta forma de defesa caracteriza-se pelo fato de o indivíduo modificar em sua fantasia uma situação real desagradável, transformando-a em outra mais aprazível. É o que ocorre, por exemplo, na fobia de um menino de 4 anos e meio, descrita por Freud. A criança chegou a um momento do tratamento em que tinha conseguido modificar sua vida instintiva, mas, aspirando a mais, fez uma nova tentativa no terreno da fantasia para modificar algo real que não lhe agradava.

Isso devia-se ao fato de o garoto ter comparado as dimensões de seu corpo com as do pai, fixando-se principalmente nas regiões glútea e genital. Dessa comparação seu narcisismo não saiu muito bem, mas depois, com a ajuda da fantasia, tratou de corrigir a realidade. Poucos dias antes vira em casa um encanador que estava consertando o banheiro. Apoiando-se nesse fato real, a criança produziu uma fantasia na qual um encanador tirava-lhe o falo e as nádegas com uma tenaz, substituindo-os por outros maiores, isto é, análogos aos do pai.

Anna Freud cita outro exemplo muito ilustrativo:

"Um menino de 7 anos divertia-se com a seguinte fantasia: tinha um leão manso que aterrorizava todo mundo, menos a ele, a quem o animal dispensava seu afeto. Obedecia fielmente suas ordens e o seguia como um cachorrinho. Quanto ao menino, dispensava as maiores atenções ao leão, alimentando-o e cuidando dele zelosamente. De noite, preparava-lhe uma cama em seu próprio quarto. Como é comum nos devaneios, desenvolviam-se numerosos episódios agradáveis em torno dessa fantasia básica. Certa vez, o menino foi a uma festa a fantasia e afirmou que o leão, que levara consigo, era apenas um amigo disfarçado. Mas era mentira, pois o amigo disfarçado era seu leão verdadeiro. O menino se deliciava ao imaginar o espanto das pessoas se ficassem sabendo do seu segredo. Ao mesmo tempo percebia que esse temor era infundado, pois o leão seria inofensivo enquanto estivesse sob seu domínio.

"Pela análise do menino, foi fácil descobrir que o leão era um substituto do pai, a quem ele queria bem, odiava e temia como a um verdadeiro rival em relação ao carinho da mãe."

Como se compreenderá, os mecanismos de defesa desse tipo só podem ser empregados em idades em que a faculdade individual de observação da realidade tal como ela é pode coexistir com uma ampla liberdade da fantasia. Por causa disso, ocorrem na infância e não em idades posteriores, quando o senso crítico não permitiria a apresentação de fantasias muito distanciadas da realidade. Justamente por isso uma analisada, que na infância fantasiava com príncipes encantados que a faziam muito feliz, depois, quando adulta, fantasiava com pessoas de boa posição econômica ou de *status* elevado que desejava encontrar em seu caminho para que a favorecessem com seu amor.

A limitação do ego

Outro meio de defesa contra fatores desagradáveis do mundo exterior é a *limitação do ego* ou abandono por parte dessa instância de uma atividade cujo exercício lhe produz desprazer por um motivo qualquer.

Entre outros exemplos, Anna Freud cita o de um menino que, desenhando ao mesmo tempo que ela, de repente interrompeu seu trabalho dizendo-lhe para continuar sozinha. Ao comparar seu desenho com o dela, sentiu-se incapaz de realizar algo igual; mas, em vez de se esforçar para consegui-lo, preferiu renunciar logo, limitando, dessa forma, as possibilidades do seu ego.

R. Gaupp assinala ser essa a razão pela qual toda criança inapta para o desenho o abandona como atividade.

Outra criança, observada por mim, colocada diante de uma tarefa que lhe parecia difícil e que, portanto, lhe desagradava, abandonou-a dizendo que estava com sono.

Referindo-se a esse mecanismo defensivo, A. Freud diz que nos jardins de infância e nas escolas modernas, onde a instrução de conjunto desaparece para deixar lugar a um trabalho individual livremente escolhido, não é raro encontrar-se um tipo de criança que utiliza constantemente essa defesa. Os professores inferem que entre dois grupos, um constituído por crianças ativas, interessadas e aplicadas, e outro, por alguns alunos intelectualmente medíocres, desinteressados e preguiçosos, forma-se um terceiro grupo, aparentemente intermediário, cujo "tipo" é difícil de situar, à primeira vista, em algumas das categorias conhecidas em que se classificam as crianças com distúrbios de aprendizagem. Embora os componentes desse terceiro grupo tenham um elevado coeficiente intelectual, bom desenvolvimento e sejam apreciados por seus colegas como bons companheiros, não é possível induzi-los a participar de um exercício regular de jogo ou trabalho. Conduzem-se como se estivessem intimidados, mesmo quando a técnica usada evita escrupulosamente qualquer crítica, repreensão ou censura. Acontece que a simples comparação de suas realizações com as dos outros é suficiente para que desvalorizem seu próprio trabalho. E se eles fracassam em uma tarefa ou jogo, reagem com uma permanente aversão a repeti-la. Por isso mantêm-se inativos, não aceitam nenhuma ocupação, contentando-se em ficar olhando enquanto os outros trabalham. Sua atividade tem, secundariamente, um efeito antissocial, visto que, por aborrecimento, entram em conflito com os demais companheiros. No entanto, esse tipo de crianças, que na vida escolar assumem a atitude de espectadores, podem recuperar sua capacidade de trabalho se as condições ambientais em que devem realizá-lo forem mudadas, o que não ocorre com os verdadeiros inibidos neuróticos (em que a atividade se sexualizou), que não se modificam com a simples alteração do meio ambiente.

Identificação com o agressor temido

Uma forma de defesa muito corrente e fácil de se observar na vida cotidiana das crianças e de alguns adultos é a identificação que realizam especificamente com o objeto temido do mundo exterior.

Aichhorn relata que, em certa oportunidade, tratou um menino por causa de seu costume de fazer caretas. O professor queixava-se de que o garoto reagia de maneira inteiramente anormal às admoestações e repreensões. De um modo geral, quando elas ocorriam, ele fazia uma série de caretas, situação que se confirmou quando o menino as repetiu durante a consulta. Mas, como o professor estava também presente, o problema pôde ser esclarecido, pois o psicoterapeuta percebeu que os gestos da criança nada mais eram do que uma caricatura da expressão de zanga estampada na fisionomia do professor. A fim de conseguir suportar as recriminações, o garoto tentava dominar sua angústia por meio de uma imitação inconsciente da expressão irritada do professor. Identificava-se, assim, com o objeto do mundo exterior que ele temia.

Esse mecanismo pode explicar, em certa medida, alguns dos contágios dos tiques e cacoetes, que entre seus significados inconscientes têm a finalidade mágica de assustar o interlocutor e satisfazer uma tendência agressiva, na maioria das vezes, além do prazer que a descarga de tensão provoca por si mesma.

Outros exemplos tomados de Anna Freud contribuem para mostrar com maior clareza esse mecanismo, como se percebe no caso de uma menina que, com medo de fantasmas, não se atrevia a caminhar pelo vestíbulo escuro de sua casa. Certa vez, porém, teve de cruzá-lo, e desde então foi capaz de atravessar recintos escuros; mas ao fazê-lo efetuava uma série de movimentos estranhos. Certo dia em que precisou encorajar a irmã caçula para que fizesse a travessia, revelou sua razão íntima para realizar aqueles movimentos insólitos: "Faça como se você mesma fosse o fantasma que você tem medo de encontrar".

Em outros casos, a identificação que a criança efetua não é diretamente com o agressor, mas com a sua agressão. Era o que acontecia com um garoto que, ao voltar do consultório do dentista, não brincava de dentista, mas começava a destruir diversos objetos.

O mesmo faziam duas crianças que observei: depois de um bombardeio, se engalfinhavam a socos e pontapés, e agrediam o pai sem qualquer motivo real.

Também podem-se verificar situações em que a identificação não se refere a um acontecimento passado, mas a um acontecimento futuro. É o caso do menino que, ao chegar em casa, toca insistentemente a campainha. Quando abrem a porta, a primeira coisa que ele faz, sabendo que procedeu mal, é gritar com a pessoa que lhe franqueou a entrada, antes que ela tenha tempo de recriminar sua atitude intempestiva. É o caso também do marido que volta para casa sentindo-se culpado por não ter agido corretamente e protesta porque o almoço não está pronto, porque não encontrou o jornal no lugar de costume ou por qualquer outra ninharia. O que ele faz, na realidade, é identificar-se com a agressão conjugal que espera; diante dela, realiza um gesto mágico, com o qual pretende que a esposa não lhe diga nada pelo fio de cabelo no seu colarinho ou pelo dinheiro que perdeu nas corridas de cavalos.

O benefício protetor contra a angústia fornecido por esse tipo de mecanismo defensivo é, entre outros, como assinala Anna Freud, o fato de que, ao representar o papel do agressor, assumindo suas atitudes e atributos ou imitando suas agressões, o sujeito transforma-se simultaneamente de pessoa ameaçada e passiva na pessoa que ameaça e está ativa.

A renúncia altruísta

Bibring foi quem deu nome a esse tipo de mecanismo de defesa, que mobiliza especificamente a projeção, que não só serve para produzir perturbações nas relações humanas, mas também é usado para estabelecer laços afetivos positivos e consolidar, assim, as relações interpessoais.

Em síntese, pode-se dizer que o indivíduo que utiliza esse mecanismo, em vez de empregar atividade na obtenção dos próprios fins, usa sua energia participando no destino de seus semelhantes. Em lugar de experimentar a vida em si mesmo, ele vive a vida dos outros.

Um exemplo típico disso é o da irmã feia que se empenha em procurar vestidos elegantes e joias para a irmã bonita, a fim de que esta atraia um homem e se case com ele. Quando a irmã bonita for feliz, ela também o será, pois a considerará como a si mesma.

Também podemos citar como exemplo típico de renúncia altruísta o caso de um rapaz inválido, irmão de um esportista, que se preocupa com a carreira do outro, traz-lhe loções para massagens, controla seu regime alimentar e, durante as competições, é um torcedor vibrante e entusiasmado, festejando com grandes explosões de alegria as vitórias do irmão, as quais, por identificação projetiva, são suas.

A renúncia altruísta é, pois, um mecanismo de defesa por meio do qual se consegue dominar a mortificação narcisista.

O abandono de um desejo instintivo em favor de outro objeto determina frequentemente a relação da mulher com o homem escolhido por ela como representante, em detrimento de uma genuína relação objetal. Em tais casos, em virtude de tal fixação "altruísta", exige dele que cumpra em sua vida os planos que ela não pôde realizar por falta de condições – por exemplo, que estude, escolha determinada profissão, adquira fama ou fortuna. Isso também se observa em algumas mães que forçam os filhos a adotar determinadas atitudes e atividades, situação que depois condicionará neles o surgimento de diversos conflitos.

O superego

A formação de um verdadeiro código de normas éticas é um dos pré-requisitos indispensáveis para a adaptação social. Esse estatuto para o "viver bem em relação" denomina-se *consciência* ou *voz da consciência* e é conhecido na nomenclatura psicanalítica, desde a publicação de *O ego e o id*, de Freud, em 1923, como *superego*, a terceira das instâncias em que consiste o aparelho psíquico na topografia hipotética de Freud.

O superego é o resultado da incorporação no ego das injunções proibitivas dos pais ou, como disse Freud, a internalização da compulsão externa.

A captação de estímulos visuais e auditivos chega a desenvolver essa instância especial, o superego. Dele se poderia dizer, metaforicamente falando, que "vê" e "ouve" interiormente, adquirindo uma invencível autoridade sobre o ego, que por sua vez tem o poder de realizar ou não o ato proibido, conforme sua capacidade de resistência.

Em suas etapas iniciais, o superego pertence ao ego, mas vai-se diferenciando dele gradualmente, sem que o indivíduo normal o perceba como um elemento definido, tal como ocorre na neurose obsessiva, por exemplo.

Para compreender a estruturação do superego, é preciso estudar rapidamente o complexo de Édipo: corrente de amor do filho em relação à mãe e rivalidade com o pai; e, inversamente, nas filhas, corrente de amor em relação ao pai e rivalidade com a mãe. Se fosse apenas assim, não haveria conflito, mas a situação de ambivalência que têm os filhos varões para com o pai e as filhas para com a mãe faz que utilizem diversos mecanismos com o propósito de resolvê-la. O menino recorre em primeiro lugar ao mecanismo de regressão ao plano oral e à introjeção e identificação posterior com esse objeto no mundo exterior. Isso lhe permitirá satisfazer simultaneamente seu amor e seu ódio. Fica, assim, satisfeito o desejo de sua libido, pelo fato de adquirir contato com esse objeto, o pai, e também sua inclinação sádica encontra satisfação, uma vez que, por meio da identificação (cf. p. 83), apropria-se de certo modo da existência do pai e o destroi como objeto exterior.

Esse mecanismo também poderia apresentar-se da seguinte maneira: com a incorporação do pai no ego, o filho introjeta a atitude "má" daquele a fim de conservar no mundo real o pai "bom". Dessa forma, escapa do perigo e obtém, ao mesmo tempo, a proteção representada pela imagem paterna e a força que lhe atribui.

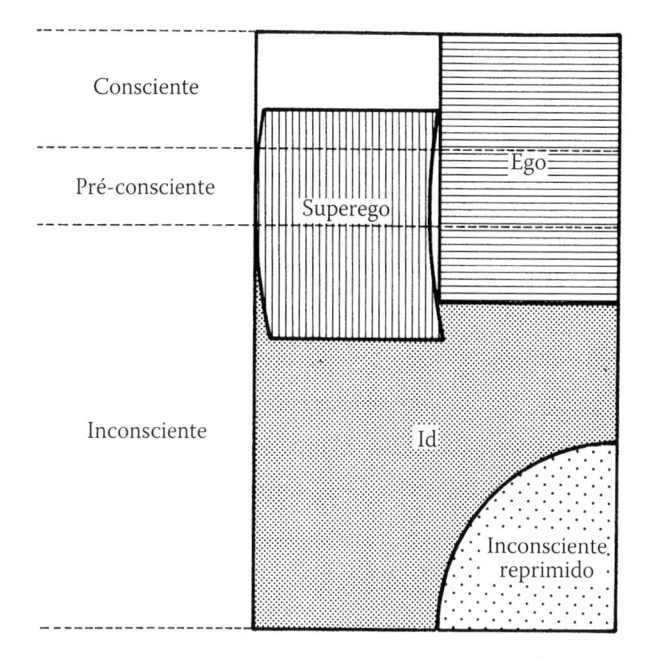

[Diagrama: Topografia do aparelho psíquico mostrando Consciente, Pré-consciente e Inconsciente à esquerda; Ego, Superego, Id e Inconsciente reprimido à direita.]

Ao introjetar a imagem do pai, livra-se dele, fazendo-o desaparecer do mundo exterior. Isso – que parece um pouco estranho – pode ser observado em alguns esquizofrênicos, que não se animam a amar uma pessoa, pois, ao querê-la, irão se identificar com ela e, desse modo, a retirariam do mundo exterior. É o mesmo dilema que se apresenta a um indivíduo que tem um pedaço de torta muito apetitoso e não se anima a comê-lo, porque quer continuar possuindo a torta e, se a comer, ficará sem nada (*Fairbain*).

A elaboração inconsciente do menino seria esta: "Papai, não precisa mais ficar zangado comigo. Isso que está acontecendo agora posso resolver sozinho". Ou seja, nesse momento o superego toma o lugar da função paterna e se constitui em uma espécie de juiz – no sentido figurado, logicamente –, em uma instância superior, que não só obriga o indivíduo a abandonar impulsos de natureza sensual e agressivos, mas também observa, guia, censura e ameaça o ego, da maneira como antes os pais faziam com a criança.

O castigo que o superego inflige é o que se conhece por "remorso" ou "peso na consciência", e que Núnez de Arce tão bem descreve nestas estrofes de seu poema *El vértigo* [A vertigem]:

> *Conciencia nunca dormida,*
> *mudo y pertinaz testigo*
> *que no dejas sin castigo*
> *ningún crimen en la vida.*
> *La ley calla, el mundo olvida;*
> *mas, ¿quién sacude tu yugo?*
> *Al Sumo Hacedor le plugo*
> *que a solas con el pecado*
> *fueras tú, para él culpado*
> *delator, juez, verdugo*.*

Para elucidar a função do superego, pode-se tomar como exemplo teórico o caso do garoto que bate no irmão menor. Na primeira vez, é repreendido e fica de castigo. Na próxima vez que tentar repetir a agressão, as medidas para que ele desista poderão ser menos enérgicas. Na terceira oportunidade, possivelmente, não cometerá o ato agressivo: uma voz interior o deterá.

Na constituição do superego intervém não só um núcleo severo que corresponde, em geral, ao pai ou a substitutos (professores, sacerdote etc.), mas também outro núcleo materno mais tolerante. Daí a repressão exigida dos impulsos e das tendências ser aceita não só por temor, mas também por amor, pois, em compensação, o ego recebe uma satisfação narcisista ao sentir-se, por exemplo, "menino bom" e querido pela mãe ou, já adulto, ao ser considerado "pessoa decente".

O superego, como disse Freud, é a mais recente das aquisições filogenéticas do aparelho psíquico. As imagens parentais introjetadas apenas originam o núcleo do superego. Seus elementos essenciais provêm da incorporação de exigências impessoais e gerais do ambiente social. Essa instância assim constituída chama a si aquelas funções de crítica da conduta do ego que convertem o ser de individual em social (*Abraham*).

Mas, em certas circunstâncias, o superego é capaz de modificar-se e admitir fatos que, de outra maneira, não aceitaria. Diante de necessidades de ordem social, como repelir, enquanto soldado, o ataque desencadeado contra as fronteiras da pátria ou lutar pela defesa de uma causa justa – justa, bem entendido, para a sociedade em que se vive –, o superego pode modificar-se. O caso mais claro é o dos soldados que,

....
* Consciência nunca adormecida/ testemunha muda e persistente/ que não deixa sem castigo/ nenhum crime na vida./ A lei se cala, o mundo esquece;/ mas quem te liberta da opressão?/ ao Supremo Criador lhe agradava/ que só com o pecado/ fosse tu, para ele, culpado/ delator, juíz, carrasco. (N. E.)

antes de serem enviados à luta, veem modificada a proibição de matar. A sociedade mostra-lhes que é necessário matar o inimigo, e se não o compreenderem assim sofrerão perturbações no campo de batalha. Mas também há indivíduos que, terminada a guerra, não conseguem reestruturar seu superego, ou seja, não conseguem voltar às normas da vida pacífica e continuam guiando-se, em tempo de paz, por preceitos estabelecidos para a situação de guerra. Depois de cada conflito armado, constata-se nos países envolvidos um aumento nos índices de criminalidade.

Para a qualidade do superego não é indiferente, de acordo com a incidência dos fatores ambientais, que a criança se desenvolva em uma atmosfera de ódio ou de amor. Se prevalecer o primeiro, ao crescer, a criança será possivelmente um adulto ascético e severo. Se prevalecer o amor, tenderá a ser um adulto amoroso e alegre. Mas diversos fatores fazem que nem sempre a formação do superego siga esses caminhos.

Segundo os conceitos de Freud, o superego surge nos indivíduos por volta dos cinco anos, quando termina de elaborar-se o complexo de Édipo e, por conseguinte, o superego seria o herdeiro deste último[16].

Até essa idade, o ego rege-se em grande parte pelo princípio de prazer, não põe obstáculos aos impulsos do id e comporta-se, portanto, como um *ego ideal*. Conforme já dissemos, existe uma diferença entre o *ego ideal* e o *ideal do ego*. O primeiro satisfaz os impulsos do id, ao passo que o ideal do ego representa o critério pelo qual o ego mede a si mesmo. Constitui também a meta visada e o incitamento para se alcançar uma perfeição cada vez maior. Esse ideal do ego representa o precipitado da admiração que, nos primeiros tempos da infância, a criança teve pela suposta perfeição dos pais idealizados[17].

....

16. Os estudos realizados nos últimos anos por vários autores, e em especial por Melanie Klein, permitiram um conhecimento mais profundo sobre as origens do superego. M. Klein considera que as fases iniciais do complexo de Édipo e a formação do superego estendem-se aproximadamente do sexto mês ao terceiro ou quarto ano de vida. Segundo a autora, o complexo de Édipo surge no menino assim que este começa a ter conhecimento de ódio para com o pênis do pai e deseja destruí-lo, enquanto, ao mesmo tempo, tenta consumar uma união genital com a mãe (cf. complexo de Édipo).

A aparente contradição entre os conceitos de Freud e de M. Klein deve-se, segundo alguns autores, ao fato de que o primeiro estudou exclusivamente adultos e, por essa razão, só pôde reconhecer as fases finais da estrutura do superego e do complexo de Édipo, ao passo que M. Klein, com suas investigações sobre crianças de pouca idade, pôde perceber com maior facilidade as primeiras etapas de sua formação.

17. Anna Freud estabelece uma diferença no que se refere às identificações com os pais, vistos de um modo idealizado, e as identificações que resultam da queda do complexo de Édipo. As primeiras representam o ideal do ego e as segundas, o superego.

As funções do superego são: *a auto-observação, a consciência moral, a censura onírica, a influência principal na repressão* e *a exaltação dos ideais*.

Em virtude de ser a consciência moral e exercer a auto-observação, o superego percebe claramente muitas tendências do id que são desconhecidas do ego. É por isso que, em certos casos, origina-se um forte sentimento de culpa e uma necessidade de castigo, que é uma forma especial da necessidade de absolvição. A dor do castigo é aceita ou até mesmo provocada com a esperança de que, depois da grande dor e da pena, o sentimento de culpa desapareça. Essa *necessidade de castigo*, ainda que inconsciente, muitas vezes é a causa de atos patológicos injustificados do ponto de vista consciente, como o fracasso e, inclusive, os acidentes e os atos criminosos que têm por finalidade conseguir, no mundo real, o castigo ansiado.

Aquilo que no inconsciente do adulto origina a fantasia punitiva não é mais do que aquilo que a criança pequena, vigiada e censurada pelos adultos, não podia fazer, ver, pensar nem confessar, sob pena de tornar-se passível de castigo. Todos nós já experimentamos a desagradável sensação de culpa. Por exemplo, se deixamos de cumprir uma obrigação ou um trabalho determinado para passear, sem dúvida esse passeio não será tão agradável quanto poderia ser em outras circunstâncias, pois será perturbado por uma sensação de culpa que nasceu da desarmonia entre o ego e o superego.

Considerado internalização ou introjeção dos pais, o superego nem sempre reproduz exatamente a modalidade destes. Embora, de modo geral, uma educação severa possa desenvolver um superego que trata severamente o ego, também pode ocorrer que uma conduta parental bondosa em excesso (e, por isso, não normal) impeça a criança de satisfazer livremente sua agressividade dirigida contra os progenitores, voltando-se então contra o próprio ego, reforçando a severidade do superego.

Diz Fenichel: "A agressividade do id, antes dirigida para os objetos, contribui para formar o superego, e essa agressividade assim transformada acaba tomando o ego por objeto, com uma intensidade variável conforme o sujeito".

A introjeção é o que constitui o superego, mas – e esse é o ponto essencial – existe simultaneamente algo mais do que a incorporação simples da realidade externa. Também se produzem incorporações dos objetos internos infantis que foram projetados, mas, evidentemente, deformados pela situação interna da criança. Diz Paula Heimann: "Os objetos internos devem ser considerados reproduções fiéis das figuras mais importantes da vida da criança, por exemplo, seus pais ou ela mesma". Essas "reproduções" são como a criança as concebe e diferem amplamente dos originais. Nas fantasias da criança, os pais e ela própria possuem um poder ilimitado de maldade e de bondade, sabedoria e ignorância. A fantasia da criança só elabora deuses ou demônios, e essa é mais uma das razões pelas quais existem diferenças entre as características dos pais e a estrutura do superego.

Nos casos em que a criança é órfã de pai e mãe, ela usa substitutos parentais – tios, avós ou outras pessoas do seu meio real ou de sua fantasia – da mesma forma e com mecanismos idênticos aos que mobiliza com seus pais reais.

Com base nos traços particulares que o superego apresenta, é possível chegar-se à distinção de alguns tipos. Um deles é o denominado *superego heterônomo*, de Fenichel, cuja atuação fundamental em face do ego consiste em ordenar-lhe: "Comporte-se como está sendo exigido agora". Isso origina um tipo característico de conduta variável, podendo-se ver o sujeito atuar em dado momento com toda a retidão e, pouco depois, de forma diametralmente oposta. Esse tipo de superego encontra-se mais comumente nos indivíduos que, na infância, foram dirigidos por vários familiares que adotavam diferentes atitudes disciplinares. O caso mais corrente é o filho único que convive em um ambiente com os pais, avós e tios, onde todos o tratam como se ele lhes pertencesse e solucionam suas diferenças com os demais membros da família desvalorizando as normas de conduta que os "rivais" ditam à criança.

Outro tipo de superego que às vezes se distingue ao estudar a história infantil do paciente é o denominado *superego por identificação negativa*, que é o reflexo, com traços contrários, da personalidade dos pais. Constitui-se com base no raciocínio de que se deve ser "totalmente o contrário" do que é o pai, a mãe.

Resumindo: o superego representa todas as restrições morais e todos os impulsos para a perfeição. É o instrumento psicológico do que se costuma chamar de "as coisas superiores da vida". O conhecimento de suas existências e formas de atuação constitui uma grande ajuda para a compreensão de diferentes sintomas, da conduta social do homem e de problemas sociais agudos, como a delinquência.

CAPÍTULO IV

OS ATOS FALHOS

Sigmund Freud criou essa designação entre 1915 e 1917 para agrupar atos cuja realização implica uma falha evidente de algum mecanismo psíquico.

Os atos falhos foram agrupados, de modo geral, em sete tipos: orais, escritos, de falsa leitura e de falsa audição, esquecimento temporal, perdas e atos sintomáticos.

O estudo dos atos falhos é importante porque eles denunciam falhas de mecanismos que só se revelam em toda a sua magnitude em determinadas circunstâncias.

O estudo realizado por Freud sobre os processos mentais em questão é interessante principalmente na medida em que mostra mecanismos similares aos que se observam em estados de anormalidade – com a diferença de que ocorrem em indivíduos sãos. Na realidade, e de um ponto de vista psicológico, esses processos podem ser denominados "sintomas", mesmo se apresentando em estados de saúde e estando posteriormente ligados a sintomas neuróticos, sem que isso represente uma falha nas funções normais da mente.

A tese principal de Freud em relação a isso pode ser entendida do seguinte modo: certas situações inadequadas do nosso funcionamento mental e certas situações aparentemente despropositadas podem ser mostradas, por meio da psicanálise, como determinadas por motivos dos quais não se tinha consciência até o momento. Os chamados atos falhos têm uma característica comum a todos eles: estão além do que pode ser admitido como conduta normal. São distúrbios apenas temporários de uma função, que em outro momento pode ser perfeita e corretamente desenvolvida. Sua incorreção é, em geral, reconhecida assim que a atenção se focaliza em tal ato. Em primeiro lugar, não se encontram motivos para eles, embora a tendência seja sempre atribuí-los a uma falta de atenção ou a uma equivocação. Para todo esse grupo, Ernest Jones sugeriu o termo coletivo *parapraxia*, por analogia com a apraxia. De acordo com Freud, vê-se que os nossos processos mentais estão mais rigidamente determinados do que comumente se supõe, e que muitos pensamentos para os quais não se achava uma causa imediata na verdade a têm, muito precisa e definível. Não são, pois, de modo algum, acidentes causais ou patológicos e têm circunstâncias de maior recorrência.

Os atos falhos costumam apresentar-se quando o indivíduo está ligeiramente indisposto ou cansado, superexcitado, excessivamente absorto em questões diferentes dos temas a que suas palavras se referem.

Os fatores deflagradores dos atos falhos podem ser fisiológicos ou psicofisiológicos. No primeiro caso, pode tratar-se de distúrbios circulatórios ou de uma indisposição; entre os psicofisiológicos, contam-se a excitação, o cansaço e a distração.

Poderíamos dizer que os atos falhos são efeitos posteriores, consecutivos a perturbações da atenção, provocados por causas que, como dissemos, podem ser orgânicas ou psicofisiológicas. Entretanto, isso não basta para explicar todos os atos falhos, já que estes também se produzem em estados normais e somente *a posteriori* são atribuídos a uma perturbação causal, que os autores do ato falho negam totalmente.

Muitas pessoas acreditam que a atenção é uma garantia contra a ocorrência do ato falho, mas não é assim. Às vezes, ocorre justamente o contrário. Certa vez, um ator de grande prestígio teve de abandonar seu papel em uma peça de teatro, pois, invariavelmente, ao chegar a uma extensa fala que tinha de dizer em tom de irritação e de forma rápida, enganava-se e dizia uma barbaridade.

Os atos falhos são contagiosos e, além disso, podem ser provocados por sugestão. Apresentam um sentido próprio e, portanto, devem ser considerados um ato psíquico completo, com finalidade específica, e uma manifestação de conteúdo e significação peculiares. Poetas e escritores utilizaram-no em suas obras como um meio para expressar situações confusas, confirmando que o consideram algo pleno de sentido. Esse sentido muitas vezes não se desvenda imediatamente, mas uma análise meticulosa acaba por demonstrar que também nesses casos é possível chegar à compreensão total dessas deformações.

Há casos de atos falhos que poderiam ser qualificados de obscuros, mas até estes podem explicar-se pelo choque ou interferência de dois propósitos distintos. Ocorrem atos falhos cujo sentido é fácil de descobrir e outros com um sentido difícil de apreender. Nos primeiros, a intenção latente substitui por completo a intenção manifesta, ao passo que em outros a intenção latente é deformada ou modificada pela intenção manifesta, dando origem a criações mistas que podem ter mais ou menos sentido.

Os atos falhos não devem, portanto, ser considerados casualidades, mas importantes atos psíquicos que têm um sentido e devem sua gênese à ação conjunta ou talvez, mais apropriadamente, à oposição de duas tendências distintas.

Os fatores orgânicos e psicofisiológicos anteriormente mencionados serviriam apenas para facilitar e favorecer o mecanismo particular do ato falho. As influências tonais, as semelhanças verbais e as associações correntes de palavras facilitam a equivocação, indicando o caminho a seguir, mas não constituem uma explicação para elas.

Segundo Wundt, pode-se afirmar que a equivocação oral produz-se quando, em consequência de um esgotamento corporal, a tendência associativa vence todas as demais intenções do discurso. O esquecimento das intenções ou propósitos pode ser atribuído, de modo geral, à ação de uma corrente contrária que se opõe à sua realização. Essa opinião, aliás, não é privativa da psicanálise, já que todo mundo a professa na vida cotidiana.

Em certa tribo do Saara, castiga-se a "equivocação" com a mesma pena com que se puniria o ato intencional resultante dela.

Em todo ato falho existe uma parte perturbadora (a intenção latente) e outra perturbada, e a intensidade com que a primeira afeta a segunda depende de o ato falho ser mais ou menos compreensível.

Entre uma e outra parte existe, além disso, em alguns casos, uma relação de conteúdo. Entre ambas pode haver uma contradição, uma retificação ou uma complementação.

Nos casos em que não existe relação de conteúdo entre parte perturbadora e parte perturbada, o ato falho provém de uma série de ideias que tinham preocupado o indivíduo um pouco antes e que intervém no discurso independentemente de nele encontrar expressão lógica. Nesses casos, tratar-se-ia de um verdadeiro eco que, muitas vezes, reproduziria vozes vinculadas a ideias passadas.

As relações entre o conhecimento consciente da tendência perturbadora e o da tendência perturbada podem enquadrar-se em três grupos: 1) a tendência perturbadora é conhecida pelo indivíduo antes de se produzir o ato falho; 2) a tendência perturbadora é reconhecida, mas antes da equivocação o indivíduo ignora que ela se encontra em atividade; e 3) o indivíduo protesta furioso contra a interpretação (*Freud*).

No mecanismo da equivocação oral, a tendência reprimida (intenção latente) manifesta-se à revelia do indivíduo, seja modificando a expressão da intenção aceita, confundindo-se com ela, seja tomando plenamente o seu lugar.

Isso depende do grau de repressão do conteúdo perturbador (intenção latente). Com base nisso, pode-se dizer que os atos falhos são o produto de uma transação em que uma das duas intenções se impõe na mesma medida em que a outra fracassa. O mecanismo do aparecimento de sintomas é idêntico.

Para empreender o estudo dos atos falhos, Freud estabeleceu três grupos de fatos: 1) equivocação oral e subgrupos (escritos, de leitura e de falsa audição); 2) esquecimento em relação a: nomes próprios, palavras, propósitos ou impressões; e 3) atos de termo errôneo, como não encontrar ou perder definitivamente um objeto de que se necessita.

No esquecimento de propósitos ou vontade contrária direta, uma pessoa, por exemplo, esquece um propósito por manter uma situação incômoda com uma pessoa vinculada à sua intenção. É o caso de alguém que promete recomendar um jovem a uma determinada pessoa de suas relações, mas se esquece de fazê-lo. O recomendado se zanga, achando que o outro apenas deseja esquivar-se à gestão. Mas talvez não seja assim, pois também é provável que não o faça porque, inconscientemente, não quer dever um favor àquele conhecido.

Os nomes e as palavras em geral são esquecidos por estarem ligados a recordações desagradáveis, que pertencem indiretamente a outro ciclo de associação. Uma palavra como *tesoura*, por exemplo, poderá ser esquecida pelo indivíduo no momento em que, ao querer dizê-la, ele se recordar, por um processo de associação inconsciente, da sala de cirurgia onde viveu com tanta angústia a sua operação de apêndice. Viu uma tesoura sobre a mesa, e a lembrança da operação lhe é desagradável. Então, a parte perturbadora impõe-se francamente e proscreve a palavra *tesoura*.

Esse processo é semelhante ao da mnemotécnica. Uma palavra lembra outra. Usando um termo ou frase que serve de muleta, aquela que se quer usar vem por si só à mente. É o caso do homem que sempre esquecia o nome de *Boulogne* e resolveu criar uma muleta. Chamava-o então de "lugar das *tuercas* (porcas) e dos *bullones* (espécie de parafuso)". A partir disso, a palavra surgia. Mais tarde, quando sofreu uma frustração justamente nesse lugar, não conseguia lembrar a palavra *tuerca*, pois tinha sido frustrado por uma turca.

Para a perda de objetos, há um fator comum, que consegue manifestar-se: o desejo inconsciente de perdê-los. Alguém tem um chapéu já bastante surrado e tem vontade de trocá-lo. Mas não se decide a jogá-lo fora e então, em uma espécie de elegância para consigo mesmo, perde-o. Pode-se perder um distintivo, quando se deixa de gostar dele ou já não se está de acordo com a ideia que ele representa. Perdemos um livro quando brigamos com a pessoa de quem o ganhamos de presente, ou perdemos um documento porque chegou às nossas mãos em circunstâncias desagradáveis que desejamos esquecer.

Talvez o esquecimento do guarda-chuva seja, de certa forma, uma maneira de esquecer que está chovendo, que a chuva é feia e que um bom dia de sol é muito mais agradável.

Outro mecanismo inconsciente que leva o indivíduo a perder coisas é realizar uma espécie de sacrifício substitutivo. Assim como no xadrez o bom jogador sabe, em certo momento, perder um peão para depois não perder a rainha, a pessoa às vezes perde algo em uma espécie de pacto com o superego e diz: "Perco isto com a condição de não perder aquilo". Nesses casos, a perda tem o sentido de um tributo.

Finalmente, há os atos de termo errôneo. É o caso do indivíduo, por exemplo, que precisa visitar determinada pessoa que lhe é desagradável e, em um ato falho, pega um trem que o leva a um lugar oposto ao que deveria ir.

Ao estudar o processo da elaboração que sofre o conteúdo latente dos sonhos, antes de transformar-se em conteúdo manifesto, comprova-se com maior clareza o processo psíquico dos atos falhos.

CAPÍTULO V

OS SONHOS[1]

Para o psicanalista, os sonhos constituem o melhor caminho para descobrir e entender o inconsciente. Por isso, eles têm grande valor como veículos para conhecer os elementos e alguns dos mecanismos do psiquismo, que são semelhantes aos que provocam os sintomas das neuroses e psicoses, bem como os chamados psicossomáticos. A análise dos sonhos permite uma visão das leis estruturais e do modo de operar do inconsciente, fornecendo assim um melhor preparo para o estudo de processos análogos: a formação de sintomas neuróticos.

Apesar de tudo o que se diz, e embora muitos não queiram levar em conta a importância do sonho como expressão do inconsciente, é de conhecimento corrente que muitos sonhos exercem uma influência indubitável sobre o humor em que se viverá o período de vigília seguinte. Mesmo que seu significado fique obscuro, um sonho pode encher-nos de felicidade ou nos desanimar. Em muitas ocasiões, o sonhante resiste a contar um sonho cujo conteúdo consciente é aparentemente muito agradável, mas que, ao ser analisado em profundidade, revele um conteúdo latente desagradável e traumatizante.

Para as pessoas comuns, o sonho é algo estranho que não conseguem definir plenamente, mas ao qual atribuem um valor. É comum o caso do marido que não relata determinados sonhos à mulher e também o caso da esposa que sente ciúmes pelos sonhos do marido.

Para definirmos o sonho como produto psíquico, temos de admitir, em primeiro lugar, que o sonhar constitui uma atividade psíquica

---

1. Este capítulo baseia-se fundamentalmente em conceitos do livro *Psicoanálisis de los sueños*, de A. Garma, cuja consulta se recomenda ao leitor que queira obter uma informação mais ampla sobre o tema, uma vez que, pelas características deste livro, só oferecemos aqui uma noção elementar e resumida.

que ocorre durante o sono, que ele tem caráter alucinatório e que, por conseguinte, se apresenta à consciência do sonhante como algo experimentado na realidade. A alucinação onírica é, na maior parte dos casos, visual, mas ocasionalmente apresentam-se sonhos acústicos, olfativos ou cinestésicos, estes últimos dando ao sonhante a sensação de estar flutuando ou voando. Também se podem ter sonhos com sensação de inibição motora ou de queda.

Portanto, as características do sonho são semelhantes às alucinações dos distúrbios mentais ou, como disse Freud, "os sonhos são alucinoses do indivíduo são".

Além dos sonhos noturnos, há também os chamados *sonhos diurnos* ou *devaneios*, que têm em comum com os sonhos do dormir o fato de terem um visual alucinatório distintivo, diferenciando-se pela sua sucessão ordenada e pelas peculiaridades estruturais, o que indica que se produzem no pré-consciente, ou seja, com uma intensa e prolongada elaboração secundária.

Os sonhos podem ser provocados por estímulos externos, como o toque de um despertador. Mas também podem ter sua causa em estímulos somáticos interoceptivos, como excitações viscerais do coração, do estômago, dos intestinos ou da bexiga, e por isso se justifica, em certa medida, o dito popular de que os sonhos "saem" do estômago.

Entretanto, a consideração dos estímulos corporais fisiológicos leva em conta apenas os elementos que estão ativando o sonho, mas por baixo deles há uma série de elementos, desejos e impulsos desconhecidos do consciente.

A psicanálise estudou as leis que regem os sonhos, descobriu seus mecanismos, descreveu os fatores que intervêm em sua elaboração e encontrou seu sentido psicológico. O sonhar como fenômeno despertou interesse em todos os tempos e em todas as épocas, e procurou-se explicá-lo de modos diferentes. Assim, para alguns, era um fenômeno estimável, em que viam uma mensagem dos deuses ou de familiares mortos, por estar dotado de valor profético. Para outros, o sonho era destituído de valor, considerado mera secreção do cérebro, sem importância alguma. Por último, para outros, havia sonhos das duas categorias anteriores.

Garma considera que, ao se empreender o estudo da psicologia do sonho, há duas reações possíveis: supor que o sonho tem efetivamente um significado ou, então, supor que não tem nenhum. Se suspeitamos de que existe nele um significado encoberto, é necessário chegar até esse significado. Ao trabalho realizado para alcançá-lo chama-se *interpretação*. Em princípio, a interpretação faz-se com base na associação de ideias, uma vez que o método inerente fundamenta-se na lei psicobiológica conhecida como lei de Semon, ou seja, lei da euforia sucessiva. Em alguns casos, como quando o paciente não produz associações suficientes ou por motivos que serão apreciados mais adiante, é preciso recorrer à interpretação dos símbolos.

Segundo Garma, como o sonho é um fenômeno psíquico que está em relação com todo o psiquismo do indivíduo, seu estudo só terá utilidade na medida em que estiver inserido no campo de uma psicologia geral.

Ao interpretarmos o sonho, devemos levar em consideração os seguintes elementos:

1) O *conteúdo manifesto*, ou seja, as imagens do sonho tal como são recordadas ao despertar.

2) O *conteúdo latente* ou pensamentos do sonho, que são as imagens, desejos e pensamentos que constituem seu motivo verdadeiro e pretendem chegar ao consciente. São produtos da atividade psíquica que continua apesar de o indivíduo estar dormindo. O fato de essa atividade ser inconsciente não significa que não exista, o que se demonstra pelo fato de ser possível solucionar problemas enquanto se dorme. Diante de um problema de difícil solução, é comum se dizer: "Vou consultar o meu travesseiro". Esse conteúdo latente está submetido ao processo primário pelo fato de ser inconsciente.

3) A *censura*, que é a expressão repressora do ego a serviço do superego. É assim chamada pela analogia que tem com a censura que se efetua sobre os jornais em tempo de guerra, revolução ou ditadura.

4) O *trabalho do sonho*, que é a elaboração psíquica que sofre o conteúdo latente antes de converter-se em conteúdo manifesto.

Qual é a função do sonhar? Ele tem, antes de tudo, um papel econômico, que é a tentativa de satisfazer um desejo inconsciente reprimido. Pode-se dizer que o sonho é sempre a *tentativa* de satisfazer alucinatoriamente um desejo inconsciente reprimido; quando esse desejo reprimido é imoral – ou seja, não aceito pelo superego –, sofre uma série de transformações. Mas há sonhos em que esse elemento, esse desejo reprimido, não é imoral e, por conseguinte, apresenta-se sem qualquer deformação no consciente, como sucede nos sonhos de *comodidade* e *infantis*. Por exemplo, a criança que antes de dormir quer comer uma maçã e seus pais não permitem sonha durante toda a noite que a está comendo, ou seja, satisfaz alucinatoriamente um desejo que não pôde satisfazer na vida real.

Nos sonhos de comodidade também se observa esse mecanismo, que consiste na integração de um elemento perturbador externo no sonho, com o fim de permitir ao indivíduo que continue dormindo. Essa é outra das funções da atividade onírica: permitir que se continue dormindo, razão pela qual Freud disse que "o sonho é o guardião do sono". Um sonho de comodidade é aquele do indivíduo que está dormindo, escuta o toque do despertador e o integra em um sonho em que vê uma carroça puxada por cavalos cheios de guizos. Outro indivíduo que precisa levantar-se para trabalhar pode solucionar a sua situação sonhando que já está de pé, indo para o escritório.

Embora tenhamos dito que os sonhos, em geral, são uma tentativa alucinatória de satisfação de um desejo, em alguns casos chega a satisfazer-se dentro do sonho a tensão da necessidade. É o caso dos sonhos que motivam a polução noturna, uma enurese ou uma encopresia.

Muitas vezes se pergunta por que ocorrem sonhos de angústia e pesadelos, uma vez que o sonho é o guardião do sono e uma tentativa de satisfação de desejos. Nesses casos, o que acontece é a produção de uma falha na elaboração do sonho, fazendo que o indivíduo desperte angustiado. Garma também o explica dizendo que em muitos pesadelos em que o indivíduo não chega a despertar, o que se está satisfazendo é também um desejo, pois, embora o sonhante sofra, existe a possibilidade de estar satisfazendo desejos masoquistas ou de o sonho estar a serviço do superego, castigando e angustiando o ego.

Para poder passar pela censura (da parte inconsciente do ego) e expressar-se como conteúdo manifesto, sem provocar angústia, o conteúdo latente precisa sofrer uma elaboração denominada *deformação do sonho* ou *deformação dos conteúdos latentes*, que consiste em uma série de mecanismos que veremos a seguir.

São eles: 1) a dramatização ou concretização; 2) a condensação; 3) o desdobramento ou multiplicação; 4) o deslocamento, com duas formas: a identificação e a projeção; 5) a inversão da cronologia; 6) a representação pelo oposto; 7) a representação pelo nímio; 8) a representação simbólica.

Dramatização ou concretização

Provém de que nos sonhos não existem pensamentos abstratos, mas somente imagens concretas. A elaboração do sonho expressa os pensamentos abstratos mediante imagens concretas, sem se preocupar com a lógica da tradução. Um pensamento abstrato, como a consideração da própria vida, pode se manifestar no sonho em uma imagem concreta, por exemplo, do sonhante folheando a revista *Life*. Um episódio acontecido na infância poderá se concretizar nas roupas dos personagens, que estarão vestidos à moda de épocas passadas. Uma senhora que deseja fervorosamente não ter de abandonar sua casa sonhou que estava plantando sementes que rapidamente produziam raízes e convertiam-se em árvores.

Condensação

Consiste na união de vários personagens ou elementos do conteúdo latente, aparecendo no conteúdo manifesto como uma única pessoa, mas com as características condensadas de cada uma delas. Por exemplo, se uma jovem sonha que sai com uma amiga que se chama NoNo, a interpretação do sonho revelará que sonhou, na realidade, com duas amigas suas, Nora e Noêmia, e, por isso, a pessoa da imagem do conteúdo manifesto do seu sonho tem por nome a sílaba comum ao nome de ambas. Outro exemplo: um homem sonha que está dirigindo um caminhão e que, ao dobrar rapidamente uma esquina, atropela e mata um homem de meia-idade, ruivo, que está de calça listrada e paletó verde. Interpretando o sonho, verifica-se que o sonhante dera curso na vivência onírica ao seu desejo, logicamente reprimido, de tirar do caminho um indivíduo que tinha calças listradas, um outro homem que usava sempre um paletó verde e um parente que o fizera sofrer muito durante a infância e era ruivo.

Desdobramento ou multiplicação

É o oposto da condensação. Por esse mecanismo, uma pessoa ou objeto do conteúdo latente corresponde a duas ou mais do conteúdo manifesto, e cada um dos elementos pode indicar uma qualidade. Por exemplo, alguém sonha com um indivíduo que está roubando e outra pessoa que recrimina energicamente a ação dele. Na realidade, nesse caso, o ladrão é uma tradução do ego a serviço do id que está satisfazendo um desejo reprimido, e o homem que o recrimina é o superego do próprio sonhante que lhe está ditando as normas admitidas.

A análise dos sonhos de um indivíduo que em suas vivências oníricas sempre via suas mãos com oito dedos cada uma revelou a existência de sua angústia de castração, que ele tentava superar multiplicando seus dedos, símbolos do pênis.

Deslocamento

É o processo mais importante da deformação do sonho e consiste na substituição de uma imagem do conteúdo latente por outra no conteúdo manifesto. Também pode ocorrer o deslocamento não de uma imagem, mas de uma determinada emoção. Dá-se a isso o nome de *projeção*. Assim, se um personagem do conteúdo latente tem desejos agressivos contra outro, no conteúdo manifesto é este quem os tem. Outro processo derivado do deslocamento é a *identificação*, que consiste no fato de o personagem principal aparecer com os sentimentos ou traços do objeto. A projeção diferencia-se do deslocamento na medida em que neste há uma modificação da ideia expressada – por exemplo, um acidente sexual do conteúdo latente é representado no conteúdo manifesto por um acidente de trânsito. Na projeção, em contrapartida, a ideia não muda de forma, só passa de uma pessoa para outra.

Inversão da cronologia

Quando isso ocorre, o conteúdo manifesto apresenta como imagem do sonho a imagem imediatamente posterior à que forma o conteúdo latente. Por exemplo, alguém sonha que está sentado com a noiva e de repente se levanta e começa a caminhar com ela. O conteúdo latente desse sonho seria: caminhar por um parque até encontrar um banco onde ambos possam sentar-se para se beijar.

Representação pelo oposto

É o que ocorre, por exemplo, quando um personagem ou o próprio sonhante, que no conteúdo latente do sonho tem uma intensa emoção, aparece no conteúdo manifesto como totalmente calmo. Também é o que ocorre quando no conteúdo manifesto o indivíduo está partindo, ao passo que, na realidade, o que ele pretende fazer, segundo seu desejo do conteúdo latente, é voltar. Outro exemplo é quando intensos desejos de amor no conteúdo latente se expressam no conteúdo manifesto por ódio ou rejeição.

Representação pelo nímio

Ocorre quando uma representação do conteúdo latente se faz no conteúdo manifesto por meio de uma imagem de seus detalhes mais insignificantes. Muitas vezes, o desejo inconsciente de despir uma mulher pode aparecer, no conteúdo manifesto, representado pela ação inocente de lhe tirar um brinco. Outra forma consiste em sublinhar no conteúdo manifesto algo que nos pensamentos latentes tem valor secundário e, em contrapartida, colocar o principal em segundo lugar. O desejo de estar com uma pessoa pode manifestar-se sob forma de enfado, quando, na realidade, o enfado seria secundário a uma impossibilidade simultânea de estar com essa pessoa.

Representação simbólica

Segundo Garma, a simbolização pode ser considerada uma forma especial de deslocamento. Quando em diferentes sonhos observa-se que determinado elemento concreto do conteúdo manifesto está relacionado, com certa constância, a um elemento reprimido do conteúdo latente, dá-se ao primeiro o nome de "símbolo". Ou seja, por representação simbólica devemos entender que um objeto ou um ato não aparece como tal no conteúdo manifesto, mas representado mediante o símbolo.

Poucas afirmações da psicanálise têm sido tão criticadas quanto a da simbolização. Entretanto, deparamo-nos constantemente com símbolos na vida corrente. Uma bandeira representa uma nação, uma pátria; uma espada, o exército; um cálice com uma ou duas serpentes, a medicina ou a farmacologia. O conceito psicanalítico do símbolo, no entanto, é mais restrito do que o corrente. Na psicanálise, para que um elemento concreto do conteúdo manifesto seja considerado símbolo, é essencial que o simbolizado esteja reprimido. Assim, uma mangueira pode representar simbolicamente o pênis, mas não ocorre o mesmo com o contrário; um pênis não pode representar uma mangueira, dado que a imagem desta não se encontra reprimida. Por isso, de um modo geral, quando se pedem ao paciente associações sobre os símbolos, nada lhe ocorre, e, por essa razão, Freud chamou os símbolos de "elementos mudos" do sonho.

Como dissemos antes, os símbolos se apresentam não só nos sonhos, mas também na mitologia, nos rituais, no folclore, nos contos e na arte, bem como nas formas de expressão dos doentes mentais.

Também foi possível demonstrar experimentalmente o uso dos símbolos. Em 1912, Schroetter fez a experiência de hipnotizar um sujeito, no caso uma mulher, e lhe ordenar, entre outras coisas, que sonhasse ter tido um intercâmbio genital. Tudo o que não aparecia como imoral a mulher sonhava como tal. Mas as passagens que eram repelidas pela sua moralidade apareciam no conteúdo manifesto de forma simbólica, representadas por elementos que se encontram nos sonhos de todos: montar a cavalo, dançar, subir ou descer uma escada, ser atropelado por um veículo, cair de uma certa altura. Em um outro experimento, foi-lhe ordenado que sonhasse ter tido uma relação de tipo homossexual, e então a mulher experimental sonhou que punha objetos em uma mala rotulada "somente para senhoras". O conteúdo genital feminino da mala é muito conhecido, e o rótulo mostrava de que forma o trabalho do sonho tinha sido mobilizado no plano inconsciente, para realizar uma deformação que não fosse chocante para o superego e a parte consciente.

Em 1924, Bettelheim e Hartmann realizaram experimentos em pacientes portadores da síndrome de Korsakov. De modo geral, o Korsakov tem omissões que tenta preencher fantasticamente. Por conseguinte, quando os experimentadores contavam aos pacientes anedotas de cunho ostensivamente sexual, os sujeitos, ao recontá-las, faziam-no utilizando símbolos. Apresentavam o ato sexual como colocar um punhal na bainha ou um cigarro na piteira.

Faber e Fischer, em 1943, realizaram experimentos com uma mulher a quem hipnotizaram e ordenaram que sonhasse que uma amiga dela, solteira, estava grávida. A mulher sonhou então que sua amiga estava em uma ilha solitária, rodeada de enormes ondas e suportando uma chuva forte e incessante. Depois explicou o conteúdo desses símbolos. Estar em uma ilha solitária representava o isolamento social, e a chuva, as críticas que uma mulher solteira com um filho teria de suportar. Também se verificou nesses experimentos que os sujeitos em estado de hipnose são capazes de interpretar os símbolos que se apresentam a eles, o que não conseguem fazer quando se encontram fora da hipnose. Observou-se também que a deformação ou interpretação posterior que faziam do tema que lhes fora sugerido variava conforme a pessoa que estivesse com eles, conforme estivessem só com o analista ou com uma terceira pessoa presente. Ou seja, a censura era maior quando não havia toda a situação de aceitação pelo fato de estar presente apenas o próprio indivíduo que tinha induzido o sonho[2].

....

2. É interessante uma observação realizada pelo autor. Influenciado pelas provas experimentais sobre símbolos, achou que poderia encontrar um exemplo de simbolização

Esses experimentos permitem corroborar a existência de um simbolismo onírico, que se mantém apenas com algumas variantes. O simbolizado na realidade é pouco, mas há uma infinidade de símbolos, entre os quais existem alguns que poderíamos chamar de "universais", tal como aparecem nos mitos, no folclore, nos sonhos tanto das pessoas normais como de doentes e, também, nas expressões verbais ou mímicas dos psicóticos. Por isso mesmo, muitas vezes é possível compreender a linguagem esquizofrênica utilizando-se uma técnica semelhante à empregada para a interpretação de sonhos. Tal como para a interpretação de um sonho, é necessário conhecer totalmente o passado do indivíduo e os eventos que levaram à sua enfermidade. Com esses dados, é fácil compreender o que um esquizofrênico está expressando. Essa técnica é utilizada hoje no tratamento de psicóticos e consiste, essencialmente, em algo semelhante à interpretação de sonhos.

Voltando à linguagem do simbolismo onírico, não se pode dizer que entre um símbolo e seu significado exista uma relação constante, pois o símbolo pode ter diversos significados, que variam segundo a cultura e o tempo. O ambiente cultural condiciona o significado dos símbolos, mas as variações, de modo geral, são pequenas.

Com os elementos que estudamos até agora e com o esquema hipotético concomitante, tentaremos ver os diferentes passos que são percorridos pelos diversos elementos do sonho para a sua elaboração.

No inconsciente, há pensamentos latentes que, para passar ao conteúdo manifesto, devem ser morais. Além disso, há outro fator que intervém regularmente na gênese dos sonhos: é um desejo inconsciente (ou vários). Em todos os sonhos de adultos intervêm esses dois fatores: os pensamentos latentes e os desejos inconscientes. Cada um desses fatores é incapaz, em si, de constituir um sonho: o desejo inconsciente, porque necessita de uma representação em que se manifeste; os pensamentos latentes, porque necessitam da energia do desejo inconsciente. Essa representação e seu impulso correspondente não podem passar ao pré-consciente porque existe o que se denominou "censura", que nada mais é do que a expressão do superego sobre o ego que o impede. O poder passar para o pré-consciente baseia-se nas leis que regem o processo primário. Uma vez que se produziu certa modificação, esses elementos passam para o pré-consciente (cf. p. 42).

....
mais clara. Assim, durante um experimento com uma paciente a quem havia administrado uma dose de 0,50 de sulfato de mescalina, começou a perguntar-lhe por diversas partes do corpo humano e pediu-lhe que relatasse o que via mentalmente. Disse-lhe "braço" e a paciente viu um braço; "orelha" e ela percebeu a imagem de uma orelha; mas, quando lhe disse "pense em um pênis", a mulher disse que estava vendo uma torneira.

Sabemos que no inconsciente não existe lógica nem cronologia, e que é no pré-consciente, por ele estar submetido às leis do processo secundário, que se preenchem as lacunas. Esse processo é conhecido como *elaboração secundária*, e sua função é aperfeiçoar o sonho do ponto de vista consciente. Em termos gerais, pode-se dizer que a elaboração secundária dá os últimos retoques no sonho a fim de torná-lo mais preciso e mais compreensível em seu aspecto formal. Por isso, os sonhos muito coerentes em seu conteúdo manifesto são a expressão da elaboração que sofreram no pré-consciente.

No conteúdo manifesto, aparecem elementos que procedem de vivências do indivíduo ocorridas no dia do sonho ou nos dias imediatamente anteriores a ele. Freud chamou esses elementos de *restos diurnos*; é por isso que muitas pessoas sustentam que o sonho é algo sem importância, pois não passa de uma repetição de um acontecimento de um ou alguns dias antes. O que na realidade ocorre é que esses restos diurnos são utilizados com a finalidade de expressar situações inconscientes, sempre que e quando têm certa relação simbólica ou de continuidade com o desejo e a representação inconsciente que se mobilizou do inconsciente.

Assim como existem restos diurnos percebidos pelo indivíduo, também há os que não são conscientemente percebidos por ele, mas depois fazem parte do sonho. Isso foi claramente demonstrado em um experimento de Poetzl, citado por Garma. Com um taquiscópio, Poetzl mostrava rapidamente imagens a diversas pessoas, fazendo-as depois desenhar com detalhes o que tinham visto. Comprovava, desse modo, o que tinha passado despercebido. No dia seguinte, fazia os sujeitos do experimento desenharem os sonhos. Poetzl observou que nos desenhos dos sonhos frequentemente apareciam elementos das imagens expostas que o sujeito não percebera conscientemente, pois não os tinha desenhado na primeira ocasião. No entanto, os elementos não percebidos conscientemente faziam parte do conteúdo manifesto do sonho.

Uma vez que os conteúdos latentes foram modificados pelo processo primário e tornaram-se coerentes e lógicos em decorrência das alterações impostas pelo processo secundário, eles podem atravessar a censura que os separa do consciente, e é nesse momento que se transformam em conteúdo manifesto do sonho.

Observa-se que muitas vezes o sonho é lembrado, mas outras o sujeito só tem a ideia de que sonhou. Em alguns casos, o indivíduo lembra o sonho e pode experimentar como ele vai se diluindo do consciente, até chegar o momento em que já não consegue recordá-lo. Isso é expressão do mecanismo de repressão, que volta a "afundar" o sonho no inconsciente, pelo fato de ele não estar suficientemente elaborado e deformado, tornando-se intolerável para o consciente.

Segundo Garma, a sensação de estranheza provocada pelo sonho provém, sobretudo, do fato de os pensamentos latentes que o originam serem pensamentos que o indivíduo não quer admitir nem confessar. O sonho é, em geral, uma camuflagem de pensamentos latentes que o ego não quer ver. Pelo contrário, nos casos em que os pensamentos são confessáveis, como ocorre nos de tipo infantil de comodidade, o sonho não produz essa sensação de estranheza.

Dissemos que a condição indispensável para que os pensamentos latentes possam passar ao conteúdo manifesto é que não sejam imorais, mas é preciso considerar que não devem ser imorais em relação à moral própria do indivíduo e não à moral coletiva. Há pensamentos imorais do ponto de vista coletivo, os quais um indivíduo tolera com perfeita tranquilidade, e outros pensamentos inocentes do ponto de vista social que despertam intensos sentimentos de culpa no indivíduo. Levando em conta que a interpretação de sonhos se efetua sobretudo em pessoas neuróticas e, portanto, com uma moral especial, é preciso ter presente essa distinção entre os diferentes tipos de moral. Ao se interpretarem os sonhos, segundo Garma, deve-se procurar descobrir qual é a moral especial do sonhante – em termos psicanalíticos, procurar descobrir a forma própria do superego do indivíduo, apurando quais são os pensamentos repelidos pela censura do sonho. Essa censura é uma manifestação do superego atuando sobre o ego.

Dormir é uma necessidade fisiológica que pode alterar-se. Esse distúrbio é provocado pela atuação de tensões perturbadoras. O mecanismo de algumas insônias é evidente, já que podem produzir-se por fatores externos conscientes, como determinados problemas reais que aguardam solução, ou por fatores inconscientes, como a tensão interna produzida por uma economia sexual inadequada.

A percepção inconsciente da carga interna (que pode ser acompanhada de fantasias masturbatórias, incestuosas ou agressivas) obriga o ego a manter-se alerta, e essa é a causa que impede o sono. Ao dormir, o ego diminui seu controle, o que possibilitaria a realização dos impulsos censurados[3].

....
3. Os estados tóxico-infecciosos atuam do mesmo modo, do ponto de vista psíquico, ao debilitar o ego. Existem causas orgânicas neurológicas que também produzem insônia.

Ao estudar alguns indivíduos idosos ou que têm intensos sentimentos de culpa, comprova-se que sua insônia pode ser provocada pelo temor inconsciente de morrer durante o sono[4].

Do ponto de vista psicossomático, observa-se que o grau de tensão muscular tem grande importância na qualidade do sono. Assim, indivíduos que mostram uma intensa hipertonia muscular generalizada (o que corresponderia a defesas do ego solidamente estruturadas) podem dormir sem perturbações durante a noite, mas com a característica de que despertam com algias e astênicos.

O indivíduo que tem tensão muscular normal tem sono prolongado e profundo, despertando descansado e alegre. Pelo contrário, em indivíduos que têm contraturas musculares irregulares, "erráticas", a insônia ou o sono muito intranquilo é muito característico.

A necessidade excessiva de dormir pode ser um mecanismo de defesa. É uma característica de indivíduos que têm problemas reais, mas não se animam a enfrentá-los, e, também, de indivíduos que sofreram ou sofrem frustrações na vida real. Estes últimos, em geral, sentem-se mais deprimidos ao despertar; com o correr do dia, essa situação vai se atenuando.

A influência dos fatores climáticos sobre o sono é indiscutível, mas deve-se observar que, quanto mais "normal" é a pessoa, menor é a influência desses fatores. J. M. Curry realizou estudos sobre a ação do oxigênio ativado ou ozônio O_3 sobre o ser humano, e W. Hellpach estudou a influência do clima em geral.

Ultimamente, a fisiologia e a neurologia têm-se ocupado intensamente do sono e dos sonhos. As primeiras pesquisas assinalaram que o sono não equivale à inatividade, mas a uma modalidade de atividade distinta da vigília, observando-se que muitos dos conceitos de Freud concordam com descobertas recentes na neurofisiologia e, de certo modo, as prefiguram. Assim, dois aspectos principais da teoria freudiana, ou seja, que o sonho é o guardião do sono e, ao mesmo tempo, uma via de descarga parcial dos impulsos instintivos, são confirmados pelas descobertas recentes. Freud considerava que grande parte dos sonhos tem um conteúdo sexual, e as pesquisas atuais demonstram que muitos períodos do sono que coincidem com os sonhos são acompanhados de manifestações de atividade sexual.

Embora os trabalhos recentes sobre o sono e os sonhos tenham importantes consequências para a elucidação do problema das relações

---

4. É interessante recordar que a mitologia considera o deus Sono um irmão da Morte. Era filho da Noite ou de Astreia, que residia nos infernos, e conduzia o carro de sua mãe.

entre as esferas psíquica, cerebral e somática, nenhuma dessas pesquisas implica uma refutação do que já conhecíamos sobre a interpretação psicológica dos sonhos.

O iniciador das experiências neurofisiológicas sobre o sono e os sonhos foi M. Kleitman (1920), que continuou seus estudos com a colaboração de seus discípulos Aserinsky, William Dement e outros.

Resumindo o que ocorre no decorrer do sono de uma noite, podemos assinalar que, como se sabe, as pálpebras tornam-se pesadas após um suave declínio inicial, e a temperatura corporal desce bruscamente. Os membros relaxam, o pulso e a pressão arterial diminuem; aos trinta minutos, passa-se sucessivamente pelos graus que conduzem ao estado de sono profundo (grau IV).

O registro eletroencefalográfico simultâneo das etapas do sono mostra que o traçado característico do estado de vigília é o ritmo alfa (oito a treze ondas rápidas de baixa voltagem por segundo). Ao começar o sono (grau I), aparece o ritmo alfa mais lento e irregular. No grau II de profundidade, observam-se três a seis ondas por segundo; no III, começa o ritmo delta (uma onda por segundo), e, finalmente, o grau IV, de sono profundo, é caracterizado por ritmo delta com ondas de elevada voltagem. Depois, as ondas modificam-se, seguindo um caminho inverso até chegar ao grau I, o de sono mais superficial, com ritmo alfa mais irregular e um pouco mais lento do que o de vigília: é esse o instante em que o indivíduo começa a sonhar.

Estudando o sono de crianças recém-nascidas, pôde-se observar que, por momentos, os olhos se movem enquanto o resto do corpo permanece totalmente imóvel. No início, não se conseguiu encontrar uma explicação para esse fenômeno. Quando se passou a estudá-lo em adultos, com o auxílio de novas técnicas, foi possível constatar que, no decorrer do sono, produzem-se vários episódios de movimentos oculares rápidos (REM, do inglês *rapid eye movements*), que se fazem acompanhar de um ritmo eletroencefalográfico alfa de excitação, taquicardia e taquipneia. Ocorreu a W. Dement despertar os seus sujeitos depois do REM, e todos relataram estar sonhando no instante em que foram acordados. Isso foi posteriormente confirmado por outros grupos de pesquisadores. Os sonhos que acompanham os REM só se produzem no sono de grau I. Surgem em ciclos de 90 minutos, com uma média de quatro períodos por noite, abrangendo de 20% a 25% da duração total no adulto jovem e muito mais na criança.

Comprovou-se que durante os períodos REM o metabolismo cerebral aumenta e que o sono desses períodos não é reparador, mas corresponde a um estado ativo. Comprovou-se também que em indivíduos do sexo masculino a maior parte dos períodos REM está associada a ereções, o que nos leva a pensar em uma considerável ativação do impulso sexual.

Quando se interrompe repetidas vezes o sono REM, provocando-se o despertar do sujeito sempre que o REM começa, é possível reduzir consideravelmente esses períodos. Mas o sujeito multiplica também suas tentativas de entrar em REM e, se posteriormente lhe for permitido continuar dormindo, compensará os déficits aumentando os sonhos. A supressão prolongada de períodos REM produz o surgimento de sintomas psicóticos. Apoiando-nos nisso, podemos dizer que o sonho não é apenas "o guardião do sono", conforme assinalou Freud, mas também o guardião da saúde mental.

As relações do sono REM com o conteúdo dos sonhos estão sendo estudadas, e já se demonstrou que um indivíduo cujos sonhos tenham conteúdo de ansiedade ou esforço físico pode sofrer crises de angina noturna durante os períodos REM.

Depois do primeiro REM que corresponde ao grau I do sono, descemos até os graus mais profundos, e, como já foi dito, isso volta a acontecer depois de um período de sessenta a noventa minutos. Os sucessivos períodos de sono de grau IV vão se tornando cada vez mais profundos, até que, por fim, a temperatura corporal aumenta e o indivíduo desperta.

CAPÍTULO VI

ETAPAS DA EVOLUÇÃO DA LIBIDO

Ao tratarmos do id, fizemos referência aos instintos e à libido, definindo-a como "a intensidade da energia dinâmica do instinto sexual", ou seja, o seu elemento quantitativo. Fazendo uma analogia entre instinto sexual e fluido elétrico, poderíamos definir a libido como a "amperagem" do instinto sexual.

Jung, por sua vez, definiu a libido dizendo: "Não deve ser outra coisa senão um nome para aquela energia que se manifesta no processo vital e que nós percebemos subjetivamente como afã ou desejo".

A forma de expressão da libido está submetida a um processo de evolução. Estando intimamente relacionada com o *instinto sexual*, torna-se necessário esclarecer que, em psicanálise, entende-se por *vinculação sexual* a relação existente entre um sujeito que dirige uma carga de afeto e um ser ou elemento que a recebe, o objeto, que pode ser do meio ambiente ou o próprio ego do sujeito[1].

Os primeiros estágios evolutivos da libido cumprem-se na época fetal e, "na falta de objeto a que se aplicar, devemos admitir que antes do nascimento existe uma unidade entre o ego e a libido" (*Nunberg*).

Portanto, é lícito aceitar que o ser humano chega ao mundo com toda a libido fortemente fixada em seus órgãos e no próprio ego, e, da mesma forma que um ser encapsulado passa a sujeito com amplas relações com o meio ambiente, também sua libido se desenvolve, desde

----

1. Como se compreende, e para elucidar esse conceito, deve-se entender que a libido não se projeta "como um jorro de água" sobre o objeto externo, mas o "recobre"; é a "imago" interna, representante do objeto real. Para esclarecer, darei um exemplo grosseiro: a "imago" interna (representante ou objeto interno) corresponderia ao que é a carteira de identidade de um cidadão, com sua foto e todas as demais características que se encontram arquivadas.

esse estágio, denominado *período narcísico* primário, para transformar-se em libido que recobre objetos, e, por essa razão, se dá o nome de *libido objetal*.

O termo *narcisismo*, extraído do mito de Narciso, foi usado pela primeira vez por Naecke para designar a perversão que faz um indivíduo tomar seu próprio corpo como objeto sexual, posteriormente estudada por H. Ellis.

O narcisismo coincide cronologicamente com o despertar das sexualidades parciais e autoeróticas infantis. Por isso, o *autoerotismo* representa a forma de satisfação sexual adequada ao período narcísico de desenvolvimento libidinal; mas certo grau de narcisismo conserva-se necessariamente durante toda a vida (*Nunberg*).

Dinamicamente, distingue-se, em psicanálise, narcisismo primário de narcisismo secundário. O primeiro corresponde ao estágio inicial, quando a libido ainda não "recobriu" os representantes internos dos objetos. O narcisismo secundário produz-se quando, por algum motivo (geralmente frustração do objeto real, ou desaparecimento, ou morte deste), a libido objetal abandona os objetos e volta a tomar o ego como único objeto.

Já ao nascer, os instintos parciais entraram em atividade, mas sem um domínio absoluto e por igual. Uma determinada região do corpo, como a oral, a anal, a genital ou qualquer outra do organismo, emite para a psique impulsos que a excitam sexualmente. A esses setores do organismo, capazes de realizar tal função, dá-se o nome de *zonas erógenas*. Também podem ser definidas como "aquelas regiões do corpo em que a estimulação condiciona a satisfação libidinal" (*Lagache*).

Observando as manifestações sexuais das crianças em sucessão temporal, nota-se que elas se apresentam com certa ordem. A atividade sexual que tem lugar em uma determinada zona erógena é abandonada para deslocar-se para outra região do corpo. Pesquisas psicanalíticas de lembranças infantis em pessoas adultas e a observação de muitas crianças – tal como fizemos em 1940-1941 no consultório externo da sala de neuropsiquiatria infantil do Hospital de Niños de Buenos Aires – comprovam que as manifestações sexuais da criança pequena mudam e modificam-se segundo uma ordem determinada, que a psicanálise considera manifestação de desenvolvimento.

Ao fazer referência aos instintos, dissemos que a fonte deles é somática e relativamente independente das interações do organismo com o meio. A evolução do organismo determina, assim, um amadurecimento das tendências instintivas por meio de um desenvolvimento interno, comparável ao que se produz no embrião (*Lagache*).

A acentuação ou predomínio de cada uma dessas zonas é o que confere um matiz particular a cada etapa do desenvolvimento libidinal e o que permite reconhecer durante os primeiros cinco ou seis anos de vida as fases oral, anal e fálica-genital.

Fase oral

Como primeira manifestação da sexualidade da criança, depois do nascimento, observa-se um predomínio da obtenção de prazer na zona da boca[2].

....

2. A sucção é a atividade mais gratificante e absorvente; embora muitos a considerem um simples meio para a ingestão de alimentos, a boca, com sua delicada sensibilidade e suas complexas estruturas musculares, satisfaz, pela sucção, importantes necessidades psicológicas. Ao mamar, a criança não só enche o estômago como também adquire suas primeiras sensações em conexão com o mundo exterior. Realiza a primeira captação factível deste. "Seus sentidos de segurança, de prazer, satisfação e êxito, estão estreitamente vinculados à atividade bucal", assinala a pediatra norte-americana Margaret Ribble ao referir-se à importância da fase oral. "Outro aspecto importante da função da boca é fornecer à cabeça e ao rosto uma provisão maior de sangue, contribuindo assim para o desenvolvimento progressivo dos músculos faciais e, provavelmente, também do cérebro".

Ribble acrescenta: "A prática hospitalar de pesar a criança antes e depois de sua mamada, a fim de estabelecer a quantidade de leite ingerido, permitiu comprovar que muitas crianças, nas primeiras semanas de vida, sugam com muita satisfação, sem ingerir grandes quantidades de alimento. A atividade da boca alivia a tensão psíquica e estabelece, de um modo importante, a relação com a mãe. Vê-se, desse modo, que os sentimentos emocionais e sociais nascentes, assim como a percepção primitiva do ego, estão vinculados à atividade oral. As etapas seguintes do desenvolvimento permitem observar três formas ou tipos de atividade que surgem dessa função nutritiva: provar ou mastigar os alimentos; como função emocional, sorrir e beijar; e, no plano intelectual, a formação de palavras.

"Ao nascer, a criança está dotada da função instintiva de sugar, tanto que muitos bebês chupam o dedo assim que, no parto, põem a cabeça para fora, repetindo essa atividade a intervalos mais ou menos regulares e frequentes. O indício mais importante do estabelecimento imediato de uma enérgica sucção é o bem-estar ou a boa adaptação geral verificada na criança como resultado de uma amamentação satisfatória. A maioria das pessoas atribui isso à satisfação do desejo de ingerir alimentos, mas, na realidade, não é assim, já que a maioria das crianças amamentadas obtém, no começo, uma quantidade de leite equivalente apenas a algumas colherinhas cada vez que recebem o peito. No entanto, esse leite não tem grande valor nutritivo. Nos casos em que, para tirar o lactente de um estado de desnutrição, dá-se a ele maior quantidade de alimento, recorrendo, para isso, a um conta-gotas ou uma sonda, vemos que ele fica descontente, com aspecto atormentado, aflito, tendendo a permanecer constantemente em estado semiconsciente.

A satisfação sexual (cf. p. 55) realiza-se simultaneamente à atividade de autoconservação, que é a que relaciona a criança com o mundo exterior. Esse é o conceito de *dupla função* enunciado por Freud. Os órgãos utilizados para a expressão e descarga da sexualidade infantil são os mesmos que intervêm na ingestão de alimentos e expulsão de excrementos, além da musculatura que executa as ações no mundo exterior, e dos sentidos, especialmente os olhos e a pele.

O instinto sexual separa-se rapidamente do instinto de nutrição e busca independentemente sua satisfação[3].

Em 1879, S. Lindner descreveu, muito antes de Freud se ocupar do tema, "o êxtase da sucção", não como uma atividade sexual, mas assinalando já os elementos que depois seriam tratados pela escola freudiana. Disse Lindner: "Pode-se frequentemente observar que a criança, no momento do êxtase da sucção, sacode a cabeça para cima e para baixo, se retorce, bate e esperneia. Nesse estado, ela é capaz de chupar sangue, quebrar objetos ou tapar o nariz ou os ouvidos. Se falamos com ela ou lhe perguntamos alguma coisa no momento culminante de seu prazer, não responderá ou, no máximo, dirá 'sim' ou 'não' com movimentos da cabeça. Se a incomodarem, reagirá irritada e sem interromper por um instante sequer sua atividade, correndo em busca de um lugar onde possa continuar chupando tranquilamente. Algumas crianças ficam tão ensimesmadas que não se dão conta de ameaças e permanecem indiferentes, inclusive às palavras mais carinhosas. Se a criança estiver no berço, adormecerá com o objeto querido enfiado na boca, uma vez passado o êxtase...".

....
"Quando os olhos do lactente começam a fixar-se de maneira definida e a acompanhar os movimentos da mãe durante vários segundos, é chegado um momento importante: seus olhos estão começando a compartilhar com a boca do relacionamento mãe-filho, estabelecendo-se a primeira relação da vida da criança. Enquanto ela mama automaticamente, fecha e abre a mão, agarrando um dedo da mãe. Posteriormente, apalpa ou tenta alcançar seu próprio dedo, sua orelha, seu nariz ou alguma parte de sua roupa, e essa conduta associada ajuda a mão a adquirir sua função posterior de preensão e tato. Durante esse período primitivo, e ao longo de alguns meses de vida, os movimentos de preensão da boca e da mão são intercambiáveis. Seja com a boca, seja com a mão, a criança realiza o seu grande experimento: explorar o mundo.

"Considera-se muito provável que a sucção seja a atividade biológica primitiva que fundamenta o sentido afetivo da criança para com a mãe, sua curiosidade e orientação para os objetos inanimados e, finalmente, o seu reconhecimento incipiente daquelas realidades que são a base de sua aprendizagem" (*Ribble*).

3. Diz Dalbiez que "uma sensação de prazer é inconcebível sem uma base biológica" (W. Reich é da mesma opinião) e, portanto, deve relacionar-se sempre com uma função qualquer; pois bem, o hedonismo bucal, tanto quanto o anal ou outro que não depende da função nutritiva, só pode estar relacionado com a sexualidade.

O lactente pratica a sucção mesmo quando sua fome fisiológica está saciada. Em "Considerações psicossomáticas sobre a evolução sexual", A. Rascovsky expressou que se trata da sobreposição de dois instintos que também podem exprimir-se individualmente. "Durante a vida intrauterina, época em que o indivíduo não tem fome, já se chupa o dedo, conforme se pôde comprovar em bebês nascidos mediante cesariana"[4]. Além disso, os lactentes chupam indiscriminadamente qualquer objeto não alimentício, como os próprios dedos, a chupeta ou a roupa, com evidente sensação de prazer. Ainda mais, tendem a levar à boca tudo o que recebe da parte deles uma carga afetiva, em seu afã de eliminar assim o estímulo excitante.

Spurgeon English e Pearson citam exemplos tomados de Levy que, estudando o hábito infantil de chupar o polegar, diz: "As crianças a quem se fornece leite com excessiva facilidade, já porque a dotação materna foi muito abundante ou porque o bico da mamadeira permite que o leite flua depressa demais, sem exigir esforço por parte delas, não veem satisfeita a sua necessidade de chupar, sendo impelidas a realizar uma quantidade suplementar de sucção, chupando os dedos, devido à facilidade com que ingerem o alimento. Satisfazem a fome, mas não a sua necessidade de sucção"[5].

....
4. Minkowski assinala a existência de sensibilidade oral em fetos de apenas 3 meses.
5. Em 1934, 1938 e 1941, Levy e Hunt realizaram experimentos com animais pequenos, chegando a conclusões que podem estar relacionadas ao ser humano. Após suas observações sobre crianças, Levy reuniu quatro filhotes de cão de uma mesma mãe e alimentou-os com mamadeiras de orifício controlado. A dois deu leite com um bico de mamadeira de orifício largo que lhes permitia saciarem-se de alimento a curto prazo; aos outros dois, pelo contrário, deu de mamar com um bico de orifício muito estreito, obrigando-os a chupar muito. No final da amamentação, estes últimos adormeciam placidamente, ao passo que os primeiros, que estavam com o mesmo quarto de litro de leite no estômago, ficavam lambendo ou mordiscando alguma coisa durante um certo tempo, e só depois adormeciam.
Em 1938, Levy repetiu o experimento com pintos de uma mesma incubação. Colocou alguns em um galinheiro com piso de tela de arame, de maneira que não pudessem bicar a terra, e aos restantes deu inteira liberdade de ação. Os primeiros, como solução para o desejo de bicar, atacavam tudo o que estivesse ao alcance deles – os comedouros, o arame do piso – ou passavam incessantemente o bico pelas penas, chegando até a arrancá-las. Criaram-se mais agressivos, mais "nervosos" e, por conseguinte, mais fracos do que os outros; quando se tornaram frangos adultos, manifestaram um notório "mau caráter", machucando a bicadas seus companheiros de galinheiro.
Hunt, por sua vez, em 1941, tentou definir e demonstrar a importância que tem o momento da frustração. Para isso, tomou grupos de pintos de uma mesma ninhada e

Pelas suas características sucessivas, a fase oral foi dividida em duas fases: a primeira, de *sucção*, cuja satisfação é assegurada pela atividade de sugar e que, na opinião de A. Sterba, se estende ao sexto mês. Na segunda fase, a forma de prazer muda com o aparecimento dos dentes e substitui a sucção pelo prazer de mastigar e devorar, sendo, por isso, denominada fase *sádico-oral* ou *canibalística*. Estende-se dos 6 meses até por volta dos 2 anos. Os dentes são os órgãos mais duros do corpo, e os músculos masseteres conseguem, nessa época, desenvolver uma força equivalente a 40 kg de pressão. Se observarmos a criança nesse período, notaremos o prazer com que ela introduz objetos na boca ou tenta destruí-los com os dentes. Nessa fase oral *secundária* ou *canibalística*, a criança quer mastigar e engolir tudo o que está ao seu alcance; a linguagem dos adultos recorda, com muitas de suas expressões, essa disposição infantil, por exemplo, quando se diz que uma mulher bonita é "uma uva", "um doce" e que dá vontade de "comê-la de beijos".

Enquanto, durante a primeira fase oral, a criança encontra bastante satisfação em seu próprio corpo, na fase canibalística a atividade instintiva exige um objeto; já não pode prescindir do mundo externo e da relação psíquica com ele. É precisamente nessa época que se começa a notar a existência de acentuadas relações com os objetos do mun-

....

os dividiu em dois grupos, cada um dividido em dois subgrupos: o grupo I, dividido em Ia e Ib, e os do grupo II, separados em IIa e IIb. Os pintos Ib e IIb foram os elementos de controle, e a todos, no princípio, foi dada alimentação normal.

Quando os pintos Ia chegaram aos 24 dias, Hunt começou a frustrá-los, dando-lhes comida escassa durante quinze dias, ao passo que os controles (Ib e IIb) tinham absoluta liberdade de comer.

Os frangos do grupo IIa começaram a ser frustrados aos 32 dias, recebendo comida escassa também durante quinze dias, mantendo-se a liberdade dos controles. Depois disso, Hunt soltou no campo os quatro grupos por um período de cinco meses. Ao final dessa etapa, voltou a colocá-los no lugar de experimentação, onde estiveram durante cinco dias submetidos a rigoroso controle. Hunt colocava em grandes comedouros a alimentação em bolinhas, pesando cada frango ao final da comida. Os do grupo Ia comeram duas vezes e meia mais do que os controles, enquanto os frangos do grupo IIa comiam meia vez mais do que os controles (Ia e IIa). Comprovou-se desse modo que, quanto mais precoce é a frustração, mais vestígios ela deixa, e que essa angústia é vivida depois como uma "angústia de fome". Diante de uma situação em que existe uma única refeição diária, o sujeito pensa automaticamente que voltarão a fazê-lo passar fome e, por conseguinte, acredita que o melhor que pode fazer é "comer muito... por via das dúvidas...".

A importância da frustração depende, em grande medida, da época em que ela se produz, mas felizmente a criança é, nesse sentido, muito mais flexível do que os animais, e, se são cometidos equívocos, há um certo período em que eles podem ser superados.

do externo. A conexão entre a criança, nessa fase, e os objetos que lhe proporcionam o prazer de morder também deve ser considerada psíquica. Diz Sterba: "Para quem entra em contato pela primeira vez com o material analítico desse período, é difícil imaginar até que ponto se equiparam ou são paralelos a ânsia de prazer da criança dessa idade e as relações psíquicas que daí derivam. Entretanto, todos podemos lembrar como as crianças já maiores brincam de morder e o medo, não isento de prazer, que sentem de serem mordidas ou quando ameaçadas de serem comidas...".

Durante a fase do prazer de morder, essa relação psíquica com os objetos também se estende aos objetos humanos, ou seja, às pessoas que rodeiam a criança. A relação se faz por meio da zona oral, pelo menos psiquicamente, como ocorre com os objetos que a criança sente prazer em morder e engolir. Na análise, a relação nessas pessoas apresenta características que revelam claramente o prazer de morder e devorar.

Um paciente com intensas fixações orais expressava sua situação transferencial dizendo: "Desejo tê-lo só para mim, que ninguém me possa tirá-lo, muito apertado contra mim... não... não... é melhor mastigá-lo bem e depois engoli-lo...". Também em seus sonhos as pessoas de quem gostava apareciam como bonecos de marzipã ou chocolate, que ele devorava.

Outro paciente fantasiava que lia livros enormes feitos de miolo de pão escritos com letras em pasta de alcaçuz, "para poder devorá-los".

Durante a fase oral, torna-se evidente a *ambivalência*, termo criado por Bleuler para significar que uma coisa é sentida, pensada e desejada de modo positivo e negativo ao mesmo tempo. Sterba, ao referir-se à ambivalência, diz que "quase todo desejo sexual instintivo ativo está associado a outro de natureza semelhante, mas cujo fim é passivo". O desejo e a atividade de amar, acompanhados pelo desejo de ser amado, é o exemplo mais claro. Na criança, essas tendências antagônicas aparecem simultaneamente, ainda que seus fins instintivos opostos sejam muito mais profundos. Assim, por exemplo, em sua segunda fase oral, o desejo de devorar um objeto é simultâneo ao desejo de ser comido por ele.

É difícil para uma pessoa normal compreender que o ser devorado representa o complemento de um desejo sexual; entretanto, a análise de neuróticos e psicóticos demonstra-o de maneira indiscutível. Vemos frequentemente que o temor neurótico que as crianças têm de serem comidas por algum animal ou gigante, um "bicho-papão", surge como defesa em face de um desejo profundo, inconsciente, dessa satisfação sexual agradável "passiva".

"Todo temor neurótico", disse Sterba, "constitui uma defesa contra um desejo que tem como conteúdo aquilo que é temido. A história bíblica de Jonas e a baleia, e o mito grego de Cronos, o deus que devora seus próprios filhos, são exemplos representativos dessa tendência."

Esse conflito assinalado por Sterba foi exposto pelo pintor surrealista Salvador Dali ao explicar um quadro seu. "Pintei-me aqui", disse o artista, "como um menino de oito anos, com uma costeleta sobre a cabeça, a fim de, simbolicamente, tentar o meu pai a comer a costeleta, em vez de devorar a mim."

Se essa ambivalência nos impulsos instintivos infantis só existe enquanto disposição, facilita a inversão de um impulso instintivo em seu contrário. O desejo instintivo de um fim ativo transforma-se frequentemente em desejo de um fim passivo, se ele é frustrado pela resistência do objeto, ou se a frustração se faz acompanhar ou é seguida de uma experiência dolorosa. Dessa forma, o desejo de devorar um objeto pode surgir do desejo de ser devorado por ele. Na atitude em que o desejo instintivo em relação ao objeto é de devorá-lo, manifesta-se a tendência para "incorporá-lo"[6].

Elizabeth della Santa, em seu livro *Melanésia*, diz: "A antropofagia significa igualmente o desejo de aniquilar e extinguir completamente o inimigo e, em certas ocasiões, a ambição do nativo de assimilar a força e as qualidades de sua vítima".

Essa tendência evidencia o desejo de estabelecer uma conexão mais íntima com o objeto, uma vez que, devorado este, continua tendo existência na pessoa que o introjetou (cf. superego, p. 94, e identificação, p. 83).

Nessa atitude, portanto, o desejo de devorar significa ou representa o anseio por uma conexão mais íntima, por ter o objeto inteiramente para si. Deve-se considerar isso uma atitude positiva ou amistosa. A segunda atitude para com o objeto, o impulso para devorar, é negativa e hostil, surgindo do ódio. O fim, no impulso para devorar, é exterminar brutalmente o objeto, destruir sua existência. Portanto, na tendência para devorar podem expressar-se simultaneamente, como uma ambi-

---

6. Um paciente com grave depressão frequentemente tinha sonhos em que lhe aparecia uma anciã, que simbolizava a mãe dele, perseguindo-o pela casa toda, com uma boca enorme, cheia de dentes afiados, escancarada com a intenção evidente de devorá-lo. Em sua infância, esse paciente "entretinha-se" mordendo as nádegas da mãe e da irmã mais velha.

valência, o desejo amoroso de uma conexão mais íntima com o objeto e o impulso hostil para destruí-lo como ente do mundo exterior.

A ambivalência é o surgimento de duas atitudes em oposição recíproca, uma como expressão de amor e a outra, de agressão, que podem chegar à satisfação agradável e simultânea a respeito do mesmo objeto (cf. complexo de Édipo, p. 156).

Essa ambivalência apresenta-se mais marcada durante a fase oral canibalística, mantendo-se até a fase anal secundária, mas na fase genital do desenvolvimento libidinal é tão atenuada, que quase pode ser considerada inexistente. Sua presença levou Abraham a dividir a evolução libidinal em *pré-ambivalente* – oral primária –, *ambivalente propriamente dita* – fase oral secundária e anais primária e secundária – e *pós-ambivalente* – fase genital.

O desenvolvimento libidinal faz que uma zona erógena ceda sua primazia a outra. Entretanto, isso não significa que toda a satisfação será alcançada exclusivamente na última fase, pois fica sempre certa quantidade de libido nas zonas anteriores, o que possibilita algumas satisfações de tipo pré-genital, mesmo em indivíduos normais.

Pode-se comparar a evolução libidinal à situação que se criaria em um canal de três diques a diferentes níveis. O primeiro, com uma capacidade menor, corresponderia à fase oral, e o último, com um desaguadouro terminal maior, à fase genital. À medida que a corrente libidinal avança, os diques vão se enchendo, e o último é o que armazena e pode descarregar mais líquido, mas os dois anteriores não perdem, em absoluto, todo o seu conteúdo. Por isso, o adulto é capaz de satisfazer, em parte, instintos orais e anais, que são a expressão desse remanescente libidinal. Tem a possibilidade de satisfazer tanto a sucção quanto o prazer de morder fumando, chupando um picolé, mascando chiclete ou a extremidade de um lápis. Também são permitidas certas satisfações desse tipo na vida sexual – por exemplo, ninguém se nega o prazer de beijar em suas relações sexuais. Alguns indivíduos encontram prazer em chupar ou morder o objeto querido: a felação e a cunilíngua são clara expressão disso.

A maneira como transcorre o período oral, e isso também vale para os demais, tem consequências decisivas para toda a atitude posterior do indivíduo em face da realidade, como demonstrou o experimento realizado por Hunt com animais. Uma ampla satisfação oral leva a um otimismo extraordinariamente seguro e, em contrapartida, privações orais muito intensas produzem atitudes pessimistas (depressões) ou exigências sádicas compensatórias: "Se não me dão por bem, terão de me dar por mal".

Se o indivíduo fixar-se na esfera dos desejos quais, mostrará em toda a sua conduta uma grande resistência à aquisição e ao lucro, um desejo intenso de ser mantido pelos outros, como o que se manifesta nos indivíduos vulgarmente chamados gigolôs ou cafetões.

Muitas vezes, as tendências sádico-orais têm um matiz "vampiresco" ou "sugador"; é o caso das pessoas que pedem, solicitam, imploram e exigem demais, e que não se desprendem do seu objeto.

Também esse traço é fácil de reconhecer nos "chatos" e "tagarelas", que, ao encontrarem um amigo, começam a falar de maneira ininterrupta, quase angustiada, como se temessem ficar sozinhos, levando a pensar que em sua fase oral o temor de perda do objeto foi excessivamente intenso, experimentado realmente ao desaparecer o seio materno com o desmame.

O sadismo oral também pode apresentar-se como formações de reação. É o caso de pessoas que apresentam perturbações no comer, escrúpulos exagerados para "não incomodar", quando na realidade desejam é instalar-se e desalojar todos os demais, o que as leva a não aceitar nenhum presente, a serem incapazes de solicitar um favor etc.

Na psicogênese da gagueira, adquirem importância os fatores oral-eróticos da linguagem, o que geralmente é, em si, uma sublimação, sendo o distúrbio – a gagueira –, no entanto, uma formação de reação.

Outras formas de expressão das tendências orais são verborragia, incoerência e precipitação ao falar, tendência para o mutismo e os distúrbios somáticos de boca e garganta (estomatite, cáries, piorreia, amigdalite) e de estômago (gastrite, úlcera).

A sublimação das tendências orais pode realizar-se por meio do canto, afã de saber, "fome de ciência", estudo de idiomas, declamação e oratória, entre outros.

A *fixação* da libido é a expressão de uma tendência para permanecer "aderido" a algo, um desejo excessivo e persistente de um objeto infantil por parte do indivíduo. É uma situação em que o indivíduo apresenta traços de uma fase evolutiva que, de acordo com sua idade cronológica, normalmente já deveria ter superado ou abandonado. Essas fixações podem produzir-se por uma satisfação acentuada e prolongada ou por uma frustração precoce e brusca.

Se uma pessoa sofre um desengano em uma relação amorosa ou alguma outra satisfação libidinal, pode voltar a uma fase de desenvolvimento já superada. Regressa à satisfação instintiva de que gozou em um período específico de sua evolução libidinal e da qual conserva lembranças inconscientes. Retorna às velhas satisfações e aos objetos de amor dessa etapa ("sempre se volta ao primeiro amor"), realizando, para isso, um movimento libidinal na direção oposta à da evolução normal já atingida. Esse movimento é o que recebe o nome de *regressão*[7].

Importância da relação energética entre mamilo e boca lactente

O enfoque evolutivo é o principal método que usamos em psicanálise. Assim, um fenômeno mental que observamos explica-se por um retorno ao primitivo, mostrando até que ponto está distante do que atualmente se apresenta modificado, e quais processos internos e externos influíram e transformaram os processos primitivos. Esse método é o que nos obriga e nos permite elaborar, em algumas circunstâncias, construções teóricas. É o que faremos a seguir.

A importância das primeiras etapas da evolução da criança foi enfatizada, pela análise infantil, nas investigações de Melanie Klein, que assinalou estar a esquizofrenia relacionada com distúrbios ocorridos durante a etapa esquizoparanoide, entre o nascimento e os 4 meses de idade.

Estando essa primeira etapa especificamente vinculada com a relação lactente-objeto parcial (mamilo)[8], a importância de um estudo detalhado das formas em que se efetua essa relação precoce levou-me a buscar os pontos de contato que poderiam ter as investigações de W. Reich – em relação com as diferenças do potencial bioelétrico da superfície corporal em estado de angústia e de prazer – com as afirmações de M. Klein sobre seio mau e seio bom.

Meu interesse viu-se reforçado quando, ao rever diversos artigos sobre o tema, verifiquei que muitos autores (M. Klein, P. Heimann, M.

....
7. Pode-se considerar que a regressão tem sua equivalência biológica na regressão a dispositivos embrionários mobilizados para vencer uma situação adversa – por exemplo, o que ocorre na inflamação ou nas lesões do sistema nervoso central.

Um paciente que começou sua análise com uma importância vinculada aos temores angustiados em face da atividade genital disse o seguinte: "Essa noite vi minha tia nua, senti-me muito excitado genitalmente, mas não quis masturbar-me. Daí a pouco, senti fortes dores instestinais e, como não podia defecar, recorri a um enema. Tive então uma evacuação abundante e depois senti-me sexualmente tranquilo". Eis um exemplo de uma regressão do plano genital angustiante, pelo caráter incestuoso do objeto, ao plano anal agradável e permitido para esse paciente.

8. Susan Isaacs, *Developments in Psychoanalysis*, Londres, The Hogarth Press, 1952, p. 86.

Balint, Kestemberg, A. Petö, L. Grinberg, M. Langer, Pelin e Bartoye, entre outros) pareciam intuir a existência de algo mais do que os elementos *anatômicos* (morfologia do *mamuo*), *fisiológicos* (quantidade de leite, seio complacente), *bioquímicos* (qualidade e composição da secreção) e *psicológicos*, na inter-relação do lactente com o mamilo da mãe ou substituto.

Citarei certos conceitos assinalados por alguns dos autores mencionados.

Diz M. Klein: "Mesmo que o período de sucção pareça satisfatório, a criança pode, no entanto, afastar-se muito rapidamente do seio com sentimento de ódio".

A interdependência biológica entre a criança e a mãe tem sido, até agora, considerada de um modo muito superficial, segundo M. Balint. Ao finalizar um interessante artigo sobre o tema e para reforçar suas próprias conclusões, A. Petö assinala: "Todas as mães a que me referi tinham mamilos normais e seios fáceis e complacentes".

L. Grinberg, em *Psicoanálisis de una melancolia ansiosa*, diz: "A filha da paciente, aos 4 meses, negava-se a pegar o mamilo, o que se explica facilmente se atentarmos para a intensa situação de conflito que a mãe atravessava nesse tempo".

M. Ribble, que estudou prática e, objetivamente, a relação lactente-mãe, aponta fatos importantes para a minha hipótese: "A estimulação bucal é a que provoca as mais vigorosas reações na criança". Assinala ainda, com outros autores: "Verificamos que as mulheres emocionalmente alteradas ou que consciente ou inconscientemente repelem a criança são incapazes de criar seus filhos, assim como são, às vezes, incapazes de segregar leite". Outra citação do mesmo autor: "Parece claro que o sistema nervoso da criança necessita de alguma espécie de estímulo alimentar ou 'vibrações rítmicas' para que o seu desenvolvimento seja facilitado".

Pelin e Bertoye também deduzem de suas pesquisas que os choques emocionais das mães que provocam vômitos nos filhos pequenos não estão vinculados a alterações químicas do leite, como foi comprovado por repetidas análises efetuadas em todos os casos estudados.

Enquanto Ph. Greenacre sublinha a importância das experiências do nascimento como forte estímulo que deixa marcas somáticas, J. Kestemberg afirma ser provável que todos os estímulos precoces, como os posteriores estímulos somáticos, deixam suas impressões psicossomáticas no id.

Pretendo, com minha hipótese, chamar a atenção para o fato de que tanto ou mais importante do que o estado morfológico e fisiológico é o estado da carga energética do seio e, mais do que do seio, a carga bioelétrica do mamilo como elemento perturbador na relação precoce e fundamental mãe-criança. Para isso, devemos recordar as pesquisas de W. Reich sobre as modificações do potencial bioelétrico das zonas erógenas durante os estados agradáveis e de angústia.

Observações efetuadas por outros autores parecem confirmar as experiências de Reich; ou podemos também dizer que essas observações ficam mais claras se levarmos em conta tais experiências.

Assim, quase todos os autores assinalam que as mães das crianças que repelem o mamilo são mulheres que estão vivendo intensos conflitos. A. Doumic, por exemplo, distingue dois tipos de mães de crianças por ele qualificadas de anoréxicas: a mãe angustiada e a mãe obsessiva. De modo geral, a mãe obsessiva, de acordo com os experimentos de potencial bioelétrico, revela baixa excitabilidade em zonas erógenas. Como sabemos, as obsessivas caem facilmente em crises de angústia quando os planos fixos com que regem sua vida cotidiana não podem ser levados a cabo.

Considerando-se tudo isso, poderíamos estabelecer uma classificação das causas que podem provocar um estado de carga bioelétrica negativa no mamilo:

Causas reais (que também podem ser secundárias de um conflito emocional): lesões dolorosas do peito e do mamilo.

Angústia por conflitos não vinculados especificamente ao lactente: conflitos familiares (com a sogra etc.), econômicos, religiosos, falta de descarga genital etc.

Angústia por causas diretamente relacionadas com o lactente: 1) sentimento de culpa pela sensação agradável que a sucção normalmente provoca; 2) ódio consciente ou inconsciente à criança por diversos motivos (semelhança da criança com objeto ou objetos odiados); e 3) reativação do sadismo oral da mãe, que é projetado na boca lactente e se expressa conscientemente como temor de que a criança provoque lesões no mamilo durante a sucção.

O certo é que não se pode afirmar que o mamilo seja sempre repelido pela carga negativa, pois, conforme observou M. Klein, há casos em que essa rejeição produz-se pelos mecanismos psíquicos internos do lactente.

Há um fato, também assinalado por vários autores, que me surpreendia e só agora consigo explicar. Quando, em 1939, eu trabalhava como interno no Hospital de Niños, observava que havia lactentes que rejeitavam o mamilo materno. Entre as medidas que se tomavam, uma era a análise do leite da mãe (agora compreendo que deveríamos ter "analisado" a mãe toda). De modo geral, essas análises não mostravam características específicas, conforme foi assinalado posteriormente por Pelin e Bertoye. Mas, quando o leite era extraído do peito e dado à criança na mamadeira ou na colher, na grande maioria dos casos ela o ingeria sem manifestar as atitudes que M. Ribble tão bem descreveu. O mesmo costumava ocorrer quando se indicava o recurso a uma ama-de-leite.

Outra observação muito significativa relacionada à importância do fator carga bioenergética do mamilo é assinalada por M. Ribble. Diz a pesquisadora que pôde comprovar em todos os casos que os corpos eréteis que se encontram no bordo superior das gengivas dos bebês, durante os primeiros meses, nunca ficavam ingurgitados quando a alimentação se fazia com mamadeira; mas essa "ereção" se observava em quase todas as crianças que eram alimentadas ao seio.

Não é difícil afirmar que a falta de ingurgitação se deve a que o bico da mamadeira não possui carga positiva nem negativa, mas neutra; por conseguinte, não produz a excitação positiva da região.

Qual seria a relação entre o que se expôs até agora e os conceitos de M. Klein?

A integração do ego faz-se sobre um núcleo representado pela introjeção do seio bom, e M. Klein assinala que o ego, simultaneamente com uma tendência para a integração, apresenta uma tendência para a desintegração, fato comprovado clinicamente pelas observações de M. Ribble.

A criança vive o seio bom como o que a satisfaz. Mas, do ponto de vista da carga energética, deve-se considerar como bom o seio que é introjetado, e não só aquele que gratifica alimentarmente, o que tem uma carga bioelétrica positiva que, no plano psicológico, podemos supor ser vivida como amor, dado que o biológico é quantidade e o psicológico, qualidade.

Sabemos que é inútil dizer ao esquizofrênico palavras afetuosas se a situação contratransferencial do psicoterapeuta é negativa.

A vivência do seio mau, além do que ele é – projeção das fantasias sádicas da criança –, creio que deve corresponder ao mamilo com carga negativa. Suponho isso pela violenta reação que a criança manifesta (hipertonia global da musculatura, apistótonos, contenção da respiração em respiração e espasmo diafragmático), que foi descrita detalhadamente e de forma coincidente por Reich et al. e por Ribble, entre outros.

Vamos teorizar para tentar compreender o que um lactente deve sentir no contato com um mamilo negativo.

Do ponto de vista energético, o feto e o recém-nascido devem ser considerados um sistema biofísico plástico que será influenciado por múltiplos estímulos ambientais, não sendo menos importante a ressonância com o outro sistema bioenergético, constituído pela mãe. Podemos, assim, pensar em ambos, mãe e filho, como duas células que se influenciam mutuamente (*Reich*). É importante lembrar aqui que, segundo Portmann, o verdadeiro período fetal do homem só termina com o primeiro ano de vida. Além disso, experimentos com fetos mostraram que o elemento que provoca mais vivas reações neles é a vibração de um diapasão. Todos os autores, quando se referem à relação criança-mãe, usam o termo *harmonia* (em inglês, *tune*), cujo significado também é pôr em consonância duas ou mais vozes ou instrumentos.

Tentarei expressar com exemplos a sensação que o lactente deve ter, pois, como P. Heimann, também acho que, nesse caso, a minha linguagem é um instrumento inadequado. Todos devem ter vivido a experiência de beijar lábios inertes ou de introduzir o pênis em uma vagina frígida e devem concordar que é uma sensação menos agradável do que a produzida por uma mucosa labial ou vaginal receptiva, ou seja, positivamente carregadas.

Outro exemplo pode ser a sensação experimentada por um músico quando, em um concerto, um instrumento desafina, ou seja, um desagrado interior indefinido, quando não ódio pelo executante que comete a falta; ou a sensação que se tem quando o despertador quebra o delicioso equilíbrio harmônico do sono. Passei algum tempo tentando encontrar algum elemento – um ruído, uma determinada vibração – que provocasse intenso desagrado ou uma sensação "desintegradora" interior, e o encontrei por uma circunstância casual. A reação provocada em algumas pessoas pelo raspar das unhas no quadro-negro é semelhante à do lactente que repele o mamilo: contração da boca e apistótonos, acompanhada de intensa sensação de angústia, desagrado e desejo de agredir quem está produzindo esse estímulo ou, pelo contrário, impossibilidade de reação.

Com a minha hipótese de que um mamilo negativo é vivido dessa forma, compreende-se por que a criança o repele e por que prefere receber em uma colher ou na mamadeira o leite extraído desse mesmo mamilo. Esses objetos têm carga neutra e, por conseguinte, não geram desagrado.

A imagem introjetada pelo lactente que tem na boca um mamilo negativo é um seio mau, perseguidor, destrutivo. Considerando-se que o ego é uma massa em integração, esse abalo deverá desintegrar, desarmonizar os elementos constitutivos do ego, ou seja, reforçar sua própria tendência à desintegração, ao desmoronamento.

M. Klein afirma que em estado de desprazer (frustração e angústia), os desejos sádicos orais e canibalísticos reforçam-se, e a criança sente que engoliu o mamilo e o seio em pedaços (acrescento que, em muitos casos, isso não deve ser apenas uma fantasia, pois a continuidade do ritmo vibratório biológico despedaça-se, do mesmo modo que um ruído pode despedaçar uma harmonia). Não consideramos a esquizofrenia, *grosso modo*, uma desarmonia do ego?

Essa imagem má introjetada impediria que se superasse a posição esquizoparanoide, fortificando-se os pontos de fixação para o grupo esquizofrênico.

Do ponto de vista energético, é interessante o fato de os agentes persecutórios dos paranoicos, em geral, estarem representados não só por uma ou várias pessoas, mas também pelas forças e energia da natureza ou por correntes elétricas, espetadas (aparelhos de influência), que poderiam ser consideradas vivências desagradáveis das dissonâncias que se produzem no contato da boca com o mamilo negativo. É algo semelhante ao que relatam alguns pacientes que foram submetidos a eletrochoque sob a ação do pentotal.

A experiência mostra que nem sempre o mamilo negativo é imediatamente rechaçado pelo lactente, o que nos chama a atenção para esse fato em relação às consequências posteriores. Perguntamo-nos se é mais fixadora a vivência única de um mamilo negativo e sua recusa ou se, pelo contrário, a introjeção constante de uma imagem materna simultânea com a sensação desagradável tem efeitos mais patogênicos. Ao que parece, em alguns casos a avidez e a necessidade fisiológica são tão intensas, que induzem a criança a continuar sugando esse mamilo negativo.

Da hipótese apresentada podemos concluir que é necessário levar em conta não só o benefício que resulta para a criança o fato de ser amamentada pela mãe, com todos os cuidados que M. Ribble assinalou, mas também o perigo que significa para a futura saúde mental da criança a sucção de um mamilo negativo. Isso me leva a afirmar que, em muitos casos, é mais positivo uma boa substituta materna (nutriz) ou a mamadeira do que o seio de uma mãe conflitada.

Fase anal

Do ponto de vista psicanalítico, o piloro constitui o limite entre a região oral e a anal; a partir desse ponto, domina a sexualidade anal.

Supõe-se que a etapa anal começa com o nascimento, tornando-se gradualmente mais importante, alcançando o máximo interesse na época do desmame e quando começam a se estabelecer os hábitos de higiene. Admite-se que suas manifestações principiam no período compreendido entre 6 e 12 meses e que atingem sua maior intensidade entre os 18 e 24 meses. Nessa idade, começa a ser substituída em importância pela fase genital, modificação essa que se torna patente entre os 30 e 36 meses (*Menninger*).

Durante a fase anal, o reto é a sede das mais importantes sensações agradáveis e, assim como na etapa oral o hedonismo bucal dirigia a organização libidinal, agora o reto e suas zonas adjacentes têm a supremacia.

O ato de movimentar o ventre, os distúrbios intestinais – entre eles a prisão de ventre, a diarreia e a flatulência, que podem ser, por sua vez, expressão de conflitos – são, juntamente com os cuidados higiênicos, os que mantêm as primeiras excitações determinantes dos vivos desejos posteriores da satisfação anal.

As manifestações características dessa fase são: o prazer na defecação, o gosto pelos excrementos e, ao mesmo tempo, a tentativa de submeter ao controle da vontade a atividade do esfíncter.

Nessa altura da vida, desenvolve-se na criança uma ânsia por reter os excrementos, com a finalidade, entre outras, de experimentar maior prazer no momento da eliminação, aliado ao prazer provocado pela distensão da ampola retal.

A criança valoriza suas matérias fecais com um deleite que costuma ser estranho para os adultos. Os excrementos são considerados, nessa etapa, a primeira produção pessoal, com a qual se pode presentear o mundo exterior.

Pela supervalorização que faz de seu organismo, do qual as matérias fecais fazem parte, o favor a quem lhe solicita que evacue significa um sacrifício que a criança realiza, mediante uma compensação afetiva[9].

Tal como acontece na fase oral, na fase anal também se consideram duas fases em que se manifestam duas tendências agradáveis contraditórias.

....
9. Menninger relata que um esquizofrênico com profunda regressão anal guardava cuidadosamente em uma floreira as matérias fecais para presenteá-las a seu médico "quando este se portava bem". Muitos povos primitivos guardam ou escondem cuidadosamente suas fezes para evitar que caiam nas mãos do inimigo, pois este poderia fazer um trabalho com elas, que são parte do corpo, e realizar um malefício. Muitos delinquentes defecam no lugar em que cometeram um roubo ou outro crime e, ao fazê-lo, satisfazem um desejo inconsciente de deixar ali, em troca do que levam ou como compensação pelo que fizeram, algo de si mesmos.

Na chamada *fase anal primária ou expulsiva*, a criança obtém o máximo prazer pela passagem das fezes através do ânus. Do ponto de vista psíquico, essa expulsão significa a destruição das fezes, obedecendo a um propósito agradável hostil. Os representantes endopsíquicos dos objetos queridos do mundo exterior são identificados pelo sujeito, nesta fase, com os excrementos. Por essa razão, um desengano pode produzir uma diarreia, cujo significado inconsciente é desprender-se, é soltar, expulsar o objeto mau, frustrador; simultaneamente, a diarreia é expressão da agressão. A linguagem popular é bem sugestiva a esse respeito.

A *fase anal secundária ou retentiva* é aquela em que o prazer principal já não está determinado pela expulsão, mas, inversamente, pela retenção de matérias fecais produzindo-se uma distensão da ampola retal. A isso se soma o valor psíquico da retenção e o controle dos objetos internos.

Por conseguinte, devemos considerar que a retenção ou a passagem das fezes propiciam à criança, em etapas sucessivas, intensos sentimentos de prazer, sendo o ato da excreção a preocupação dominante do bebê, que até um período posterior não sente repulsa pelos excrementos como, de modo geral, o adulto sente. A criança, pelo contrário, atribui grande valor às fezes, manipula-as, cheira-as e prova-as prazerosamente, quando lhe permitem.

Durante o tratamento, um paciente recordava que em sua infância um dos perfumes mais agradáveis que havia para ele era o de suas próprias fezes. Isso ocorre também com muitos adultos fixados na fase anal.

Conforme a atitude do meio, chega um momento em que a criança se vê privada do prazer que esses atos lhe proporcionam, sentindo-se obrigada a não atuar como desejaria com o produto da atividade excretora. É nesse momento que a criança transfere para outros equivalentes socialmente mais aceitáveis a atitude anteriormente dirigida para as excreções, começando, então, um processo de sublimação.

Em *A ontogenia do interesse pelo dinheiro*, Ferenczi fez um estudo correto da maneira como esse processo se desenvolve. Diz Ferenczi: "A criança experimenta prazer manipulando suas fezes, que são cheirosas, moles, úmidas, marrons e inservíveis. A primeira coisa que começa a repugná-la é o cheiro, mas ela continuará mantendo uma inclinação pelos odores fortes. Assim, gostará de cheirar asfalto, gás, gasolina, borracha queimada e certos perfumes muito fortes.

Essa desodorização leva-a a brincar com barro que, embora não seja cheiroso, é mole, úmido, marrom e inservível, como suas fezes[10].

....
10. A desidratação realiza-se porque lhe incomoda a umidade de seus excrementos. Uma das manifestações mais claras dessa repulsa está em sua negativa de fazer *pintura*

"Um passo subsequente leva a criança a repelir a umidade do barro e ela passa a brincar com terra e areia; mas, algumas vezes, ao chegar a essa etapa, a criança efetua uma regressão e sente prazer em manipular terra ou areia molhadas e em andar descalça na lama. A terra e a areia continuam sendo, para ela, elementos inservíveis. O fato de serem moles a incomoda e, em uma etapa imediatamente posterior, passa a brincar com pedras, que são duras, inservíveis e secas. Também no caso das pedras, é fácil para a criança uma associação com a forma de seus excrementos. Nessa altura da evolução, começa a desempenhar um papel importante o sentido utilitário ou de valoração, e a criança passa a colecionar figurinhas, tampinhas, selos e outros elementos que são secos e têm algum valor. Depois disso, o indivíduo pode iniciar coleções de objetos, especializando-se em joias, dinheiro, moedas e selos, ou manifestando-se como financista ou grande comerciante.

"Termina assim uma ampla mutação, que levou a criança desde o prazer pela manipulação de seus excrementos, na primeira idade, até o apego pelo dinheiro na idade adulta, processo que reconhece como primeiro passo a rejeição do mau cheiro.[11]"

O vulgo captou plenamente a relação inconsciente que existe entre a matéria fecal e o dinheiro, a que chama "o vil metal" ou o "dinheiro sujo", e muitas situações econômicas são igualmente definidas com termos usados de maneira corrente para designar as fezes ou o que está

....

a dedo. Em muitos jardins de infância, as crianças entretêm-se pintando com os dedos, que introduzem em vidros de tinta, mas quando começam a reprimir os instintos anais, rechaçam o método e passam a pintar com pincel.

11. Na realidade, o mau cheiro não existe. A divisão de perfumes em agradáveis e desagradáveis, feita com critério subjetivo, não é invariável, já que depende de estados emocionais associados a experiências olfativas provenientes da infância. A função mais evidente de um perfume é ocultar ou combater magicamente o mau ou desagradável. Acreditava-se antigamente que certas doenças produziam-se pela aspiração de "vapores malignos", e elas eram combatidas ou prevenidas levando-se um maço de flores ou ervas aromáticas na mão. Talvez o costume arraigado de colocar alfazema entre a roupa limpa não seja mais do que uma espécie de exorcismo.

A função primordial objetiva dos perfumes é cobrir os odores naturais do corpo, que são precisamente os que despertam grande interesse na criança e lhe são mais agradáveis. Somente em virtude de uma repressão posterior o cheiro de dejeções torna-se desagradável, mas o curioso é que o fixador dos perfumes é, em geral, produto derivado de matérias fecais, urina e exsudações de diversos animais.

Os perfumes amplamente usados na Antiguidade, e também os atuais, são constituídos, em sua maior parte, pelo âmbar cinzento, extraído do esperma da baleia; o almíscar é extraído das glândulas prepuciais do almiscareiro; e a algália é produzida pelas glândulas anais do gato-de-algália.

vinculado a elas. Na Argentina, chama-se quem não tem dinheiro de "seco" – e "seco" também é o indivíduo com prisão de ventre.

As agressões agradáveis contra um objeto, com um sentido sádico, já se manifestavam na fase oral secundária, mas na fase anal tornam-se mais nítidas. A forma primitiva da agressão sádica durante a fase anal está vinculada a um sadismo muscular que se manifesta como desejo de agredir, de preferência na região glútea.

Há algum tempo, a polícia prendeu um psicótico cujo prazer sádico era entrar nas igrejas e dar uma palmada nas nádegas das senhoras, no momento em que se inclinavam diante do altar.

Cada uma das duas fases em que se dividiu a fase anal tem determinados traços característicos. Na primeira, *expulsiva*, a tendência sádica é para destruir o objeto pela força bruta, desejo muito semelhante ao que se manifesta na fase oral secundária, a destruição pela mastigação. Nessa fase, as ações sádicas consistem principalmente em espezinhar o objeto, esmagá-lo, quebrá-lo, esquartejá-lo etc. Os criminosos fixados nessas etapas cometem homicídios com uma ferocidade sanguinária. Em Buenos Aires, produziu-se há alguns anos uma onda de crimes entre homossexuais, e neles se comprovaram claramente essas particularidades.

A característica sádica da segunda fase, *retentiva*, é a dispensa da destruição brutal que caracteriza a anterior. Pelo contrário, nesta fase não há o aniquilamento do objeto e se manifesta uma tendência para retê-lo, atormentá-lo moralmente, dominá-lo, encerrá-lo e limitar ou restringir de forma egoísta a sua liberdade. Nessa atitude, percebe-se o paralelismo entre a retenção agradável da matéria fecal e a retenção do objeto. Entre os idosos, é bastante frequente encontrarmos essas modalidades, uma vez que, pela atenuação da função genital, produz-se uma intensificação da fase anal secundária. Em *O barbeiro de Sevilha*, um dos personagens, Don Basílio, é exemplo típico disso.

Também nessa fase fica mais evidente o masoquismo, que é uma busca instintiva de prazer na dor física ou moral. Para um indivíduo, poderá ser agradável ser castigado ou humilhado por alguém.

Na fase anal de retenção, alguns atos podem ter ao mesmo tempo elementos agressivos e eróticos, por ser uma etapa ambivalente.

A retenção tem conteúdos eróticos e agressivos – eróticos, na retenção das matérias fecais; agressivos, na irritação ou desagrado que provoca o fato de ter de entregar o conteúdo intestinal. A flatulência também tem um duplo significado: erótico, no flato em si e na passagem da ventosidade pelo esfíncter, e o agressivo como expressão de um desafio (*Menninger*). Em alguns atos, os dois componentes encontram-se tão fundidos que fica difícil distingui-los.

As transformações posteriores de uma manifestação instintiva da fase anal têm grande importância para a vida psíquica. Assim, a tendência para a satisfação direta dos instintos anais dá origem a perversões tais como a introdução de diversos objetos no ânus, fator que tem papel importante no desencadeamento da homossexualidade passiva.

A função que cumpre a fase anal do desenvolvimento libidinal, como norma das atividades sexuais da etapa genital, faz que uma fixação anal possa perturbar seriamente a função genital de um indivíduo. Uma fixação nessa etapa origina desdém e rejeição da vagina, motivado pela ideia inconsciente de que se trata de uma região suja, comparável a um vaso sanitário ou um esgoto. Desse ponto de vista, o homem considerará o ato sexual algo sujo e indecoroso, perdendo lentamente a capacidade de realizá-lo, com grande possibilidade de apresentar uma inclinação à homossexualidade consciente ou inconsciente.

A sexualidade anal na mulher é importante, pois deve transferir a erogenidade anal para a zona vaginal. Muitos casos de frigidez estão vinculados a conflitos genitais, quando não a proibições impostas durante a fase anal que posteriormente se transferem para a zona vaginal.

Em alguns casos, certas qualidades dos excrementos são deslocadas (por estarem regidas pelo processo primário), dentro do psiquismo, para o pênis. Nesses indivíduos, a defecação ativa o temor inconsciente de se ver também privado de pênis, assim como cada defecação significa uma perda de algo inconscientemente valorizado. Em tais situações, a consistência da matéria fecal, por meio de um mecanismo fisiológico, sofre modificações, apresentando-se em forma de diarreia ou como pequenos grúmulos semelhantes à defecação das cabras. Compreenderemos bem esse mecanismo se nos lembrarmos do processo de multiplicação da elaboração dos sonhos.

Em alguns indivíduos com tendências passivo-masoquistas, a identificação da atividade retal com a vaginal faz que sintam sua vida sexual como mulheres, e, por conseguinte, o próprio ânus adquire um significado feminino agradável, como região que poderia ser ameaçada pelo pênis de um homem.

Certa vez, ao iniciar-se o tratamento de um psicótico que tinha esse tipo de fantasias, notou-se que, dentro das calças, na parte traseira, ele levava cactos espinhosos. Ao ser indagado sobre o motivo, esclareceu que era para defender-se de agressões anais que seus companheiros lhe poderiam fazer quando ele estivesse distraído.

A aplicação de enemas e supositórios durante a infância fortalece essa atitude feminina no homem. O conflito entre seu orgulho pelo fato de ser homem e o desagrado que lhe causa ser tratado como mulher faz que o indivíduo se defenda adotando uma posição sádica e ativa, por mobilização de um mecanismo defensivo de formação de reação contraposta à atitude passiva e feminina que o enema evoca nele.

Fantasias sexuais da fase anal

Em algum período da vida, toda criança tenta investigar em que consiste a atividade sexual da pessoa adulta. Como os adultos ocultam e dificultam sistematicamente todo o conhecimento correto sobre esse problema, a criança vê-se obrigada a construir diversas teorias, que nesse período estão condicionadas pela organização anal-sádica.

Um paciente, por exemplo, acreditava que nas relações sexuais seus pais uniam as nádegas e o pai introduzia fezes no ânus da mãe, teoria infantil que permite descobrir a relação inconsciente entre matéria fecal e pênis, por um lado, e ânus e vagina, por outro.

Outra teoria sexual correspondente a essa etapa e vinculada ao sadismo muscular é a que concebe o ato sexual como uma briga ou luta entre dois seres. Em virtude desse conceito, muitos sujeitos que não evoluíram tentam satisfazer suas pulsões "lutando" com seu objeto. Quando essa fantasia persiste, o sujeito pode ter crises de angústia diante de qualquer briga, como a que sofreu quando observou ou fantasiou o coito de seus pais.

As fantasias de parto anal, tão comuns entre as crianças, perduram nos adultos mais do que geralmente se acredita. Tanto é assim que chegam ao tratamento analítico pacientes de mais de 20 anos de idade convencidos de que as crianças nascem pelo ânus.

Dizem as Sagradas Escrituras que Deus fez o homem de barro, elemento que evidentemente o Criador escolheu como símbolo do escasso valor do material no ser humano. Mas o barro, para muitas crianças, é simplesmente o substituto desodorizado de uma defecação, de uma descarga anal, o que contribuiria, em alguns casos, para corroborar essa ideia do parto anal.

Durante o predomínio da fase anal, o ego encontra-se em um período mágico-animístico, fato que deve ser levado em conta ao se estudar a neurose obsessiva.

Diversas formas de expressão da libido anal

Assim como a fase oral, a fase anal também tem suas formas de exteriorização libidinal.

Como tipos de *descarga direta*, podemos citar a defecação, a flatulência, os enemas e os pruridos da zona, masturbação anal e homossexualidade passiva.

Como *formações de reação* integradas no caráter, contam-se a obstinação, a economia (avareza) e um sentido pedante de ordem e limpeza. As pulsões anais convertidas em traços neuróticos de caráter[12] conferem um cunho característico a essa fase dado por todos ou alguns dos três elementos que impelem os indivíduos a ser, em certos casos, exageradamente pontuais e, em outros, surpreendentemente inexatos. Tanto podem ser escrupulosamente asseados como muito sujos, ou ser ambas as coisas ao mesmo tempo, por exemplo, usando uma roupa impecável sobre uma roupa de baixo imunda. Essa contradição da conduta reflete a luta entre a pulsão anal (estar sujo) e a defesa (estar limpo). Quanto ao tempo e ao dinheiro, podem adotar qualquer atitude, retê-lo ou gastá-lo prodigamente, e viver também uma combinação dessas duas tendências antagônicas.

É o caso dos indivíduos que andam a pé para poupar o dinheiro do ônibus. Então se atrasam e acabam tomando um táxi, gastando muito mais, para chegarem ao destino final na hora marcada. Talvez façam isso para não chegarem um minuto atrasados a um lugar onde não farão nada durante horas a fio.

A atitude dos indivíduos de caráter anal em face de sua própria produção artística, literária ou científica permite reconhecer, em muitos casos, a atitude arcaica da criança diante de sua defecação: um inconformismo que nasce daquele expresso por seus pais diante de sua produção fecal, que, com um critério equivocado, sempre lhes parecia escassa.

A extrema vontade de poder, a megalomania e a ânsia de autodomínio, aliadas à tendência para subjugar o próximo, nascem aparentemente do sentimento de potência derivado da aquisição de um forte domínio do controle esfincteriano (*Menninger*).

Abraham indica como características fundamentais desse caráter a tendência para observar o reverso de todas as coisas, físicas e psíquicas; uma angústia inicial que obriga os indivíduos a retardar o máximo possível o começo de qualquer atividade e os impede de interrompê-la

....

12. Em nossa cultura, as tendências anais são, provavelmente, o fator mais poderoso na formação do caráter (*Menninger*).

uma vez iniciada; a tendência a deixar que outros solucionem seus problemas ou trabalhos ou, pelo contrário, a impedir que outros intervenham para poderem, assim, decidir tudo por si mesmos. Pessoas que foram obrigadas, durante sua infância, a defecar por meio de enemas – ou seja, que outras pessoas fizeram defecar –, quando adultas, apresentarão uma acentuada tendência para deixar que outros solucionem seus problemas. Além disso, há nesses indivíduos uma inclinação para realizar várias atividades simultaneamente, que se manifesta comumente em uma obsessão de leitura durante a defecação. Isso tem como finalidade distrair a sensibilidade voluptuosa anal, a fim de afastar pulsões que tentam vencer com uma repressão. Ao mesmo tempo, é "uma tentativa para introjetar de forma sublimada o extrojetado" (*M. Klein*).

Entre os traços do caráter neurótico anal enquadram-se o prazer na descarga de ventosidades ruidosas e o uso de linguagem chula.

Os sintomas como forma de expressão da libido anal incluem os distúrbios intestinais, como constipações, diarreia, hemorroidas e prurido anal, fissuras e fístulas anais, e parasitas. Quanto a estes últimos, vimos que se um indivíduo sofre de intensas pulsões anais, tem parasitas, o que é contrário à crença generalizada de que as pulsões são causadas por parasitas. Aparentemente, as pulsões criam um meio favorável (*pH*) à proliferação dos parasitas.

No Hospital de Niños de Buenos Aires, observamos que, entre as famílias da zona rural, em que todos viviam sob o mesmo teto, bebiam a mesma água e se alimentavam com a mesma comida, alguns tinham amebas e outros não, e os parasitados eram indivíduos com traços anais mais acentuados.

Além dos distúrbios intestinais, registram-se sintomas por deslocamento para a zona oral, como no caso das disfonias e gagueira; dores musculares como lumbago ou nos membros inferiores; hipertensão arterial essencial, como resultado do controle expressado na musculatura lisa e estriada; e, por último, impotência e frigidez nos casos em que o conflito anal se expressa na zona genital.

M. Ribble observa que a educação dos esfíncteres é individual e não deve iniciar-se antes que a criança seja capaz de sentar-se sozinha com segurança, tenha adquirido pelo menos uma linguagem compreensível de sinais e manifeste uma atitude emocional positiva em relação à mãe ou sua substituta.

Menninger afirma que as reações do indivíduo, de acordo com a idade em que começou a educação de higiene pessoal, podem resumir-se, em geral, da seguinte maneira: Se a educação da criança foi prematura, posteriormente o indivíduo será inconscientemente negativo, hostil e rebelde; mas, em seu aspecto formal, aparecerá como asseado, obediente, passivo e medroso.

Quando as normas de limpeza foram inculcadas no momento adequado, o indivíduo terá, inconscientemente, um sentido normal do poder e, no consciente, uma atitude adequada diante da sujeira e da limpeza.

Quando essa educação se inicia tardiamente, o indivíduo será desasseado, desordenado, desleixado, obstinado e irresponsável. Isso mostra a importância que tem para o futuro do indivíduo o conhecimento do momento certo em que devem ser levadas a efeito as restrições do prazer anal.

As sublimações do período anal, ou seja, os desvios das pulsões para fins aceitos pela cultura, dão origem às artes plásticas, que são as transformações mais ostensivas do prazer infantil de brincar com suas matérias fecais. Em termos gerais, poderíamos dizer que qualquer produção da imaginação criadora, seja ela científica ou artística, estaria mobilizada, em parte, pela sublimação da libido anal.

Fase fálico-genital

Superada a fase anal, o desenvolvimento normal do processo evolutivo libidinal alcança a fase genital ou fálica, que se estabelece francamente por volta dos 3 anos de idade, prolongando-se até os 5 ou 6, quando surge o período de latência.

Na transição do anal para o fálico, o indivíduo passa por uma etapa relativamente breve – a uretral – em que o prazer é resultante do trânsito de urina pela uretra. Essa fase conserva traços da fase anal e, ao mesmo tempo, diferenciando-a desta última, apresenta aspectos que já correspondem à fase fálica ou genital seguinte.

A fase uretral da evolução libidinal não tem sido muito estudada, podendo-se apenas dizer que nela observam-se tendências para brincar com água, brincar com fogo e apagá-lo com jatos de urina, que na fantasia inconsciente da criança tem uma condição destrutiva máxima, como elemento agressivo e corrosivo (*M. Klein*). Sonhos dessa qualidade são aqueles em cujo conteúdo manifesto aparecem destruições por inundação e incêndio. Os traços caracterológicos que correspondem a essa etapa são a ambição e o prazer da velocidade, que é uma forma do prazer pela penetração, por fender a água ou o ar a grandes velocidades. A expressão de agressão é também do tipo penetrante: uso de facas, estiletes e balas. Observou-se que a maioria dos indivíduos que padecem de cálculos e outras afecções renais apresenta muitos traços uretrais.

A excitabilidade da zona erógena genital existe desde o início da evolução, e os lactentes também buscam sensações agradáveis mediante o estímulo de seus órgãos genitais, o que permite afirmar a existência de masturbação neles. Mas só quando as fases anteriores foram superadas é que os genitais se tornam preponderantes, ao mesmo tempo que diminui a excitabilidade das outras zonas erógenas, que, no entanto, como dissemos antes, conservam alguma capacidade nesse sentido. Ferenczi denominou *anfimixia* essa centralização do investimento libidinal na zona genital. Desse modo, as tendências parciais (deleite premonitório, impressões visuais, táteis, abraços, beijos etc.) acentuam as inclinações genitais do adulto, induzem-no ao ato genital e encontram sua satisfação no orgasmo, com o qual os genitais se constituem no órgão central e executivo da energia libidinal (cf. orgasmo, p. 229).

Do ponto de vista da descarga libidinal, pode-se dizer que na criança existe um orgasmo semelhante ao do adulto, com a diferença de que, por não haver produção de líquido seminal, não há ejaculação. Mas, em alguns casos, a micção noturna involuntária é um equivalente da polução dos adultos. Isso é corroborado pelo fato de, em muitos enuréticos, o sintoma desaparecer na puberdade, quando é suplantado pelas poluções.

Nessa etapa da evolução libidinal, o pênis, ou falo, palavra usada para designá-lo, adquire para o menino um valor mágico, cujo simbolismo se encontra em muitos mitos e lendas[13]. Também na menina

....
13. O homem atual ainda usa uma série de amuletos cuja origem é, indiscutivelmente, a forma fálica: pequenos chifres de coral, figas, patas de coelho, ossos compridos etc. Atribuem-se a eles poderes contra o "mau olhado", e em Jacarta existe um canhão antigo em cuja culatra os nativos colocaram uma figa, ou seja, um punho fechado em que o polegar aparece entre os dedos indicador e médio. As mulheres da região que desejam descendência tocam no canhão e ornamentam-no com flores.

Nas ruínas de Pompeia, na casa dos irmãos Vetti, encontrou-se um quadro em que se vê um homem colocando o pênis no prato de uma balança, enquanto outra pessoa deposita moedas de ouro no prato desnivelado.

A varinha mágica e a lâmpada de Aladim, que, esfregadas, adquirem poderes mágicos, também são elementos simbólicos vinculados à função mágica do órgão genital.

Em *Psicanálise de crianças*, M. Klein afirma que "o pênis é, em primeiro lugar, um meio de onipotência destrutiva do menino e, depois, de sua onipotência criadora, que aumenta sua importância como meio de dominar a ansiedade. O pênis contribui para o seu sentimento de onipotência, ajudando-o na sua tarefa de exame da realidade. O menino relaciona-o de uma forma especial e íntima com o ego, transformando-o no represen-

ocorre um processo semelhante, porque ela tem um pequeno órgão – o clitóris – com estrutura anatômica idêntica à do pênis, que filogeneticamente a representa. A etapa denomina-se fálica com toda a exatidão, pois a zona dominante é a do falo nos homens e a do clitóris, seu representante, nas mulheres.

No menino, a excitação da zona genital produz-se pelo impulso interno reforçado pela fricção do pênis e, em especial, da glande, e na menina, por idênticos métodos aplicados ao clitóris e aos lábios vulvares. As meninas provocam os estímulos por fricção manual ou por um movimento rítmico dos músculos. Nos meninos, a atenção concentra-se na possibilidade de obter prazer nessa zona erógena pelos cuidados higiênicos, pela secreção regional ou por ambos os fatores em ação simultânea. Se não são eliminados, os produtos glandulares provocam um prurido ao se decomporem, e isso basta para que o menino, ao se coçar, descubra a erogenidade dessa zona e a possibilidade de obter satisfação mediante a sua manipulação.

Nos primeiros tempos de vida, o menino não reconhece outro órgão genital senão o dele, atribuindo sua existência a todos os demais indivíduos, inclusive às mulheres e aos objetos inanimados. Mas, ao descobrir que há seres sem pênis, fica horrorizado, chegando a supor que as meninas tiveram pênis e o perderam como castigo pela masturbação. Isso o toma de angústia, pois teme que possa acontecer-lhe o mesmo, temor que se manifesta sob diversas formas de sintomas neuróticos, psicóticos ou "psicossomáticos" – que só compreenderemos se levarmos em conta o modo como o menino supervaloriza essa região do organismo, que ele, como já se disse, identifica com o ego.

....
tante dessa instância psíquica e do consciente, ao passo que o interior de seu corpo, as imagos e as fezes, isto é, o que é inservível e desconhecido, é equiparado ao inconsciente.

"A sublimação genital na posição feminina está ligada à fertilidade, ao poder de dar vida e também de recriar os objetos perdidos ou danificados na fantasia. Na posição masculina, o impulso de dar vida está reforçado pelas fantasias de fertilidade, de reparar ou reviver a mãe agredida ou destruída."

O pênis representa não só o órgão da procriação, mas também o meio de reparar ou recriar. A faculdade de curar, que é reparar, segundo disse A. Castiglioni, da Universidade de Yale, estava tão intimamente ligada à serpente (representante simbólica do pênis) que entre os povos do Mediterrâneo, na Antiguidade, era crença popular que a perícia médica podia ser adquirida ingerindo-se um pedaço de serpente (cf. identificação, p. 83). E, também há vários séculos, a serpente está vinculada ao poder de curar, com um sentido mágico. São infinitas as estatuetas do Esculápio com a serpente. No Daomé (hoje República Popular de Benim), a serpente píton ou *danhgui* é o deus da sabedoria, da felicidade, e também a benfeitora do homem.

O vodu atual do Caribe parece ser uma continuação daquelas crenças mágicas.

O temor angustiante, consciente ou inconsciente, de perder o falo denomina-se, na terminologia psicanalítica, *complexo de castração* (cf. complexo de Édipo, p. 156). Ao ocupar-se desse tema, Freud assinalou que a denominação *complexo de castração* devia limitar-se, em seu alcance, aos estímulos e afetos relacionados com o temor da perda do pênis. Mas, levando-se em conta o caráter castratório com que o menino vivencia o desmame, a perda das matérias fecais e, em primeira instância, o próprio nascimento, que constituiria o modelo de toda castração ou separação de algo, aquela designação adquire um novo sentido. Durante o período fetal, existe uma unidade integral mãe-feto, critério que depois a criança aplica às suas matérias fecais e ao corpo. Simultaneamente com a angústia de castração, pode existir um desejo de perder os genitais, como um ato expiatório, que permite distinguir uma forma ativa e outra passiva do complexo de castração[14].

Embora possa parecer um tanto forçada a conclusão de que o menino vivencia a perda de sua matéria fecal como um fato semelhante à castração, não o parecerá tanto se lembrarmos que a criança considera o ato defecatório uma perda sofrida por seu próprio corpo e que no inconsciente basta a existência de um vestígio de analogia para que uma sucessão de ideias represente e ocupe o lugar de outra. A perda de um objeto ou a ferida mais insignificante podem adquirir para o inconsciente, por esse motivo, o significado de uma verdadeira castração, se bem que esta, nesses casos, tem um caráter puramente representativo (*Nunberg*).

Fantasias sexuais da fase fálica

Durante a fase anal, o menino imagina o ato sexual como um intercâmbio de matérias fecais. Mas, ao passar da fase anal para a fase fálica, passa a acreditar que tudo se reduz a urinar dentro da vagina ou, mais exatamente, a intercambiar urina, o que constitui um vestígio evidente da passagem pela fase uretral.

....
14. A forma ativa viu-se realizada no caso de um homem viúvo que, de repente e imprevistamente, sentiu-se presa de tal excitação, chegando a crer que estivesse "endemoninhado". Tomou uma ducha fria, mas a excitação manteve-se. Achou que uma defecação o descarregaria, mas também não obteve resultado. Desesperado, cortou as veias e, ao comprovar que nem isso fazia desaparecer sua excitação, pediu, aos gritos, que chamassem um médico. Antes que este chegasse, e ao sentir que ia agredir sexualmente sua filha e seu filho, cortou os testículos com uma lâmina de barba (como Édipo, que arrancou os olhos como punição para o incesto).

Quanto às fantasias que nessa época as crianças fazem sobre o nascimento, pode-se dizer que predomina nelas a teoria da água, velha ideia que já aparece na lenda do nascimento de Moisés, a quem uma princesa egípcia recolheu das águas. Além disso, há aí um certo fundamento biológico, uma vez que o feto se desenvolve efetivamente em um meio hídrico, como é o líquido amniótico. No idioma simbólico, água e mãe são equivalentes. Do ponto de vista das ciências naturais, acredita-se que a vida se originou realmente na água, de onde passou secundariamente para a terra há milhões de anos.

Na fase fálica, registram-se também as *protofantasias*, como as chamadas "de espiar o ato sexual dos pais", que as crianças, mesmo não tendo chegado a observá-lo diretamente, relatam-no como se na realidade o tivessem visto. Suas fantasias levam-nas a imaginar o coito de acordo com as concepções antes enunciadas e, caso subsistam conteúdos anais, apresentam-no como uma luta agressiva entre os pais.

Outra protofantasia correspondente a essa época da evolução é a denominada "sedução por uma pessoa adulta", que impele a criança a relatar, como se fosse real, a fantasia de ser seduzida, ou a intenção de seduzi-la, por parte de um adulto. Essa situação é muito conhecida dos professores. A falta de conhecimentos psicanalíticos faz que se cometam injustiças com professores que jamais tentaram realizar semelhante agressão, que é resultado apenas de uma fantasia vivida pela criança com tal intensidade, que ela chega a considerá-la realidade (cf. processo primário, p. 41).

Outra fantasia própria dessa mesma época é a chamada "de retorno ao ventre materno", em que o indivíduo fantasia que volta à barriga da mãe e, por conseguinte, sente-se protegido, cuidado e a salvo dos perigos reais ou imaginários do mundo externo. Isso é muito comum nos sonhos dos asmáticos, que revivem essas situações de forma simbólica e adotam, em alguns casos, uma posição fetal, a que se soma como agradável o calor dos lençóis e a escuridão do quarto.

Nesse período fálico, a fantasia de que a mulher tem um pênis igual ao do homem adquire grande importância. Os meninos resistem frequentemente a abandonar essa ideia, pois ela os protege contra o temor da castração, com base na seguinte reflexão: "Se a mulher tem pênis é porque não o cortaram dela e, portanto, não há perigo de que o cortem de mim...".

Essa situação manifesta-se nitidamente no relato que fez um paciente que sofria de histeria de angústia e impotência: "Eu tinha 5 anos quando vi minha mãe nua", contou ele. "Lembro-me de que nessa mesma noite vi minha mãe em sonhos, outra vez sem roupa; mas, no lugar em que à tarde tinha visto sua vulva, havia agora, no meu sonho, um pênis descomunal que chegava até o chão. Voltei a sonhar isso muitas vezes, especialmente depois de ter tentado uma relação heterossexual, sem resultado."

Essa fantasia inconsciente mobiliza muitos casos de homossexualidade, pois o sujeito deseja encontrar um pênis em seu objeto de amor.

O tema da mulher fálica é muito comum nos sonhos e fantasias inconscientes de neuróticos e psicóticos, e muitos deles, em suas vivências oníricas de conteúdo erótico, notam que, quando vão introduzir o pênis na vulva, não podem fazê-lo porque esta se transformou em um pênis.

Até agora, considerou-se unicamente a evolução da organização do homem, em que as transformações são relativamente pequenas e a condição necessária é chegar a sentir-se capaz de admitir sem angústia que a mulher não tem pênis. Nas meninas, o problema se complica, em virtude dos diversos elementos interferentes. A menina deve, antes de tudo, abandonar a posição fálica, uma vez que, sendo o clitóris o substituto filogenético do pênis, é a sede de sensações de tendência masculina ativa. A sexualidade ativo-masculina alcançada pela menina no período de masturbação clitórica não pode chegar à mesma intensidade que tem no menino.

Mais uma circunstância soma-se à anterior: ao que parece, a sensação sexual da *portio vaginalis* adiciona-se à clitórica, chegando a inibir nesta última seu caráter "masculino". No entanto, as crianças, e até mesmo alguns adultos, não têm uma ideia clara e consciente da anatomia genital, chegando a confundir o orifício genital com o anal e o oral. É preciso levar em conta que a vagina recebe o pênis da mesma forma que a boca recebeu o mamilo na fase oral e que ela é estimulada durante o coito por movimentos de vaivém do pênis, do mesmo modo que a mucosa anorretal foi excitada pela passagem do cilindro fecal durante a fase anal. Isso quer dizer que as mulheres imaturas tentam satisfazer na vagina tendências pré-genitais, orais e anais, agora transferidas para essa região. Esse fato, somado à satisfação instintiva de tipo masculino, da qual a menina desfrutou na fase da masturbação clitórica e que a atrai para a fase masculina e ativa, é um dos motivos mais importantes que criam a grande dificuldade para a mulher atingir a normalidade funcional sexual, com sensações e satisfações vaginais. Daí a frigidez ser tão comum – pode-se afirmar que mais de 50% das mulheres são frígidas vaginais. Assim como a tendência de toda a cavidade é admitir algo dentro dela, deve-se também considerar que a tendência de um membro ereto é penetrar em uma cavidade. A grande importância dessa fase é o fato de nela se fazer a eleição de um objeto de sexo contrário.

Pode-se concluir que a finalidade masculina é ativa e a feminina, passiva, mas até mesmo no caso da mulher a atuação para alcançar o fim é ativa, e só é passiva pelo fato de ser uma cavidade. A mulher normal também é ativa no sentido da busca do objeto que servirá para descarregar sua tensão e alcançar o equilíbrio, que é o objetivo do instinto. Por isso, a passividade da mulher durante o ato sexual é considerada patológica.

Como o homem começa a ter suas primeiras sensações genitais antes que desapareçam por completo as sensações de tipo anal, em que existe um sentido de cavidade, pode-se afirmar que em sua vida sexual, tal como na menina, aparecem tendências de finalidade passiva acompanhando as de finalidade ativa e que a única diferença é que, no sexo masculino, predominam as de finalidade ativa e, no feminino, as de finalidade passiva ou receptoras.

Essa ambivalência de finalidades é o que permite reconhecer, na fase fálica, a constituição biológica bissexual do indivíduo, que cada vez mais se confirma no campo das pesquisas biológicas.

A bissexualidade

Um dos primeiros pesquisadores a abordar o problema da bissexualidade celular foi Schaudin, na primeira década do século XX. Mas só em 1930 Hartmann demonstrou, de maneira concreta, que em cada célula viva coexistem um elemento integrante material, a que chamou de obsessivo ou feminino, e outro locomotor, ativo ou masculino. Com base nessa descoberta, Hartmann inferiu que a sexualidade é uma propriedade relativa. Seus experimentos demonstram que a mesma célula que se comporta como masculina e ativa diante de uma célula feminina pode, diante de outra ainda mais ativa do que ela, adotar uma atitude passiva ou feminina. Existiria, portanto, uma bissexualidade imanente. Mas esse termo, que tem sido empregado com tanta frequência, não coincide exatamente com o conceito de "sexualidade indiferenciada".

A bissexualidade é de ordem espacial e quantitativa – sugere a imagem de duas forças concretas e antagônicas que dão lugar a uma resultante menos concreta do que as duas forças que a geraram.

A intersexualidade é de origem abstrata e não admite ser representada de forma imaginativa (*Dalbiez*).

Hartmann demonstrou que a função masculina e a feminina na sexualidade celular não são fixas. Otto Weininger também se refere à persistência, sem exceção, dos caracteres de ambos os sexos nos seres humanos, animais e vegetais. Em seu livro *Sexo e caráter*, ele diz que a primitiva disposição sexual, pela qual passam todos os organismos, inclusive os mais elevados, pode relacionar-se com essa persistência quando os organismos já se encontram unissexualmente desenvolvidos.

Todas as particularidades do sexo masculino, quaisquer que sejam e mesmo que se encontrem debilmente desenvolvidas, comprovam-se também no sexo feminino. Os caracteres sexuais das fêmeas existem igualmente, mais ou menos recuados, nos machos. Diz-se, nesses casos, que se encontram em um estado "rudimentar". Assim, escolhendo como exemplo a espécie humana – que é a que nos interessa –, a mulher, por mais feminina que seja, apresenta penugem sem pigmento na zona do rosto correspondente à da barba masculina. O homem, por mais viril que seja, tem restos de formações glandulares sob os mamilos.

Essa semelhança torna-se mais óbvia na zona dos órgãos genitais, especialmente na região urogenital, pois em cada um dos sexos podem-se constatar todas as formas do outro desenvolvidas de maneira rudimentar.

A partir dos elementos anatômicos relacionados com a persistência de caracteres sexuais do sexo contrário, Freud sustenta que em todos os indivíduos existe uma disposição bissexual originária que, no decorrer da evolução, foi se orientando para a monossexualidade, embora conservando alguns restos do sexo oposto.

A afirmação de Freud é corroborada por dados:

1) embriológicos;
2) anatomopatológicos (hermafroditas);
3) celulares;
4) bioquímicos (hormonais);
5) obtidos a partir de pesquisas com vertebrados e mamíferos superiores.

Dados embriológicos

O principal dado é a crista genital embrionária, que em si é indiferenciada, mas dá origem aos canais de Wolf, nos quais se desenvolvem os órgãos masculinos, e aos canais de Müller, que originam os femininos.

Dados anatômicos

O clitóris da mulher é um pênis rudimentar, e o utrículo prostático não é mais do que uma matriz embrionária, resto dos condutos de Müller no homem.

Do mesmo modo, as bolsas dos testículos correspondem aos grandes lábios vulvares, assim como uma série de glândulas secretoras, que se encontram na uretra e também nas paredes vaginais. O mesmo podemos dizer das mamas, e cabe aqui lembrar o exemplo, citado por Testut, do capitão de um navio que amamentou uma criança órfã durante toda uma longa viagem.

Dados celulares

As pesquisas de Schaudin e Hartmann, já mencionadas, demonstraram a coexistência de elementos passivos ou femininos e locomotores ou masculinos em organismos monocelulares.

Dados bioquímicos

Em 1937, Korenchevsky, Dennison e Hall afirmaram que, "com poucas exceções, a propriedade bissexual deve ser considerada um dos caracteres comuns de quase todos os hormônios sexuais, mesmo que em alguns deles isso esteja pouco diferenciado".

Há uma ambivalência dos hormônios que se manifesta pelo que poderíamos chamar de "efeitos cruzados".

O propinato de testosterona, injetado em fêmeas castradas, produz uma normalização do peso do útero e, em seguida, um considerável aumento do volume da vagina. Por sua vez, a estrona e o estradiol, hormônios femininos, produzem no macho aumento do peso das vesículas seminais e também, embora em pequena proporção, do peso da próstata. Em alguns casos, produziu-se um aumento do tamanho do pênis. O único hormônio que parece não ser ambivalente é a progesterona.

Em 1936, R. Schlossberg e Durruty apuraram que no sangue circulam tanto hormônios femininos como masculinos. Pasqualini fornece em seu livro sobre endocrinologia alguns dados interessantes sobre os corticosteroides androgênicos. Afirma que "eles existem na suprarrenal tanto da mulher quanto do homem" e assinala também, referindo-se aos "estrógenos testiculares", que "os testículos produzem não só a testosterona, mas também estradiol, estrona e outros esteroides que são a origem de uma parte dos estrógenos que o homem elimina pela urina".

É possível que uma substância maior comum seja transformada pelos testículos e pelos ovários em hormônios masculinos e femininos, respectivamente.

Dados de pesquisas com vertebrados e mamíferos superiores

As pesquisas realizadas em seres unicelulares foram corroboradas em 1942 pelas experiências realizadas por Beach, Stone e outros, que estudaram mamíferos e vertebrados superiores.

Beach observou que, entre os padrões motores compreendidos no mecanismo do coito e que se manifestam nos machos, existem duas organizações neuromusculares, uma capaz de reproduzir as reações copulativas correspondentes ao sexo e outra que reproduz as reações próprias do sexo oposto.

A atitude ou *padrão neuromotor masculino* caracteriza-se por quatro elementos: 1) cobrimento; 2) carícias com as patas dianteiras no lombo do objeto; 3) investidas de êmbolo; e 4) liberação do animal-objeto mediante uma retirada brusca para trás.

O *padrão feminino* de conduta copulatória também tem quatro elementos característicos: 1) espera passiva; 2) agachamento; 3) adoção de lordose e 4) vibração das orelhas.

Entre os elementos que levam o sujeito ao ato copulatório, encontram-se diferenças individuais quanto à excitabilidade sexual e o valor excitante do objeto-estímulo.

Em uma avaliação desses fatos, Beach acredita poder afirmar que o estímulo sexual deflagrador depende da criação e da manutenção, dentro do sistema nervoso central, de uma condição análoga ao que Sherrington denominou *estado excitatório central*.

A carga do estado excitatório central é aumentada sem diferenças específicas tanto para os hormônios femininos quanto para os masculinos, os quais só atuariam especificamente na diminuição do limiar neuromotor efetor correspondente. A título de exemplo, podemos citar o caso de um paciente que sofria de impotência erétil total, motivada por conflitos inconscientes de natureza homossexual. Certa vez, injetaram-se nele elevadas doses de hormônio masculino; como consequência ele apresentou pulsões homossexuais conscientes e, simultaneamente, hemorroidas sangrentas. A hemorragia foi vivenciada pelo paciente como menstruação.

Stone e Beach verificaram que ratos machos não castrados apresentavam lordose quando eram cobertos por outro macho mais forte, mas, ao mesmo tempo, mantinham a capacidade de copular e fertilizar uma fêmea receptiva. Observaram também que macacos machos assumiam o papel feminino em tentativas de cópula empreendidas por machos maiores.

No macho, o limiar dos circuitos neuromotores que intervém no padrão feminino é muito mais alto do que o limiar responsável pela resposta masculina, e por isso o aparecimento de reações femininas exige um maior estado de excitação no mecanismo excitatório central.

Essa formulação da questão explicaria, de certo modo, o aparecimento da homossexualidade, em um nível ou proporção mais alto do que o normal, nas prisões, em navios e em colégios internos, onde a descarga heterossexual é impossível. Também se pode dizer, em um enfoque integral, que é isso que ocorre em alguns casos de homossexualidade. Sabe-se que, de modo geral, o homossexual conscientemente quer muito a mãe, ou seja, um objeto heterossexual. Sabe-se também que é frequente, entre os homossexuais, a ocorrência de sonhos em que tentam um coito heterossexual, mas, no instante em que pretendem realizar a introdução, surge um pênis do interior da vagina. Isso mostra a existência de um primeiro impulso heterossexual e também do conflito edipiano. Para o homossexual, a mulher em geral converteu-se simplesmente em uma imagem incestuosa, e cada aproximação desse objeto censurado mobiliza a proibição do superego, simbolizado no sonho pelo pênis (pênis do pai censor, castrador), que impede a entrada na vagina. Se transportarmos esses elementos psíquicos para o esquema, poderemos teorizar dizendo que a ação censora do superego eleva o limiar de descarga pelos padrões neuromotores masculinos a um grau maior do que o do limiar feminino-passivo. Por isso, a descarga energética deve realizar-se por meio de padrões neuromotores femininos, uma vez que, por ação do estímulo psíquico pelo hipotálamo, se intensificaria a secreção hormonal que incrementaria o estado excitatório central. Essa hipótese seria também uma explicação para o fato de que a homossexualidade raramente pode ser solucionada por tratamentos hormonais.

A conduta bissexual dos animais é observada em certas condições experimentais que dependem do aumento da excitabilidade do macho (mecanismo excitatório central) e das condições excitantes do objeto-estímulo.

Em seus experimentos com ratos, Beach observou que, quando se injetavam grandes quantidades de andrógenos em machos sexualmente ineptos, havia uma redução do limiar dos circuitos neurais que intervêm no padrão masculino. Como resultado, reduzia-se proporcionalmente a relação específica "estímulo-objeto" que, em condições normais, é exatamente adequada para produzir a cópula. Nessa situação, o rato macho tenta copular com animais que geralmente não provocam a resposta copulativa dos machos normais, tentando cobrir qualquer animal próximo que tenha um tamanho proporcional ao seu. Se, ao chegar a esse grau de intensidade do estado excitatório central, o macho, excitado ao máximo, é coberto e apalpado por outro copulador mais vigoroso, do mesmo sexo, apresenta uma reação copulativa feminina. O mesmo sucede com o gado vacum, pois as vacas excitadas chegam a adotar uma postura e uma atividade decididamente ativa em relação a outras vacas, e também ao touro. Ou seja, na ausência de outro animal-estímulo que possa ser usado como fêmea, o primeiro macho não pode empregar o padrão masculino, mas, como existe uma forte tendência do estado excitatório central para descarregar-se por qualquer canal eferente, a energia libidinal passa por outro circuito neural aproveitável, isto é, pelo correspondente ao padrão feminino.

Ao tratarmos dos dados anatômicos da bissexualidade, dissemos que há elementos morfológicos que representam em si, e de forma rudimentar, os órgãos genitais do sexo oposto, e há casos isolados em que esses traços vão perdendo suas características femininas para assumir as masculinas ou vice-versa[15].

Complexo de Édipo

O complexo de Édipo tomou seu nome de uma lenda grega cantada em um poema épico atribuído ao poeta Cineton.

Édipo, símbolo da fatalidade ou força do destino[16], segundo a versão de Sófocles (497-405 a.C), era filho de Laio, rei de Tebas, e de Jocasta. Tendo Laio consultado o oráculo de Delfos para saber se seria feliz em

....

15. Há algum tempo, os jornais ocuparam-se do caso de Roberta Cowell, que até há poucos anos era Roberto e, como tal, foi pai de dois filhos. A atual senhorita Cowell, a quem a justiça britânica concedeu documentos de identidade em que figura como sendo do sexo feminino, escreveu um livro intitulado *Eu fui homem*, relatando sua experiência. Um tratamento trivalente, que enfocou suas deficiências hormonais, sua modificação psíquica e o aspecto cirúrgico da mutação, fez dela uma mulher normal.

16. Poderíamos dizer, com um conceito psicanalítico: "à mercê das forças dos instintos", que na obra de Sófocles aparecem simbolizados pelo "destino" ou "a vontade dos deuses", o que passaria, desse modo, a ser uma projeção externa dos desejos inconscientes.

seu matrimônio, a pitonisa anunciou-lhe que o filho que nasceria da união com Jocasta lhe daria a morte.

Aterrorizado e tentando escapar a esse destino, Laio entregou o menino a um criado com ordem de matá-lo no monte Citéron. O servo atou o menino pelos pés a uma árvore, abandonando-o – daí a origem do nome Édipo (do grego *Oidípous* = "pés inchados"). Pouco depois, ele foi salvo por um pastor que o levou a Corinto, onde foi adotado por Políbio, o rei local, e sua esposa, Mérope.

Ao chegar à maioridade, Édipo começou a suspeitar da legitimidade de sua origem e, para esclarecer suas dúvidas, interrogou o oráculo. Obteve uma resposta nebulosa e estranha: "Édipo, serás assassino de teu pai, esposo de tua mãe, e engendrarás uma raça maldita dos deuses". Horrorizado com a predição, tratou de evitar que ela se cumprisse, desterrando-se voluntariamente de Corinto, de cuja rainha se julgava filho. A caminho da Fócida, cruzou com um viajante em uma estrada estreita que levava a Delfos. Os dois brigaram sem se conhecer, e o viajante, que não era outro senão Laio, o pai, foi morto. Édipo fugiu sem ser reconhecido e chegou a Tebas, cidade assolada pelos estragos da Esfinge. O pai de Jocasta, que regia o país desde a morte de Laio, mandara difundir por toda a Grécia a notícia de que daria a filha e a coroa àquele que livrasse Tebas do tributo que pagava ao monstro. Édipo ofereceu-se para isso, acertou os enigmas propostos pela Esfinge, venceu-a e deu-lhe a morte. Assim obteve Jocasta, sua mãe, como prêmio pela vitória, fez dela sua esposa e teve dela quatro filhos.

Anos depois, Édipo ficou sabendo do mistério de seu nascimento, reconhecendo-se, portanto, parricida e incestuoso. Horrorizado, arrancou os próprios olhos em punição[17].

Essa lenda antiquíssima, segundo Freud, teve outrora realidade, mas hoje repete-se unicamente no terreno da fantasia inconsciente, como representação psíquica. É o que, em psicanálise, se chama *complexo de Édipo* ou *situação edipiana*, um marcado afeto pela mãe que se contrapõe ao ciúme e desejo de destruir o rival: o pai.

Segundo Freud, é no período compreendido entre os 3 e 5 anos de idade que o complexo de Édipo alcança sua maior intensidade[18],

....
17. Tratei há tempos de um paciente iugoslavo que sofria havia dois anos de um intenso blefarospasmo, que o deixava praticamente cego. Durante a psicoterapia, pôde-se descobrir que a causa deflagradora de sua afecção tinha sido manter relações sexuais com sua "madre política", adquirindo o sintoma um significado simbólico de castração.
18. M. Klein, com base em sua experiência com análise de crianças de pouca idade, considera que o complexo de Édipo começa a estruturar-se aos 6 meses e faz sua evolução final na época indicada por Freud.

ou seja, na fase fálico-genital, quando o tipo de escolha de objeto produz uma intensificação dos conflitos do menino.

É na fase fálica que cresce a intensidade das tendências de tipo genital, e dissemos que todo instinto necessita de um objeto que lhe sirva de apoio, para poder alcançar seu fim. Por isso o menino, a fim de encontrar seu objeto, deve buscá-lo entre as pessoas que o cercam. Portanto, é claro que o menino escolhe como objeto de suas pretensões amorosas a mãe ou uma substituta materna, como as babás, tia, irmã etc. E é por isso que, muitas vezes, as situações edipianas não estão vinculadas à primeira figura (a mãe), mas a alguma das substitutas.

Por volta dos 3 anos, o comportamento do menino com relação à mãe sofre algumas alterações. Ele depende dela, é exigente com ela, mas compreende que ela tem outros interesses, em razão dos quais outras pessoas de seu meio ambiente ganham importância. O pai adquire uma nova dimensão, e o garoto vê nele um poderoso representante do mundo exterior. No prazo de um ano, varia a orientação das necessidades instintivas infantis. O menino desenvolve um sentido de proteção para com a mãe, diante da qual tenta apresentar-se, ou apresenta-se como um indivíduo forte e grande como o pai. Em vários aspectos, começa a se conduzir como um amante, e muitos meninos chegam a declarar que quando crescerem irão se casar com a mãe. Isso o contrapõe ao pai, em relação ao qual sente ao mesmo tempo agressividade e admiração, tornando mais complexa uma situação que não o seria tanto se houvesse simplesmente ódio pelo pai e amor pela mãe.

Mas a ambivalência e a bissexualidade (cf. bissexualidade, p. 151) presentes fazem que o problema se complique quanto ao pai, pois, existindo ódio e amor ao mesmo tempo, uma carga afetiva se choca contra a outra. Ao mesmo tempo, a agressividade que o menino sente contra o pai é projetada, e a imagem resultante começa a ser perigosa e dotada de uma agressividade tão intensa quanto aquela que a própria criança sente e projeta sobre esse objeto. É quando, então, o filho começa a temer o pai, situação que se observa claramente nas fobias. Um exemplo típico é o caso de um indivíduo, estudado por Freud, que deslocava seu temor e seu ódio pelo pai para os cavalos, mais fáceis de evitar do que o pai. Outro menino de pouca idade deslocou sua fobia paterna para o lobo de um livro de contos infantis, que ele podia evitar com extrema facilidade pelo simples recurso de não abrir o livro. Entretanto, as fobias podem ser consideradas um elemento normal na evolução dos seres, pois não existe uma pessoa que nunca tenha tido alguma fobia.

Em face da situação edipiana e da angústia que ela produz, o menino, que deseja ter a força e a potência do pai, dirige sua agressividade para os órgãos genitais dele e teme que, em contrapartida, os seus próprios sejam danificados ou extraídos. Ao lhe ocorrer isso, começa a atuar o *complexo de castração*.

O pai real investido pela agressividade projetada adquire proporções de objeto *perigoso* para o filho, que, finalmente, opta por livrar-se do *pai mau* e, em uma regressão ao plano oral, com o mecanismo característico da introjeção, consegue satisfazer suas duas tendências simultâneas: a da destruição da imago *pai mau*, devorando-o mentalmente, e a de incorporação do *pai bom*, incorporando tudo o que ama nele. A imagem severa introjetada como medida de segurança ("não pode mais me fazer nada, pois o tenho dentro de mim...") faz que o menino sinta-se independente do pai externo e entenda que não é necessário que este se zangue com ele, pois já aprendeu como deve conduzir-se, uma vez que está sendo ensinado pelo elemento incorporado. Por meio desse processo, o sujeito soluciona o problema e, ao mesmo tempo, fortalece seu ego pela ação de um elemento censor que, por sua vez, aumenta suas possibilidades de dominar suas pretensões proibidas (cf. superego, p. 94).

Podem-se estudar várias formas de complexo de Édipo. A *positiva e direta*, em que o menino ama a mãe e odeia o pai; a forma *invertida* em que o menino ama o pai e odeia a mãe; e as formas *mistas*, que são as que se encontram mais correntemente.

O complexo de Édipo, segundo Freud, constitui o núcleo inconsciente de todas as neuroses e psicoses, em torno do qual se agrupam os complexos e fantasias restantes. Nunberg diz que seria interessante encontrar formas particulares do complexo, características de cada afecção psíquica, mas que isso não passa de uma aspiração. Em primeiro lugar, o desenvolvimento dos distúrbios psíquicos não é suficientemente claro em todos os casos e, em segundo lugar, nem sempre é possível delimitar com exatidão cada uma das formas do complexo de Édipo, pois há as mistas e intermediárias.

Evolução do complexo de Édipo nas meninas

O complexo de Édipo segue, nas meninas, um curso distinto e mais intrincado. Essa complexidade deve-se ao fato de que na menina produz-se uma série de passagens de excitabilidade da zona anal para a clitórica, e só depois surge a excitabilidade vaginal. Ao mesmo tempo, a menina efetua mudanças de objetos. Como o menino, a menina tem como objeto primeiro a mãe e só depois passa a fixar-se no pai. Os passos evolutivos do complexo de Édipo, na menina, seriam os seguintes, segundo Freud: ao descobrir a falta de um pênis, o que ela vive como um castigo pela masturbação, a menina pode reagir de várias maneiras. Pode resignar-se, com a esperança de recuperação, ou, pelo contrário, comportar-se como um menino, transformando-se então na menina ativa, que tem jogos, brincadeiras e atitudes de tipo masculino. Nesse primeiro passo da evolução, é fácil ver a diferença: no menino, o complexo de Édipo mobiliza-se pelo temor à angústia de castração. O complexo de castração aparece, nos meninos, depois do complexo de Édipo, processo inverso ao que ocorre nas meninas (*Nunberg*). A falta de pênis que a menina observa em si mesma, ao comparar-se com os outros, provoca uma reação de ódio à mãe, pelo fato de considerar que ela a privou de um pênis. Essa situação mobiliza nela uma regressão da fase fálica para a fase anal secundária retentiva, e, nessa posição, carrega intensamente de libido os representantes dos objetos por meio do simbolismo dos excrementos – ou seja, projeta novamente a libido nos excrementos e nasce nela o anseio de ter um bebê. Já dissemos que na fase anal os excrementos representam a ponte entre o ego e o meio ambiente. Podemos acrescentar que esses excrementos e esse anseio estão destinados ao pai e constituem a expressão simbólica de um novo ser oferecido àquele. O clitóris conserva, entretanto, parte de sua excitabilidade, mas parece que as sensações anais são deslocadas para a entrada da vagina, e a menina começa a querer e desejar genitalmente seu pai. O sentimento amoroso não chegará ao amadurecimento completo até a puberdade, graças a um segundo acesso de passividade. Assim como no menino o aumento do amor heterossexual incrementa a ambivalência em face do pai, até convertê-la em animosidade e considerar seu progenitor um rival, também na menina desperta a ambivalência em relação à mãe. Assim como o menino vence, por meio da identificação com o pai, o sentimento de rivalidade e a angústia de castração, a menina elimina esses sentimentos por meio da identificação com a mãe. Com isso se reforça consideravelmente sua feminilidade, do mesmo modo que o menino, com a identificação com o pai, reforça a sua masculinidade.

De uma solução incompleta do complexo de Édipo nascem os conflitos posteriores, as diversas sintomatologias ou as diferentes entidades clínicas, daí Freud afirmar que o Édipo é o núcleo de toda neurose e psicose.

Período de latência

Por volta dos 5 a 6 anos, como consequência do complexo de castração, a criança entra em uma época de calma sexual, durante a qual o id se aplaca, o ego se reforça e o superego, "herdeiro" do complexo de Édipo, atua com mais severidade.

Na realidade, não existe uma latência absoluta, pois esta se encontra esporadicamente interrompida por excitações. Por isso, não se deve considerar que a evolução sexual se interrompe – ela está apenas em estado latente, está presente sob a superfície, mas sem manifestações muito visíveis. O que ocorre é que a libido só perde seu caráter objetivo genital imediato para dedicar-se especialmente a aperfeiçoar as faculdades de sublimação do sujeito, já que as energias instintivas dos impulsos sexuais são aproveitadas durante essa época para a estruturação do ego, a expansão intelectual, o aumento dos conhecimentos, preparando a capacidade social futura em um círculo ambiental cada vez maior. O fato de na maioria dos países a escolaridade começar entre os 5 e 6 anos não é então arbitrário, mas obedece a um profundo significado psicobiológico.

Durante o período de latência, aperfeiçoam-se e organizam-se as estruturas basicamente estabelecidas nos anos anteriores, e sua boa realização depende fundamentalmente da harmonia psicossexual entre os progenitores[19].

Para que, durante essa etapa da evolução, as tendências sexuais possam ser inibidas em sua finalidade direta, é indispensável que os estímulos externos que a criança recebe não ultrapassem certo nível. Quando a organização familiar está irregularmente estabelecida, a criança, como consequência direta, recebe uma sobrecarga de estímulos afetivos. Essa é a situação especialmente dos filhos únicos, dos maiores e dos menores. Daí decorre que a maior parte dos distúrbios mentais e psicossomáticos se instale nesses indivíduos (quando não conseguem sublimar essa sobrecarga), sendo compreensível a necessidade de favorecer as descargas de tensões em um meio extrafamiliar, em que a criança se desenvolve por meio de atividades lúdicas e de aprendizagem em uma sociedade de indivíduos de sua idade, sexo e grupo social correspondente.

O começo do período de latência no menino coincide, em um plano orgânico, com as modificações do testículo nessa mesma idade. Essas modificações, segundo A. Rascovsky, são inegáveis e correspondem

---

19. Comprovação efetuada (1940-1941) no consultório externo do Servicio de Neuropsiquiatría y Endocrinología do Hospital de Niños de Buenos Aires.

à inibição do desenvolvimento genital, expresso psicologicamente nas variações da evolução libidinal da criança. Há, portanto, elementos válidos para admitir uma simultaneidade das variações somáticas e características psicológicas observadas.

Rascovsky assinalou em um artigo a simultaneidade entre a evolução psicológica e biológica da criança. Diz ele: "A evolução histológica do testículo começa nos primeiros meses da vida embrionária, e, já no final da vida intrauterina, ele se constitui de células de Leydig em grande quantidade nos espaços intersticiais, e gonócitos e células vegetativas nos condutos seminíferos".

Essa estrutura histológica, que recebeu o nome de "testículo embrionário infantil", mantém-se até os 5 ou 6 anos de idade. É a partir dessa época que o testículo sofre uma notável modificação, mantendo-se em um estado que dura até a puberdade e se denomina pré-espermatogênico. Ele se caracteriza especialmente pelo desaparecimento das células de Leydig nos espaços intersticiais e pelo desaparecimento dos gonócitos e células vegetativas nos condutos seminíferos, que são substituídos por espermatogônias ou células-mães da futura espermatogênese e por células nutrizes de Sertoli.

Ancel e Madame Foncin[20] demonstraram que as espermatogônias derivam dos gonócitos primordiais e que as células de Sertoli originam-se nas células vegetativas. Quando a puberdade se instala, voltam a aparecer as células de Leydig, de acordo com a condição existente antes dos 5 ou 6 anos de idade.

Se transpusermos esses fatos para o terreno psicológico, compreenderemos que o complexo de castração tem um indiscutível equivalente orgânico.

No Hospital de Niños, tivemos oportunidade de estudar o caso de um menino nascido na Europa, segundo filho de um casal, que vivia com a avó viúva desde os 2 anos de idade, quando foi deixado a cargo dela pelo fato de os pais terem emigrado. A sociedade familiar da criança ficou então reduzida à avó, sem a participação de qualquer outro membro. Durante esse período, o menino dormia na cama com a avó. Quando ele tinha 4 anos, foi seduzido por uma mulher idosa, empregada de uma casa vizinha. Desde então realizou jogos sexuais frequentes com a velha sedutora, nos campos próximos da aldeia onde viviam. Essa situação prolongou-se durante anos, ou seja, até o garoto chegar aos 7 anos, época em que teve de interromper-se porque o casal foi pego em flagrante por uma autoridade do lugar, o que motivou a acusação e

....
20. Ancel e Madame Foncin, citados por Remy Collin, *Las Hormonas*, ed. Calpe, Buenos Aires, 1930, p. 125.

instauração de processo criminal contra a mulher. Com isso, o garoto tinha desenvolvido estruturas genitais exageradas para a idade dele. Foi então transferido para Buenos Aires, onde sua adaptação ao novo ambiente foi extremamente difícil, devido à incapacidade para dominar suas tensões genitais em franco duelo, logicamente, com o meio em que vivia, totalmente distinto do meio estimulante que o levara a essa situação sexual.

As conclusões a que chegamos no caso exposto foram as seguintes: "Sua escolha de objeto primário deslocara-se da mãe para a avó, que constituiu a mãe substituta desde os 2 anos de idade. A figura inibidora do pai na realidade não existia. Somando-se a isso o fato de se ter produzido um fácil deslocamento das pulsões genitais dirigidas primitivamente à avó para a empregada sedutora, uma velha com as características da avó e que não tinha marido, chegamos à conclusão de que a instância fundamental repressora da atividade genital não existiu ou era muito fraca. Podemos assinalar que a formação do complexo de Édipo e do complexo de castração foi extremamente dificultada pela inexistência do pai e pelo fato de a função repressora do superego materno estar atenuada, uma vez que era a mesma figura que o incitava à atividade genital. O desenvolvimento intelectual da criança era escasso, mas seu crescimento mantivera-se regularmente até o momento da pesquisa. O fator cronológico adquiriu grande importância, pois as situações sexuais superestimulantes apresentaram-se coincidentemente com a época normal de evolução genital, sem que existissem os fatores que normalmente deviam inibir esse desenvolvimento".

Freud afirmou que o período de latência sexual infantil, entre 5 e 12 anos, é um fenômeno biológico. W. Reich afirma, pelo contrário, que suas observações de crianças de diferentes estratos sociais da população mostraram-lhe que, se elas têm um desenvolvimento sem restrições da sexualidade, não existe um período de latência. Diz Reich: "Quando aparece um período de latência, este deve ser considerado um produto artificial, não natural, da cultura". Essa afirmação foi corroborada por observações de Malinowski, que relatou a atividade sexual das crianças das ilhas Trobriand como um processo ininterrupto, de acordo com as respectivas idades, sem a existência de um período de latência.

A afirmação de Reich, apoiada em suas experiências clínicas, mais as observações antropológicas levadas a efeito por Malinowski, e depois por Margaret Mead na Samoa, e ainda o caso estudado por mim no Hospital de Niños de Buenos Aires permitem a afirmação de que o período de latência é, em grande parte, uma consequência do ambiente e da cultura em que se vive, e que, se não existisse uma repressão sexual social, esse período de latência não se produziria ou não chegaria a ser tão nítido como é na sociedade atual.

Puberdade

O período de latência termina com o começo da puberdade, por volta dos 11 a 13 anos (isso varia segundo a latitude; adianta-se nos trópicos e atrasa-se nas zonas árticas), quando surge grande quantidade de excitação sexual, semelhante à adulta quanto a seus fins, embora com a diferença fundamental de que os objetos ainda são, inconscientemente, os mesmos da infância. Por conseguinte, continua em vigor a barreira contra o incesto.

Essa é uma das razões por que a masturbação da puberdade desperta sentimentos de culpa, já que se pode considerá-la uma repetição do onanismo infantil (dos 4 aos 5 anos), praticado com fantasias extraídas da constelação do complexo de Édipo. Como o sentimento de culpa está intimamente vinculado a esse complexo, é natural que surja nas fantasias inconscientes que acompanham o onanismo púbere.

Se a finalidade infantil é abandonada, a menina renuncia à sua masculinidade, o clitóris perde a excitabilidade, erotizando-se a vagina. O menino supera definitivamente o complexo de castração. Tanto a menina como o menino efetuam respectivas escolhas de objeto no meio extrafamiliar. Superando o complexo de Édipo, os indivíduos adquirem a possibilidade de efetuar uma eleição de objeto não incestuoso, aplicando, ao mesmo tempo, suas tendências pré-genitais somente à produção do gozo premonitório (visão do objeto, beijos, carícias etc.), sendo os genitais os únicos órgãos que regem a sexualidade, ao mesmo tempo que assumem um papel essencial na reprodução.

A duração da puberdade pode variar, citando-se casos em que, aos 25 anos, ainda não foi superada. A puberdade prolongada encontra-se nos indivíduos mal adaptados à realidade, em alguns indivíduos associais e nos que, mais tarde, adoecem de esquizofrenia (*Nunberg*).

A observação de púberes leva a concluir que possuem características especiais. O fenômeno mental típico deles deve ser considerado produto da tentativa de restabelecer o equilíbrio que estava perturbado – até o mais saudável dos adolescentes apresenta traços semelhantes aos esquizoides.

Durante o período de latência, as demandas instintivas não mudaram muito, mas o ego sim, tendo desenvolvido padrões de conduta em face das demandas internas e externas. O retorno de impulsos sexuais infantis deve-se especificamente ao fato de, nessa época, a primazia genital ainda não ter se estabelecido de forma absoluta e de se produzir, na puberdade, um incremento da sexualidade total. Em parte, o surgimento de atitudes do tipo infantil é causado pelo temor, também infantil, de novas formas de pulsões, que faz o ego voltar a atividades ou satisfações precoces e, portanto, já conhecidas (*Fenichel*).

De acordo com os conceitos de Anna Freud, expostos em *O ego e os mecanismos de defesa*, o aumento das exigências instintivas produz no indivíduo, como efeito indireto, a intensificação dos esforços defensivos que perseguem o domínio dos instintos reativados. As tendências do id – escassamente notadas nas épocas tranquilas da vida instintiva – revelam-se agora nitidamente, e os mecanismos do ego, tão pouco visíveis durante o período de latência ou a vida adulta, podem exagerar-se a ponto de promover uma deformação mórbida do caráter. Das diversas atitudes que o ego pode assumir em face da atividade instintiva, há duas que, ao se manifestarem de um modo especialmente acentuado na puberdade, causam viva estranheza no observador e explicam algumas das particularidades típicas desse período: são elas o *ascetismo* e a *intelectualização* do adolescente.

Um dos aspectos que se observam correntemente é que, alternando-se com os excessos instintivos das irrupções do id e de outras atitudes aparentemente contraditórias, sempre se pode perceber no adolescente um antagonismo diante dos instintos, muito maior do que a repressão habitual dos instintos na vida normal e nas condições mais ou menos graves das neuroses. Quanto à modalidade e extensão de suas manifestações, o ascetismo do púbere assemelha-se mais à atitude em face dos instintos, própria de certos fanáticos religiosos, do que ao ascetismo da neurose declarada (*A. Freud*).

Os adolescentes que passam por esse período ascético parecem temer mais a quantidade do que a qualidade de seus instintos, dando a impressão de que o problema do adolescente está relacionado mais com o gozo ou a renúncia dos instintivos em si e em geral do que com a satisfação ou frustração de pulsões ou desejos específicos. Durante esse período, os indivíduos geralmente desconfiam do gozo ou prazer em si, e seu sistema mais seguro consiste unicamente em opor ao incremento e insistência de suas pulsões as proibições mais estritas. Do mesmo modo como os pais severos atuam no processo da primeira educação dos filhos, cada vez que o instinto diz *eu quero*, o ego replica *não pode*. Esse medo que o adolescente tem dos instintos mostra uma perigosa tendência a se generalizar. Pode iniciar-se com os desejos instintivos propriamente ditos e estender-se depois às mais triviais necessidades físicas cotidianas. A observação habitual mostra-nos adolescentes que negam radicalmente todo impulso com matizes sexuais. Assim, evitam reunir-se com pessoas de sua idade e sexo, renunciam a participar de qualquer tipo de divertimento e, levados por um verdadeiro puritanismo, negam-se a fazer qualquer atividade que se relacione com teatro, música ou dança, ou seja, tudo o que tenha um matiz de sexual ou agradável, ainda que leve. É fácil compreender que existe uma estreita conexão entre renúncia a uma roupa vistosa e atraente e a proibição da sexualidade. Mas o que deve inquietar quem observa um adolescente ou púbere nessa situação é que a renúncia se estende a coisas ou fatos inofensivos e necessários – por exemplo, quando o adolescente se nega a mais indispensável proteção contra o frio, mortifica a carne de todas as maneiras possíveis e expõe sua saúde a riscos desnecessários; quando, além de abandonar certas satisfações de prazer oral, "por princípio" também reduz ao mínimo sua alimentação diária, obriga-se a madrugar, depois de ter sido afeito a noites de sono prolongado e profundo; quando lhe repugna rir ou sorrir, ou, em casos extremos, protela o defecar e urinar pelo maior tempo possível, argumentando que não deve ceder de imediato a todas as suas pulsões físicas.

Embora o púbere possa ser um indivíduo ascético, há momentos em que suas defesas se atenuam, e é comum vê-lo, de repente, entregar-se a tudo o que antes considerara proibido, sem acatar nenhum tipo de restrição proveniente do mundo exterior. Entretanto, de um ponto de vista econômico-dinâmico psicanalítico, esses fatos representam tentativas de autocura transitórias, espontâneas, do estado ascético. São tentativas de autocura porque, quando não se produzem pelo fato de, inexplicavelmente, o ego dispor de forças suficientes para levar a termo o repúdio ao instinto de forma consequente, acaba ocorrendo a paralisia das atividades vitais do indivíduo, uma espécie de atitude catatônica, o que já não se pode considerar um fenômeno normal da puberdade, mas, pelo contrário, o começo de uma transformação psicótica ou de um caráter bloqueado, segundo a classificação de Wilhelm Reich.

Quanto à intelectualização no adolescente, segundo Anna Freud, aparentemente ocorre algo muito diferente do que acontece em outras épocas da vida. Existe um tipo de púbere cujo salto brusco no desenvolvimento intelectual é notável e surpreendente. O que mais chama a atenção é o seu desenvolvimento acelerado em outras esferas. É comum que no período de latência as crianças concentrem unilateralmente todo o seu interesse em coisas de existência real e objetiva. Podem, por exemplo, interessar-se por leituras sobre descobrimentos e aventuras, pelo estudo de operações matemáticas ou por descrições de animais e objetos estranhos; as máquinas, desde as mais simples às mais complexas, também atraem sua atenção. O traço característico é que o objeto por que se interessam deve ser concreto, de existência real e não um produto de fantasia, como foram os contos de fadas ou as fábulas com que se deleitavam na primeira infância. A partir do período púbere, os interesses voltam-se cada vez mais para o abstrato. Particularmente os adolescentes que apresentam o que Bernfeld denominou de *puberdade prolongada* mostram um insaciável desejo de meditar, sutilizar e discutir temas abstratos. É comum especularem sobre o amor livre, o casamento, os fundamentos da vida familiar, a liberdade e a vocação, a boêmia ou sobre conceitos de ordem filosófica, como a rebelião contra a autoridade e a própria amizade em todas as suas formas. Entretanto, a impressão de seriedade se altera ao nos afastarmos do exame dos processos intelectuais em si para considerarmos o modo geral pelo qual os conceitos por eles desenvolvidos se ajustam à vida dos adolescentes. Descobre-se então, com surpresa, que essa aparente capacidade intelectual tem pouca ou nenhuma relação com a conduta deles. A empatia pela vida anímica alheia não os impede de mostrar a mais grosseira desconsideração para com as pessoas que os cercam. Seu elevado conceito do amor e do objeto amado não impede que incorram em constantes deslealdades ou condutas inescrupulosas em seus variados namoros; seu interesse e compreensão pela estrutura social – muito maior do que nos anos anteriores – não lhes facilita em nada a adaptação ao meio social; a multiplicidade de seus interesses também não os impede de se reconcentrarem em um único objeto: a preocupação constante em torno de sua própria pessoa, uma vez que se consideram o centro do mundo ou único objeto digno de interesse.

O que ocorre é que os temas que polarizam o interesse primordial do adolescente revelam-se, à luz de uma observação profunda, os mesmos que promoveram os conflitos entre as diferentes instâncias psíquicas. Assim se repete o problema fundamental da conexão entre a instintividade e outras atividades da vida, da decisão entre a realização e a renúncia aos impulsos sexuais, entre a liberdade e a restrição: a rebelião contra a autoridade e a submissão a ela.

Segundo A. Freud, dada a onipresença do perigo, o ego deve valer-se de todos os meios que tiver ao seu alcance para dominá-lo; a reflexão sobre o conflito instintivo, sua intelectualização, parece ser um meio conveniente. Mas a fuga ascética diante do instinto transforma-se em um retorno a ele, embora isso só se produza na esfera do pensamento, ou seja, como processo intelectual. A atividade mental do adolescente é, sobretudo, sinal de uma atitude de intensa vigilância em face dos processos instintivos, cuja percepção se expressa por um deslocamento no plano do pensamento abstrato. Seus ideais de amizade e fidelidade eterna são sempre reflexo da inquietação de um ego que percebe o efêmero de suas novas e tumultuadas relações com os objetos. O fato de a atenção do adolescente concentrar-se nos instintos constitui uma tentativa de apossar-se deles e dominá-los em um nível psíquico diferente. Por isso, A. Freud considera que, por um simples aumento quantitativo libidinal, torna-se visível uma função que, em outras circunstâncias, o ego executa de modo espontaneamente silencioso e inadvertido. Segundo esse conceito, o exaltado intelectualismo do adolescente e também, porventura, sua notável compreensão intelectual de processos psíquicos agudos, característicos sempre de todo acesso psicótico, nada mais são do que um esforço comum do ego por dominar os instintos mediante o trabalho intelectual[21]. A angústia instintiva surte o efeito habitual de angústia real e objetiva; o perigo objetivo e as privações reais estimulam o homem a rendimentos intelectuais e tentativas engenhosas de resolvê-los, ao passo que a segurança objetiva e a abundância tendem a torná-lo comodamente negligente. O enfoque intelectual dos processos instintivos é análogo à vigilância que o ego humano teve de aprender a adotar diante dos perigos da realidade. Resumindo, podemos dizer que o conjunto de atitudes contraditórias que se encontram na conduta do púbere é característico da psicologia dessa época. Assim, sucessivamente, encontramos em sua conduta egoísmo e altruísmo, mesquinhez e generosidade, sociabilidade e solidão, alegria e tristeza, jocosidade tola e seriedade excessiva, intenso amor e brusco abandono desse amor, submissão e rebeldia, materialismo e idealismo, grosseria e ternura. Ao analisarmos um adolescente, comprovamos que essas contradições, como dissemos, não são mais do que o resultado do conflito entre os novos e intensos impulsos e as defesas contra a angústia que isso produz. Segundo Fenichel, os conflitos entre impulsos e angústias são sentidos de forma consciente pela adolescência de hoje, principalmente conflitos em torno da masturbação, e devemos considerar que somente quando a repressão da masturbação infantil foi muito intensa, esta não aparecerá durante a puberdade. A reserva do adolescente com referência a seus sentimentos e a si mesmo ocorre

....

21. É esse o processo que leva tantos adolescentes e indivíduos adultos portadores de intensos conflitos emocionais sem solução a interessar-se pela psicologia.

porque, na maioria das vezes, é extremamente difícil traduzir em palavras o que se sente.

Há no adolescente uma tendência ao culto do herói, que costuma expressar-se na relação com algum de seus professores, enquanto outros lhe inspiram ódio e aversão. A motivação profunda dessa atitude é a necessidade de separar o amor do ódio, permitindo-lhe preservar a pessoa "boa" e satisfazer seu ódio em quem, na sua opinião, o merece.

Durante esse período da evolução, os adolescentes tendem a distanciar-se dos pais, pelo fato de seus desejos sexuais e conflitos em relação aos progenitores estarem reativados.

Simultaneamente à idealização de várias pessoas expressa-se ódio em relação a outras, sobretudo personagens do cinema ou da literatura, ou então indivíduos de carne e osso com os quais não é possível ter contato, como os líderes políticos do partido adversário. Odiar gente irreal ou muito distante, como assinala Melanie Klein, é menos perigoso do que odiar quem está muito perto. Se a divisão entre amor e ódio está dirigida para os menos próximos, também serve para salvaguardar melhor as pessoas amadas. É por isso que M. Klein afirma que o sentimento de segurança provindo da capacidade de amar está intimamente ligado, no inconsciente, ao de conservar sã e salva a pessoa amada.

Ao analisar adolescentes, observamos também que é frequente se reunirem em grupos de tipo homossexual, com a finalidade inconsciente de se esquivarem à presença excitante do outro sexo e, ao mesmo tempo, evitar estarem sós, situação que muitas vezes os angustia. Em um plano mais profundo, tentam satisfazer inconsciente e indiretamente a parte homossexual do complexo de Édipo, o que os impele a reunirem-se com objetos homossexuais, mas de idades muito superiores às deles. Também se comprova, durante a psicoterapia analítica, que a frequente preferência por objetos homossexuais, nessa época, pode estar condicionada por fatores narcísicos. Mas, em geral, essa tendência no púbere não deve ser considerada patológica, desde que não chegue ao ato homossexual direto. A análise de adolescentes esclarece também as razões da grosseria que manifestam no trato com outras pessoas. Ela tem quase sempre a finalidade de intimidar os demais com o propósito de sufocar a própria angústia. Assim, vê-se que o adolescente facilmente abandona objetos, sobretudo pessoas idosas ou com traços paternos ou maternos, comprovando-se que esse abandono ocorre quando esses objetos perdem seu poder de reafirmá-los ou de lhes dar segurança (*Fenichel*).

Pode-se afirmar, pois, que a puberdade é uma época crucial para o desenvolvimento do indivíduo e que exige muito tato por parte dos adultos. Se o ambiente se opuser com muita dureza aos adolescentes e não lhes propiciar apoio suficiente, poderão persistir na adolescência. E a adolescência prolongada poderá desencadear nos predispostos uma esquizofrenia ou, então, produzir intensos e graves distúrbios caracterológicos que posteriormente perturbarão a capacidade de trabalho e a de amar do indivíduo.

O adulto que tem sob sua responsabilidade a educação de adolescentes deverá adotar uma atitude que lhes permita a liberdade de que necessitam e, além disso, os faça aceitar a orientação e as restrições adultas. Se não houver essa relação, a supervisão organizada pelo adulto levará ao desafio e ao comportamento contrário por parte do adolescente.

O adolescente precisa ter alguém de quem dependa quando é assaltado pelo temor, mas esse personagem não deve exigir que essa dependência continue nos momentos em que o adolescente se sente seguro e capaz de uma atuação independente.

Segundo Josselyn, muitos pais adotaram com excessivo entusiasmo a norma de dar liberdade absoluta ao adolescente. Em muitos casos, os pais não conseguem impor restrições inteligentes por causa da satisfação que, por identificação projetiva, obtêm do comportamento inadequado de seus filhos e racionalizam sua forma de atuar defendendo a moderna atitude de permitir uma grande liberdade ao adolescente. Conforme demonstram os fatos, essa atitude é muito perigosa, pois nem sempre é clara a diferença que existe entre liberdade e libertinagem. Nesses casos, o papel do psicólogo é ajudar os pais a compreender a adolescência, e não fornecer-lhes normas rígidas ou prescrever-lhes maneiras específicas de reagir.

CAPÍTULO VII
A ANGÚSTIA

A angústia é uma emoção cuja principal característica é o fato de ser desagradável. Também pode ser definida como propôs Massermann: "O afeto desagradável que acompanha uma tensão instintiva não satisfeita. É um sentimento difuso de mal-estar e apreensão que se reflete em distúrbios visceromotores e modificações da tensão muscular".

A palavra *angústia* deriva do latim *anxius* (ansioso, inquieto) ou *angor* (opressão, aflição, sufocação). Esses são, precisamente, os sinais somáticos característicos da angústia: a constrição e a sintomatologia respiratória.

Uma célula pode simbolizar uma pessoa, um povo ou uma nação, e em seu estado normal, senhora de sua labilidade, não sentir angústia.

Reich disse que "se o mundo exterior só proporcionasse prazer e satisfação, não existiria nenhum fenômeno chamado angústia; mas como o exterior é fonte de estímulos desagradáveis e perigosos, a angústia existe".

A alternância de contração e relaxamento é o característico da vida normal; mas se essa mesma célula é impedida, pela qualidade do ambiente, de se expandir e se contrair, vive em um meio "frustrador" que a tiraniza e a endurece até levá-la ao enquistamento, ela então perde sua capacidade de pulsar, e, ao mesmo tempo, intensifica-se a carga no centro. Se a célula pudesse expressar-se, diria que sente angústia.

Todo estado angustioso, apesar de ser, de certo modo, uma reação imobilizante, promove também uma reação ou uma tendência a lutar com o meio. Precisamente por isso a carga central, que se expressa primeiro como angústia, pode chegar a ser uma descarga agressivo-destrutiva que, em primeiro lugar, tentará aumentar a distância do elemento frustrador. Com a evolução, tratará posteriormente de destruir o fator externo que provoca a situação. Quando ela tem capacidade para anulá-lo, sai de seu enquistamento, destrói ou modifica o meio ambiente e liberta-se assim da angústia. O impulso que atuará contra o meio exterior parte do centro, e seu objetivo é recuperar a capacidade pulsátil, contrair-se e descontrair-se, com um ritmo normal de vida. Pode-se dizer, portanto, que o motor da evolução é a angústia que não chega a ser paralisante. Uma criança que consegue satisfazer todas as suas pulsões teoricamente não evoluiria; é sempre necessário um certo grau de frustração (poderíamos chamá-la de *frustração útil*) que, ao produzir uma estase libidinal, ou seja, uma angústia, leva-a a buscar formas novas e mais maduras de descarga.

Além das puras sensações psíquicas desagradáveis, a angústia faz-se acompanhar de elementos concomitantes somáticos, vegetativos, como modificações cardíacas, respiratórias e do tônus muscular, taquicardia, pele de galinha, tremores, boca seca e sensações de frio e calor.

Em alguns casos, observa-se exclusivamente o aparecimento dos elementos somáticos, sem que estes sejam acompanhados simultaneamente pela sensação desagradável, como foi assinalado por G. Zilboorg em *Angústia sem afeto* e também por W. Reich em *Análise do caráter*. Nesses casos, a angústia somente se expressa pelos sintomas vegetativos, uma forma de defesa a que recorrem muitos indivíduos, negando a sensação ansiosa e manifestando-se apenas os equivalentes vegetativos.

A angústia tem seu equivalente no plano biológico; estaria dado pela adrenalina que, injetada na corrente sanguínea, desencadeia sensações e reações somáticas idênticas à angústia provocada por um estímulo psíquico. Evidentemente, a emoção produz também uma intensificação da secreção ad-renal, e esse seria o elemento biológico correspondente[1].

....
1. Funkenstein et al. expressam no artigo *Fisiología del temor y la ira* que, ao estudar a resposta da pressão sanguínea à injeção de adrenalina, que atua sobre o sistema nervoso simpático, e de mecolil, que estimula o parassimpático, a descoberta mais importante que fizeram foi que os pacientes psicóticos com pressão sanguínea alta reagiam à injeção de mecolil de duas maneiras diferentes. Em um grupo havia somente uma ligeira queda da pressão sanguínea depois da injeção, que retornava ao nível basal dentro de cinco minutos. Em outro grupo, a pressão caía acentuadamente após a injeção e ficava abaixo do nível prévio além dos 25 minutos. Os dois grupos de pacientes eram nitidamente diferentes não só quanto às reações fisiológicas, como também quanto à personalidade e à resposta ao tratamento. Mais adiante, ambos os grupos apresentaram resultados distintos no teste projetivo de Rorschach, o que sugeriu que os dois podiam ser diferenciados com base em suas respectivas emoções. Os psiquiatras esta-

Os estudos realizados por Albert Ax permitem chegar à conclusão de que existem zonas no hipotálamo que, ao serem excitadas, produzem descargas de adrenalina ou de noradrenalina. Estas, por sua vez, atuarão sobre o fator emocional concomitante, produzindo a sensação de angústia, que se elabora sobre o córtex, o qual, por sua vez, atuará sobre o hipotálamo, fechando-se um círculo. Mas uma tendência para a homeostase faz que se tente encontrar o equilíbrio. Verifica-se que muitas crises de angústia são superadas bruscamente, pois na tendência para buscar o equilíbrio entre o simpático e o parassimpático começa a atuar este último, o qual rompe o círculo vicioso que permite alcançar a estabilidade (*Brun*).

Diz Pichon Rivière: "A angústia tem formas de expressão e conteúdo psíquico diferentes em cada uma das etapas da evolução libidinal".

Isso não está totalmente delimitado, mas, de qualquer modo, pode dar uma ideia mais ou menos correta do que acontece. Na etapa oral, a angústia corresponderia ao temor de perda de carinho e ao desamparo, que se expressa por distúrbios respiratórios e cardíacos. Na fase anal, está vinculada ao temor de castigo corporal; os sintomas musculares de tremor são seu sinal característico. Na terceira fase – a fase

....

beleceram a emoção predominante de cada um dos 63 pacientes que tinham sido submetidos ao mecolil, sem saber em que grupo fisiológico estavam classificados. Quando se comprovaram as médias fisiológicas da reação emocional, apurou-se que a maioria dos pacientes que eram geralmente agressivos contra outras pessoas pertencia ao grupo "N" (correspondente a uma maior quantidade de noradrenalina circulante), enquanto quase todos aqueles que estavam habitualmente angustiados ou temerosos cabiam no grupo "E" (maior quantidade de adrenalina circulante, ou seja, com uma resposta mais ampla ao mecolil).

Em outras palavras, as reações fisiológicas estavam significativamente relacionadas com o conteúdo emocional das psicoses dos pacientes. O passo seguinte foi verificar que o mesmo teste podia distinguir emoções nas pessoas normais e sadias usando-se, para isso, estudantes de medicina como sujeitos de experimentação. Procedeu-se à observação de jovens em épocas de exame e viu-se que os resultados eram os mesmos dos pacientes psicóticos; os estudantes que nesses momentos se mostravam irritados, agressivos com os outros pela situação em que se encontravam, tinham um tipo de reação "N" (maior quantidade de noradrenalina). Todos aqueles que se sentiam deprimidos, angustiados ou irritados consigo mesmos mostravam o tipo "E" de reação fisiológica (maior quantidade de adrenalina circulante).

A reação estava relacionada não só com o seu estado emocional temporário. Depois de terminar os exames e quando a pressão arterial voltou aos níveis anteriores ao estado de estresse, todos os estudantes reagiram do mesmo modo à injeção de mecolil.

Foi nesse momento que Funkenstein empreendeu a pesquisa dos efeitos comparativos da adrenalina e da noradrenalina.

fálica –, corresponderia ao temor da castração, expressando-se por sintomas de conversão. Esses sintomas compreendem todos os distúrbios respiratórios e os tremores. Mas os distúrbios que caracterizam a fase oral são os respiratórios, ao passo que, na fase fálica, são característicos os sintomas de conversão visceral em geral.

Do ponto de vista clínico, é útil distinguir angústia de ansiedade. Essa distinção é necessária porque na psicologia, nos últimos anos, usa-se indiscriminadamente a designação angústia ou ansiedade. Isso se deve, em grande parte, ao fato de a palavra alemã *Angst* ser um vocábulo de significação muito mais ampla do que a acepção genérica do termo *angústia*. *Angst* é, ao mesmo tempo, medo, ansiedade e angústia. Portanto, traduzir *Angst* exclusivamente como angústia é referir-se a apenas um dos conceitos e restringir, desse modo, o sentido do termo. Teria sido mais apropriado – já que que se compatibiliza melhor com a linguagem corrente e se presta menos a confusões – traduzir *Angst*,
....

Um grupo de pesquisadores do Hospital Presbiteriano de Nova York tinha demonstrado que as injeções de noradrenalina e de adrenalina produziam dois tipos distintos de elevação da pressão sanguínea: um devido à contração dos vasos sanguíneos e outro, a um maior bombeamento do coração.

Estudantes sãos em que se injetou previamente uma solução fisiológica intravenosa, para acostumá-los, receberam depois uma injeção de noradrenalina suficiente para elevar a pressão arterial em cerca de 25%. Enquanto a pressão arterial estava elevada, administrou-se neles uma dose padrão de mecolil intramuscular, controlando-se os seus efeitos sobre a pressão sanguínea. No dia seguinte, cada sujeito foi submetido ao mesmo procedimento, só que, em vez de noradrenalina, injetou-se adrenalina para elevar a pressão arterial. Observou-se assim um grupo de dez estudantes, e em cada observação o efeito da noradrenalina era diferente do efeito da adrenalina. Quando a pressão se elevava pela noradrenalina, o mecolil produzia somente uma pequena queda da pressão, que retornava ao nível anterior em cinco minutos. Essa reação era semelhante ao tipo "N" de resposta em pacientes psicóticos e em estudantes sãos em situação de estresse. Pelo contrário, quando a pressão sanguínea era elevada pela adrenalina, o mecolil produzia o tipo "E" de resposta (a pressão caía acentuadamente e não voltava ao nível anterior dentro dos 25 minutos do período de observação).

Esses resultados sugeriram, à luz de experimentos anteriores, que a ira ou a agressividade dirigida para fora estava associada à secreção de noradrenalina, ao passo que a regressão e a ansiedade estavam associadas à secreção intensificada de adrenalina.

Para corroborar essa hipótese, 125 estudantes foram levados ao estresse por situações induzidas no laboratório, entre elas a frustração. Enquanto os sujeitos estavam sob estresse, os observadores registravam suas reações emocionais e certas mudanças fisiológicas, como pressão sanguínea e pulso. Esse teste demonstrou que os estudantes que respondiam ao estresse com raiva dirigida para fora tinham reações fisiológicas semelhantes às produzidas pela injeção de noradrenalina, ao passo que os estudantes que respondiam com depressão ou angústia tinham reações fisiológicas do tipo daquelas que a adrenalina produz.

nos casos em que denota um fenômeno afetivo intenso mas difuso, pela expressão *ansiedade difusa*, e reservar o vocábulo *angústia* para o estado paroxístico momentâneo que se faz acompanhar de sintomas somáticos vegetativos.

Da *ansiedade* pode-se dizer que é uma vivência desagradável, em certa medida semelhante ao medo, mas diferente deste pelo fato de não existir um elemento real que provoque essa reação. O *medo* reclama sempre a presença de algo real que o desencadeie. Não é a mesma coisa ter medo de um bombardeio imaginado e sentir medo quando as bombas estão caindo à nossa volta. No primeiro caso, trata-se apenas de um estado de ansiedade, porque não há um fato real que o justifique, enquanto no segundo há medo diante de um fato concreto.

A ansiedade é um estado semelhante à expectativa do perigo e uma preparação mental para ele, ainda que seja conscientemente desconhecido.

....

Albert Ax realizou, em outro laboratório, experimentos para estudar esse problema e conseguiu provocar, no mesmo sujeito, ora raiva, ora medo. O resultado mostrou que quando um sujeito ficava agressivo em relação aos demais, as reações fisiológicas correspondiam ao quadro das reações induzidas pela noradrenalina; quando o mesmo sujeito ficava angustiado e temeroso, as reações eram idênticas às produzidas pela adrenalina. Isso indica que o fisiológico é específico para a emoção, mais do que para a pessoa. Nesses experimentos, a ocorrência de uma secreção excessiva de noradrenalina ou de adrenalina baseava-se nas mudanças fisiológicas que a tornavam semelhante àquelas produzidas por uma injeção endovenosa de noradrenalina ou adrenalina.

Pesquisas recentes sugerem alguma contestação possível – apesar de não haver ainda trabalhos exaustivos sobre o tema – com respeito à natureza do mecanismo neurofisiológico em virtude do qual emoções distintas provocam diferentes secreções ad-renais. Von Euler, investigando na Suécia, apurou que a estimulação de certas áreas do hipotálamo provocava secreção de noradrenalina e a de outras provocava uma secreção de adrenalina. Essas áreas podem muito bem corresponder àquelas que o Prêmio Nobel Walter Rudolf Hess, de Zurique, conseguiu delimitar estimulando zonas que produziam uma conduta agressiva ou de luta em animais. Esses experimentos sugerem que a emoção, a raiva e a emoção-angústia ou temor podem ativar diferentes áreas hipotalâmicas, levando à produção de noradrenalina no primeiro caso e de adrenalina no segundo. Mas enquanto não se realizarem experimentos mais precisos e concretos, é impossível dar um suporte suficiente a essa suposição.

Um dos trabalhos mais interessantes nesse campo foi recentemente exposto por Von Euler, que comparou as secreções ad-renais em um grande número de animais. Ele apurou que há um predomínio de noradrenalina na suprarrenal do leão, justamente o animal que enfrenta os outros com maior agressividade. Pelo contrário, o coelho, que tem a fuga como mecanismo específico de defesa, tem em sua suprarrenal um predomínio de adrenalina. Essas descobertas sugerem a hipótese de que o homem nasce com a capacidade de reagir em face de uma variedade de emoções (que vão desde a atitude do leão até a do coelho) e de que, nos primeiros anos da infância, as experiências vividas

Em contrapartida, no *susto* existe uma situação emocional determinada, provocada pela ação de um estímulo que não se esperava e cujo aparecimento repentino causa surpresa.

Angústia é a sensação que domina quando nada de concreto permite pensar que vá ocorrer um bombardeio, e, apesar disso, a pessoa o teme. *Medo* é o que a pessoa sente quando se fixou a hora para lançar as bombas e só faltam alguns minutos para que o ataque se inicie. *Susto* é o que sente quem não sabe de nada e ouve de repente, a poucos metros do lugar onde se encontra, o estrondo da explosão da primeira bomba.

Em Freud, o conceito de angústia variou ao longo do tempo, e pode-se dizer que passou por três etapas distintas que marcam um movimento cujo ponto médio estaria na publicação do ensaio *Inibições, sintomas e ansiedade*, de 1926.

Antes de publicá-lo, Freud sustentava um conceito predominantemente biológico ao considerar que a angústia era provocada pela repressão. Afirmava que a libido, não podendo expressar-se no mundo exterior, transformava-se em angústia, mas não esclareceu qual era o mecanismo íntimo pelo qual essa transformação se produzia. Reich tentou explicá-lo considerando que se a libido influía no sistema genital produzia prazer e se, pelo contrário, carregava o sistema vegetativo, gerava a sensação angustiosa desagradável.

Em 1926, Freud modifica seu ponto de vista e inverte a situação, considerando que a angústia é que mobiliza a repressão[2]. Em *Inibições*,

....
determinam qual desses modos de reação irá produzir-se predominantemente em uma situação de estresse. Estudando de maneira distinta os processos evolutivos do desenvolvimento emocional do homem, apurou-se em outras pesquisas que o hábito emocional individual às reações tem uma estreita relação com percepções de fatores psicológicos no âmbito familiar. De acordo com as teorias psicanalíticas, a raiva ou a agressividade dirigida para fora são características dos primeiros anos da infância, ao passo que a agressividade ou a angústia dirigidas para si mesmo correspondem a períodos subsequentes. Esse é o resultado final da culturação da criança. Se o seu desenvolvimento fisiológico é paralelo ao psicológico, a média de noradrenalina em relação à adrenalina deveria ser maior na infância do que nas crianças mais velhas. Hökfelt Bernt e West estabeleceram que "isso ocorre na maior parte dos casos: na criança de menos idade, a medula suprarrenal contém mais noradrenalina, mas, posteriormente, a adrenalina torna-se dominante".

"Esse paralelo entre o fisiológico e o psicológico", diz Funkenstein, "sugere estudos posteriores e algumas teorias para testá-lo. Apoiados em Cannon e Freud, estudamos o nosso ponto de vista da conduta humana e descobrimos novos campos férteis a serem explorados."

2. Em seu artigo "Metapsicologia", Freud diz que "o instinto pode permanecer totalmente reprimido e não deixar vestígios conscientes observáveis ou pode aparecer sob

sintomas e ansiedade, Freud definiu esta última como um *sinal de alarme* diante de um perigo, já não a considerando um resultado da repressão, mas, pelo contrário, a causa que põe esse mecanismo defensivo em ação.

Entretanto, Freud não é categórico. Nesse artigo, diz que é possível que continue sendo certo que, na repressão, a angústia se forme à custa da carga de libido dos impulsos instintivos. Com referência às fobias, diz que "estas provêm, em sua grande maioria, de um medo do ego em face das exigências da libido. O primário nas fobias é a disposição do ego para a angústia e o impulso para a repressão". Diz ainda ser um fato admitido que a angústia mobiliza a repressão e, além disso, não se deve considerar que a libido possa converter-se em angústia. Nessa segunda concepção, Freud abandona quase por completo o seu conceito biológico, passando a considerar a angústia uma situação nascida do nada. Isso é impossível, pois tudo tem sua origem, um ponto inicial. Uma mobilização, tal como é, na realidade, o processo da angústia, não pode ser criada pelo ego, que não tem força energética própria. Essa mobilização provém do id.

Mas é possível conciliar os dois conceitos de Freud, que apresentam a angústia como uma transformação da energia reprimida e, ao mesmo tempo, como um sinal de alarme, e cabe dizer que existe uma angústia biológica do id, que se manifesta por um aumento de tensão, e uma angústia psicológica do ego, que se expressa como sentido de realidade.

Nos estados de angústia, existe sempre uma estase libidinal que o ego toma e imediatamente elabora. Por isso, Fenichel chamou à angústia um *processo derivativo*. Existe uma primeira angústia que provém do id, provocada por uma estase e, ao mesmo tempo, uma modificação que tem de estar vinculada à aquisição da experiência e ao sentido da realidade. Uma vez elaborada, constitui a *angústia secundária*, o sinal de alarme. Mas se não houver uma energia, nunca o ego poderá dar um sinal, exatamente porque ela lhe falta, da mesma forma que uma campainha de alarme não funciona se não estiver ligada a uma fonte elétrica.

Pode-se considerar, portanto, que a função desempenhada pela angústia é, primeiro, de descarga e, segundo, de sinal de alarme – descarga pelo processo derivativo, na medida em que aumenta o tônus do sistema vegetativo, e sinal de alarme para evitar um perigo ou uma situação desagradável maior.

....
a forma de um efeito qualquer. E, além disso, pode ser transformado em angústia". Estas duas últimas possibilidades obrigam a considerar a transmutação das energias psíquicas dos instintos em afetos e, muito especialmente, em angústia, como um novo destino dos instintos.

Em termos gerais, poderíamos dizer que a angústia tem seu fundamento em um aumento da tensão, que, por um lado, produz uma sensação de desprazer e, por outro, encontra alívio em atos de descarga por meio de canais específicos. Essa seria uma explicação fisiológica do mecanismo.

Para explicar a angústia como sinal de alarme, Freud expõe o seguinte: "Diante de uma situação de perigo, podem-se tomar duas atitudes: uma atitude adequada, que seria a intensificação da disposição para a luta ou para a fuga, ou uma atitude inadequada, que é a angústia. Esta última, em alguns casos, chega a ser paralisante e, por conseguinte, totalmente inadequada em face de uma situação de perigo". Mas o que mobiliza a angústia é a existência de um elemento que não pertence ao próprio ego, que está fora dele, denominado por Freud *base racional histórica*, ou seja, condensação de vivências passadas que já não podem ser evitadas.

A psicanálise entende que os afetos angustiosos mobilizados por uma situação determinada podem ser considerados do mesmo modo que as crises histéricas. Estas últimas, em certo momento, foram tipos de reação adequados à situação real, mas ficaram posteriormente fixados, conservando uma relação de causa e efeito. Já fora desse momento, a reação, que era adequada, torna-se inadequada.

Freud toma como elemento histórico da angústia a vivência do parto, considerando que, nos seres humanos, o nascimento é o protótipo das experiências que se adaptam a essa descrição. A separação da criança do corpo da mãe é o primeiro grande drama da vida, e, por isso, Freud inclinava-se a considerar os estados de angústia uma reprodução do trauma do nascimento. Diz ele: "Trata-se de uma experiência que envolve precisamente uma concatenação de sentimentos dolorosos, de descarga, de excitação e de sensações corporais, como que para converter-se no protótipo de todas as ocasiões em que a vida se encontra em perigo, para se reproduzirem sempre pelo ser humano como estado de medo ou de angústia".

Cabe formular certas objeções à hipótese de que a origem da angústia remonta ao nascimento. Poderíamos argumentar que a angústia constitui provavelmente uma reação comum a todos os organismos e, por certo, a todos os de ordem mais elevada, enquanto o parto só é experimentado pelos mamíferos. Também é lícito dizer que, para todos os seres dessa ordem, o nascimento significa um trauma. Ao responder a essa objeção, Freud sustenta que, como a angústia desempenha uma função indispensável como reação diante do perigo, pode muito bem ter uma configuração diferente em organismos distintos. Não se sabe se em animais muito diferenciados do homem a angústia engloba as mesmas sensações e inervações que nele encontramos, mas o que ocorre no caso de outros seres vivos não constitui um argumento contra a opinião de que, no homem, a angústia modela-se sobre a experiência do trauma de nascimento.

Parece não haver dúvida de que a angústia possui uma função como reação diante do perigo e que se apresenta em qualquer situação em que o perigo se produza, seja real ou fantasiado. E isso dá lugar a outras considerações. É muito provável que as inervações correspondentes ao estado original de angústia tenham significados e propósitos perfeitamente adequados. Do mesmo modo, os movimentos musculares que acompanham o primeiro ataque histérico integram uma ação apropriada à situação criada pelo ataque. Analogamente, no nascimento, a hipertonia das inervações dirigidas para o aparelho respiratório abre o caminho para a atividade dos pulmões e do coração, ajudando a superar a "fome" de oxigênio e a diminuir a tensão de CO_2. Entretanto, esses fenômenos repetem-se mais tarde nos estados ansiosos, que não têm esse caráter de adequação. O mesmo ocorre com os movimentos musculares observáveis nas repetições do ataque histérico. Em uma nova situação de perigo, pode ocorrer que seja totalmente inadequado para o indivíduo responder com o estado de angústia que se constituiu em reação diante de um estímulo perigoso anterior. Muito mais adequada poderia ser uma reação de índole diferente. Mas essa conduta ainda poderia ser útil se fosse permitido ao indivíduo reconhecer a situação de perigo antes de sucumbir; quer dizer, o estrondo se transformaria em um sinal de perigo. Desse modo, seria possível livrar-se de uma angústia muito intensa tomando a tempo as medidas adequadas.

A angústia pode surgir de dois modos: ineficazmente, se a nova situação de perigo já ocorreu; eficazmente, se ela consistir em um aviso de perigo e prevenir a ocorrência da nova situação. Vejamos, por exemplo, a angústia de uma criança que se encontra sozinha, abandonada. Por que ela deseja perceber a presença de sua mãe? Porque sabe, por experiências anteriores, que a mãe satisfaz imediatamente todas as suas necessidades. Assim, para a criança, é uma situação de insatisfação que significa "perigo", contra a qual quer salvaguardar-se. Essa situação caracteriza-se por uma tensão crescente, em virtude da necessidade e de seu desamparo biológico em face dela. Compreende-se que o perigo é diferente, conforme a necessidade, pois "a fome de O_2" mata em segundos, a de água, em horas e a de sólidos, em dias.

A situação biológica da criança como feto é substituída por sua relação psicológica com a mãe. Mas, depois do nascimento, ela representa um objeto para a criança, o que não ocorria no período fetal. Nessa época, na realidade, não existiam objetos externos.

Uma situação de desamparo conhecida, recordada e esperada seria *perigosa*, quer dizer, a lembrança de quando a criança sentiu fome e não teve a mãe por perto (estar só). A situação traumática apresenta-se quando a fome já adquire uma intensidade insuportável[3].

O conflito de um adulto em face de um instinto censurado seria o seguinte: a situação de perigo estaria representada pelo instinto proibido, que começa a intensificar-se. A situação traumática constituir-se-ia pela satisfação do instinto, que levaria ao castigo. O instinto não é perigoso em si, mas o que faz que o seja é a situação posterior à sua satisfação. Nesse momento aparece a angústia e, para evitá-la, mobilizam-se as defesas. Os sintomas têm por função solucionar a tensão interna e evitar a angústia.

Cabe assinalar nesse sentido o conceito de Melanie Klein, para quem a angústia se vê intensificada pelas agressões primárias, que não seriam mais do que a expressão do instinto de morte, atuando de uma forma interna. Muitos autores não aceitam a existência dessa agressão primária (entre eles, Reich e Bowlby) e consideram que, na realidade, a angústia é provocada por frustrações externas, uma vez que todo impulso que tenta se expressar e não consegue vai se intensificando, transformando-se primeiro em agressão e, depois, em uma tendência destrutiva[4].

....
3. Quanto mais integrado está o ego, melhor ele suporta os estados de tensão interna. Se está debilitado, torna-se hipersensível e reage com angústia a pequenos estímulos. Rof Carballo diz: "A angústia corporal apresenta-se sempre em relação com uma súbita desorganização das funções a nível dos centros diencefálicos, por exemplo, em pacientes com edemas da fossa posterior ou da protuberância, nos traumatizados e operados do crânio".
4. "Os defensores da hipótese do instinto de morte pretendem baseá-la nos processos catabólicos fisiológicos, mas em lugar nenhum se encontra um conceito aplicável. Por encarar o problema do ponto de vista clínico, com a contribuição de argumentos fisiológicos sedutores à primeira vista, merece ser citado um trabalho de Therese Benedek. Ela afirma que certos processos que se desenrolam no protoplasma não só determinam a assimilação das substâncias alimentícias como conduzem simultaneamente à precipitação de substâncias que antes se encontravam em estado de dissolução. A primeira estruturação da célula é irreversível, pois substâncias fluidas e em solução transformam-se em outras sólidas não dissolvidas. O que assimila tem vida. O que é gerado pela assimilação é uma modificação da célula, uma estruturação mais elevada que, a partir do momento em que predomina, já não é vida, mas morte. Isso é facilmente admissível se pensarmos na calcificação dos tecidos que tem lugar nas idades avançadas. Mas é precisamente esse argumento que rebate a suposição de um instinto de morte. O

O conceito de Reich sobre a angústia apoia-se em bases biológicas, ou seja, ela seria provocada por uma estase resultante da impossibilidade de descarga.

Segundo Reich, a observação clínica mostra que a angústia não é senão, em primeiro lugar, a percepção de um estreitamento, de um processo de estancamento, e os temores (perigos imaginados) só se transformam em afeto de angústia se houver um prévio estancamento específico. É preciso considerar, primeiramente, a antítese ego ⇆ mundo exterior, que se encontra posteriormente com a antítese narcisismo ⇆ libido objetal. Isso constitui a base da primeira antítese dentro da pessoa, sob a forma de antítese entre libido (movimento para o mundo exterior) e ansiedade, que representa a fuga narcísica básica e primitiva do mundo exterior desagradável para o interior do ego. A emissão e retração dos pseudópodes nos seres unicelulares é muito mais simples do que uma simples analogia com a "emissão" e "retração" da libido. O desprazer que se percebe no mundo exterior determina, antes de tudo, a retração da libido ou a fuga temerosa para o "interior" (fuga narcísica). A tensão desagradável das necessidades que tentam obter satisfação determina, evidentemente. a aproximação do mundo.

Diz Reich: "Se o mundo exterior só conferisse prazeres e satisfações, não existiria o fenômeno chamado angústia". Mas como o mundo

que se transformou em algo sólido e estático, o que fica como resíduo dos processos vitais, perturba a vida e sua função principal, que consiste na alternância de contração e descontração, o ritmo fundamental do metabolismo, tanto no campo das necessidades. alimentares como no das necessidades sexuais. Essa perturbação do processo vital é justamente o contrário do que se chegou a conhecer como propriedades fundamentais do instinto, pois é precisamente a rigidez que exclui o ritmo de tensão e relaxação sempre progressiva.

"Se, além disso, a angústia fosse a expressão do instinto de morte liberado, já não se poderia compreender como as estruturas estáveis podem adquirir independência. Benedek diz que se deve reconhecer o estruturado e fixo como algo hostil à vida somente quando predomina, inibindo os processos vitais.

"Se os processos de estruturação equivalem ao instinto de morte e se, além disso – e segundo a hipótese de Benedek –, a angústia corresponde à percepção interior do predomínio dessa consolidação, o qual significa uma morte progressiva, na infância e na juventude não deveria existir, portanto, nenhuma angústia, mas, pelo contrário, ela deveria manifestar-se de maneira muito aguda nas idades mais avançadas.

"Entretanto, ocorre justamente o inverso; a função da angústia manifesta-se precisamente na idade do florescimento sexual (atuando como condicionante da inibição de suas funções). Segundo a hipótese de Benedek, essa angústia deveria encontrar-se também em uma pessoa satisfeita, a qual não escapa ao mesmo processo catabólico que sofre a pessoa insatisfeita" (*Reich*).

é origem de estímulos desagradáveis e perigosos, a tendência da libido objetal deve ter uma antítese que consiste na tendência narcísica para dentro, que é a angústia. A aproximação libidinal do mundo exterior e a fuga narcísica dele são apenas expressões de uma função muito primitiva que existe, sem exceção, em todos os organismos vivos. O exemplo mais típico é o da anêmona-do-mar (cf. p. 211), mas também o ser unicelular se exterioriza por meio de duas correntes plasmáticas, uma centrípeta e uma centrífuga. Segundo os estudos realizados por Weber, as sensações desagradáveis corresponderiam a uma corrente plasmática centrípeta e as sensações agradáveis, a uma corrente plasmática centrífuga, o que se assemelha ao que afirmam Kraus e Zondek.

O empalidecimento de susto, o tremor de medo e a sensação de frio correspondem a uma fuga das catexias da periferia corporal para o interior, determinada por uma contração dos vasos sanguíneos periféricos, acompanhada de uma dilatação do sistema vascular central, o que provoca a *angústia por estancamento*.

A turgidez do tecido dérmico periférico, o rubor da pele e a sensação de calor durante a excitação sexual prazerosa são precisamente a contrapartida e correspondem a uma corrente da catexia de energia fisiológica manifestada com o aumento do tônus do parassimpático no sentido centro-periferia do corpo-mundo.

A primeira antítese, excitação sexual ↔ angústia, nada mais é do que o reflexo psíquico da antítese primitiva pessoa → mundo exterior dentro da pessoa, que depois se converte na realidade psíquica constituída pela antítese interior: *eu desejo – eu temo*.

Segundo Reich, sempre é a angústia, por conseguinte, a primeira e única expressão possível de uma tensão interior, independentemente de ser gerada por uma dificuldade do progresso no sentido da emotividade ou da satisfação das necessidades, provenientes do exterior, ou por uma fuga das catexias energéticas para o interior do organismo. No primeiro caso, trata-se de uma angústia por estancamento; no segundo, de uma angústia real, produzindo-se também, nesse caso, um estancamento e, concomitantemente, uma angústia. A consequência de tudo é que ambas as formas de angústia (a de estancamento e a real) podem reduzir-se a um único fenômeno fundamental, que é o estancamento central das catexias de energia, com a diferença de que a angústia por estancamento é uma expressão imediata, ao passo que a angústia real, em princípio, não é mais do que uma expectativa de perigo e transforma-se, posteriormente, em angústia afetiva quando produz um estancamento no sistema nervoso vegetativo pela fuga das catexias para o interior.

No homem, uma sobrecarga do id provoca uma sensação angustiante, mas a angústia também pode ser a expressão da sucessão de um movimento ou tendência para o exterior e outro para o interior: quando o indivíduo quer e não quer uma coisa, quando não consegue escolher entre balas ou cigarros, quando não se decide entre lutar contra uma dada situação que o traumatiza afetivamente e terminar de vez com ela. Esse vaivém do impulso em direção ao mundo e de fuga para si mesmo produz a vivência angustiosa. Isso comprovou-se em experimentos de reflexos condicionados realizados com cães. Apresentava-se a eles um desenho oval e ao mesmo tempo aplicava-se um estímulo elétrico doloroso. Depois, mostrava-se a eles uma circunferência e dava-se alimento. Quando, após vários ensaios, os cães viam o oval, fugiam; mas aproximavam-se tranquilos para comer quando aparecia a circunferência. Posteriormente, a forma oval foi sendo modificada aos poucos, tornando-se cada vez mais redonda, até que, por fim, o cão já não podia distinguir se era uma circunferência ou um oval. Não sabia se o que sobreviria seria agradável ou doloroso. O fato de não saberem como agir, se escapavam ou se aproximavam para comer, gerou nos cães um estado de intensa angústia.

Boven disse que a angústia é a percepção penosa de um estado corporal e mental que nasce e se desenvolve no ser humano quando está em plena confusão, ou seja, sob impulsos que o incitam com força quase igual e simultânea a duas ou mais ações que se excluem ou se opõem quando a necessidade exige seu cumprimento.

Por sua vez, Grincker observou, durante a guerra, que isso ocorria com os soldados. Quando não conseguiam decidir que atitude deviam tomar – fugir ou combater –, caíam em sérias crises de angústia.

Reich formulou um enunciado teórico que é corroborado pelo estudo das correntes plasmáticas das células nas experiências de reflexos condicionados em animais e pelas observações de Grincker em soldados.

Existe uma paridade entre o conceito filosófico de angústia, o método de defesa da célula em face de uma situação desagradável e o processo que gera no organismo o estado de angústia. Kierkegaard, por exemplo, disse que "a angústia é a descoberta de uma possibilidade inaudita: a de poder decidir livremente a nossa vida entre o ético e o estético, entre o pecado e a virtude. É uma vertigem de liberdade".

No homem, segundo afirmou Grincker, uma das causas mais frequentes de angústia é o não saber decidir a melhor forma de agir; nos animais de experimentação, é o não saber como agir quando não conseguem diferenciar duas formas (circunferência ou oval). Sempre o não poder decidir. Se o homem se decide, nada lhe acontece. Mas, em certos casos, uma experiência anterior dolorosa obriga-o a reprimir o que nele é um impulso, e dessa energia estancada nasce a angústia como sinal de alarme e como tentativa de aliviar a tensão desagradável.

CAPÍTULO VIII
O CARÁTER[1]

> Como estamos longe de nós mesmos!
>
> T. Tarazi

Nos últimos anos, a posição da caracterologia avançou de forma notável em relação às grandes dificuldades de princípios e métodos com que tropeçou em seus primórdios. Existem hoje conhecimentos sobre caracterologia aos quais é impossível fazer muitas objeções. Pela aplicação de métodos perfeitos realizaram-se inúmeras pesquisas cujos resultados, submetidos a um critério de realidade, mostraram-se corretos.

Nessa posição encontra-se a pesquisa psicanalítica, que está em condições de contribuir para a teoria do caráter com alguns pontos de vista originais e fundamentais, a partir dos quais a investigação científica levará a novos conhecimentos.

A teoria dos mecanismos inconscientes, seu enfoque histórico e a compreensão dinâmico-econômica do acontecimento psíquico são os três elementos que capacitam plenamente a psicanálise para isso.

Ao iniciar seus estudos, Freud interessou-se principalmente pelos sintomas neuróticos. Mas, à medida que, graças à prática diária, foram aumentando seus conhecimentos, ele viu com maior clareza que um sintoma neurótico pode ser muito mais bem interpretado – conforme assinalou Reich em *Análise do caráter*, em 1933 – compreendendo-se

....
1. Em um livro sobre psicanálise, dirigido especialmente a clínicos gerais, não pode faltar um capítulo sobre o caráter, já que o primeiro contato que se estabelece entre os seres faz-se por meio da estrutura caracterológica. Para desenvolver o capítulo sobre esse tópico, realizou-se uma síntese resumida dos conceitos que W. Reich expôs em *Análise do caráter*, 3ª edição, 1949[2]. Escolhemos esse autor porque consideramos que ele focalizou e estudou o tema unindo o profundo ao dinâmico, de modo a torná-lo de fácil compreensão mesmo para aqueles que não tenham uma extensa formação prévia. Além disso, sua classificação dos tipos caracterológicos é útil e fácil de se aplicar aos pacientes.

a estrutura do caráter em que o sintoma se desenvolve. Por essa razão, a estrutura e a função do caráter deslocaram em certo momento o sintoma como objeto principal da teoria e da terapêutica psicanalíticas.

A primeira descoberta de Freud, segundo a qual certas particularidades do caráter podem explicar-se historicamente pela persistência de tendências instintivas primitivas, modificadas pela influência do ambiente, abriu novos caminhos para a compreensão desses problemas[2].

Para se poder apreciar o conceito dinâmico do caráter, é importante estabelecer-se uma comparação entre os traços de conduta e os traços de caráter. Consideram-se traços de conduta as ações observáveis por outra pessoa. Por exemplo, ser valente pode definir-se como a conduta dirigida para se atingir um objeto preestabelecido, sem que seja impedimento para isso o risco à própria comodidade, à liberdade ou à vida. A parcimônia poderia definir-se como uma conduta voltada para economizar dinheiro ou outros objetos materiais. Mas se investigarmos as motivações – em especial as inconscientes – deste ou daquele traço de conduta, verificaremos que ele encerra numerosas e diferentes conotações caracterológicas. Uma conduta de "valentia" pode ser motivada pela ambição, levando a pessoa a arriscar a vida em certas situações com o fim de satisfazer sua necessidade de ser admirada. Também pode ser engendrada por impulsos suicidas que a induzem a buscar no perigo – consciente ou inconscientemente – uma forma de alcançar o seu desejo; pode estar determinada por uma falta de imaginação que leva o indivíduo a agir valentemente apenas porque não se deu conta do perigo que o espreitava. Mas também pode ser motivada por uma genuína devoção a uma ideia ou finalidade, que serve de inspiração para a forma como a pessoa atua – determinação que se aceita convencionalmente como a base do valor. Em todos esses casos, a conduta é superficialmente a mesma, apesar das diferenças de suas motivações profundas (*Fromm*).

A sequência cronológica dos conceitos psicanalíticos referentes ao caráter é relatada a seguir.

Freud foi o primeiro a estudar em 1908, em *Caráter e erotismo anal*, os instintos parciais anais, considerados substrato dos traços caracterológicos posteriores, como são a avareza, a ordem e o pedantismo. Depois, Ernest Jones, em 1919, e Karl Abraham, em 1924, efetuaram uma redução dos traços caracterológicos à sua base instintiva. Disseram, por

---

2. Fromm disse que a teoria do caráter desenvolvida por Freud não só é a primeira, mas também a mais consistente e penetrante, na medida em que o define como um sistema de impulsos subjacentes à conduta, mas não idênticos a ela.

exemplo, que a inveja e a ambição derivam de impulsos correspondentes à fase uretral. Mas com isso só se explicam as bases instintivas de tipos isolados e diversos de caráter.

Em *Análise do caráter*, Reich tentou compreender o caráter do ponto de vista histórico e dinâmico-econômico, considerando-o uma formação total e geral. O seu conceito básico é de que a entidade fundamental no caráter não é o traço único, mas sua organização total, da qual deriva uma quantidade de traços de caráter. Estes, por sua vez, devem ser interpretados como uma síndrome resultante de uma organização particular, ou seja, a orientação do caráter para uma finalidade.

Fromm define o caráter como a forma – relativamente permanente – pela qual a energia humana é canalizada nos processos de assimilação e socialização.

Por sua vez, Karl Jaspers diz: "O caráter é, com seus motivos históricos dados, o produzir-se do homem no tempo e não só a cunhagem de um *ser assim* definitivo no transcurso do tempo". Já se disse que "o caráter só é evidente na biografia que abrange todo o curso de uma vida, com suas possibilidades e decisões". Assim, já não tem importância o conteúdo ou a peculiaridade de um traço caracterológico isolado[3].

Reich não dá importância a um traço isolado do caráter, pois acha que o que tem validade e significado é a forma geral de atuar e a gênese do tipo de reação característica como um todo. Chega-se, com isso, à proposta básica que consiste em tentar compreender a maneira de perceber uma vivência e produzir um sintoma. A abordagem mais acertada, segundo Reich, baseia-se na explicação do que se denomina um traço fundamental de uma personalidade[4].

....

3. Com elementos isolados não se pode construir um processo anímico. O típico é um fenômeno no campo do vivido; mas o vivido não é composto de elementos, como a matéria é integrada por moléculas, sendo, do mesmo modo, o efeito de muitas funções. Se desaparece a função, modifica-se a totalidade. Em outras palavras: os processos anímicos, como todos os processos vitais, não são meras conexões aditivas de componentes isolados, mas, pelo contrário, produtos da atuação conjunta de muitas funções, e, como todo organismo, também na vida anímica tudo se encontra em íntima conexão com tudo, fato que não se pode perceber nem mesmo nas sensações que antes se consideravam fenômenos psíquicos sumamente simples e, por isso, mais "elementares" (*Rohracher*).

4. Para evitar a confusão que prevalece quanto aos termos *temperamento*, *caráter* e *personalidade*, é preciso distinguir cada um deles: o *temperamento* refere-se ao modo de reação e é algo constitucional e imodificável; o *caráter* forma-se pelas experiências da pessoa e, em especial, pelas de sua infância. É modificável, até certo ponto, por novas experiências. Uma pessoa de temperamento colérico reagirá sempre de forma rápida e forte, mas aquilo a que reage dependerá do seu caráter: se é uma pessoa produtiva,

Na linguagem popular, classificam-se as pessoas como duras, brandas, orgulhosas, que se autoestimam ou autodepreciam, frias, calorosas, impulsivas etc. A análise profunda desses traços pode mostrar que se trata apenas de formas diferentes de o ego se proteger contra os perigos do mundo exterior e diante das exigências instintivas do id. Assim, a cortesia excessiva muitas vezes encobre uma quantidade de angústia não menor do que aquela manifestada em uma reação brusca e às vezes brutal. Ambas são reações de sentido distinto, tendentes a superar um estado de angústia.

No plano genético, a formação do caráter individual é determinada pelo impacto das experiências vitais – e das experiências derivadas da cultura – sobre o temperamento. Pode-se afirmar que o ambiente nunca é o mesmo para dois indivíduos, pois a diferença de constituição os faz enfrentar o âmbito em que vivem de maneiras mais ou menos diferentes. É o que ocorre com pessoas de uma mesma família que suportam no lar uma determinada situação, vivendo esse estímulo de maneira totalmente diferente, conforme o temperamento de cada uma. Em um ambiente que aparentemente é igual para todos, cada um terá um tipo de reação que configurará seu caráter.

A psicanálise classifica os caracteres como passivo-feminino, histérico, obsessivo, fálico-narcisista etc., revelando, com isso, que compreendeu a existência de diversos tipos reativos. Mas o que mais interessou a Reich foi o elemento constitutivo comum denominado "formação do caráter" e, também, as condições fundamentais que conduzem a uma diferenciação tão típica.

Estruturação do caráter

Para entender o motivo que determina a formação do caráter, é necessário recordar algumas propriedades de toda reação caracterológica. O caráter é uma modificação crônica do ego, que pode denominar-se

....
justiceira e amante, reagirá quando ama, quando uma injustiça a irrita ou quando uma nova ideia a impressiona.

As experiências adquiridas constituem o caracterológico, traços peculiares que fazem o indivíduo *ser ele*. A diferença entre as qualidades herdadas e as adquiridas equivale à diferença entre temperamento, dotes e qualidades psíquicas constitucionais, por um lado, e caráter, por outro. As diferenças de temperamento não têm significado ético, segundo Fromm, mas as diferenças de caráter constituem o verdadeiro problema da ética; são a expressão do grau em que um indivíduo teve êxito na realização da arte de viver.

Por *personalidade*, entende-se a totalidade das qualidades psíquicas herdadas (temperamento) e adquiridas (caráter).

endurecimento, no sentido de que é uma proteção contra perigos internos e externos. Por ser uma proteção crônica, Reich acredita que também é correto chamar-lhe *couraça*[5], mas com a ressalva de que não é totalmente rígida e impermeável, pois está atenuada por limitações não pertencentes ao caráter, ou seja, relações atípicas com o mundo exterior.

O nome *couraça caracterológica* responde ao fato de ser constante e manter-se sempre na mesma forma. Diante de determinada situação, o caráter terá sempre o mesmo modo de reação, considerando-se, é claro, o caso de um caráter puro, o que, em geral, não se verifica – o caráter adota formas mistas, fazendo que, muitas vezes, se reaja de maneira diferente em face de um mesmo estímulo. Mas o que se deve considerar é a existência de um tom fundamental e de alguns outros traços caracterológicos secundários, e a reação produz-se, geralmente, com base no tipo de caráter predominante, mesmo que algumas vezes possa encontrar-se modificado na resposta final pela interação de outros traços caracterológicos que se mobilizam simultaneamente.

A couraça caracterológica *é* o elemento que se interpõe entre o mundo exterior e o mundo interior, de modo que a estrutura pode ser conceituada como semelhante à membrana celular. Mas, diferentemente desta, a couraça não é completa, o que permite considerá-la, hipoteticamente, como ocorre em alguns rizópodes e radiolários, com orifícios ou fendas, através dos quais se efetua um contato natural, não modificado pelo caráter em si.

Prosseguindo com o símile físico, pode-se dizer que essa couraça caracterológica não é rígida, mas, pelo contrário, tem flexibilidade, que é, precisamente, o que permite estabelecer uma diferença entre caráter normal e neurótico. O grau de flexibilidade ou labilidade conserva uma relação proporcional direta com a saúde mental do indivíduo. Em uma pessoa normal, o caráter também será regido pelos princípios do prazer e da realidade. Assim como a pupila do olho se contrai quando recebe um estímulo luminoso muito intenso, realizando um ato de mecânica defensiva, esses elementos que permitem um contato direto da parte emocional com o mundo exterior, postos diante de uma situação desagradável, serão capazes de se defender retraindo-se a fim de diminuir o contato com o desagradável. Em contrapartida, em face de uma situação que não é perigosa e exige um grande contato com o mundo exterior, as facilidades aumentarão para que o interno

---
5. Hermann Hesse, em seu romance *Peter Camenzind*, diz: "O homem diferenciou-se do resto da natureza por uma capa de mentiras e falsidades que o cobre e o protege".

se ponha diretamente em contato e em uma relação a mais ampla possível, sem a interposição de *contatos substitutivos*, típica do caráter neurótico.

Em compensação, um caráter neurótico manterá as relações entre o mundo interno e o externo dentro de uma margem de grande rigidez. Quer dizer, terá muito pouca labilidade e, portanto, em face de uma situação desagradável, não será capaz de contrair-se totalmente, como faz a tartaruga. Diante do perigo, ela desaparece completamente dentro de sua carapaça; diante de uma situação agradável, também não poderá estabelecer um contato amplo entre o interno e o externo. Essa é uma manifestação clara dos caracteres afetivos bloqueados. São "tíbios" diante de toda e qualquer situação. Tíbios na alegria, no amor e no luto.

É isso que permite uma diferenciação entre o indivíduo normal e o que tem um caráter neurótico. Este último é definido, na linguagem popular, como "tipo duro " ou "frio", expressão que tem muita verdade, já que os indivíduos "duros", angustiados, padecem também de vasoconstrição periférica.

A couraça caracterológica é o resultado do encontro crônico entre as exigências instintivas e o mundo exterior frustrador. "Toda a vida se realiza como codeterminação de um mundo interior e de um mundo circundante" (*Von Uexküll*).

O lugar onde se forma essa couraça caracterológica é a parte da personalidade que se encontra no limite entre o instintivo biopsicológico e o ambiente, quer dizer, o ego. O começo da formação definitiva do caráter, segundo Reich, origina-se no conflito entre os desejos incestuosos e a negativa real da satisfação, a tal ponto que se considera que a formação do caráter começa como uma forma determinada da renúncia do complexo de Édipo.

A parte comum ou geral do desenvolvimento do caráter seguiria teoricamente os seguintes passos: em primeira instância, uma situação edipiana em face de uma recusa real – ou seja, desejos genitais extraordinariamente intensos e um ego relativamente débil que se protege por temor ao castigo, mobilizando o mecanismo defensivo da repressão. Isso leva ao estancamento da pulsão, o que ameaça o êxito da repressão simples, em virtude de uma irrupção desse mesmo instinto reprimido. Esse temor à irrupção tem como consequência uma modificação do ego, por exemplo, o desenvolvimento de certas atitudes com as quais se procura angustiosamente evitar algo, e que se pode perceber como uma atitude de apreensão, "vergonha" ou certa "timidez". Isso, entretanto, não é caracterológico, mas apenas um esboço. A vergonha ou a timidez são, por um lado, uma limitação do ego, mas, ao mesmo tempo, representam um robustecimento deste, uma vez que tornam manifesta uma proteção contra situações em que se poderia produzir uma intensificação dos impulsos reprimidos. Mas essa primeira alteração do ego – apresentar-se como "envergonhado" ou "tímido" – não é suficiente para vencer o instinto; pelo contrário, leva ao desenvolvimento da angústia, que é sempre a base da fobia infantil. Como a angústia infantil constitui, em seu desenvolvimento simultâneo, um perigo constante para a repressão, pelo fato de o reprimido se manifestar por meio da angústia e esta, por sua vez, debilitar o ego, é necessário estabelecer uma nova defesa que chegue a ser de caráter crônico e automático contra a angústia[6].

O motivo que se encontra subentendido em todas essas medidas do ego é o temor ao castigo consciente ou inconsciente, constantemente reativado pela conduta real dos pais e educadores. O endurecimento ou encouraçamento caracterológico realiza-se com base em três processos fundamentais:

1º Identificação com a realidade frustradora, especialmente com a principal pessoa que representa essa realidade, o que constitui um mecanismo de defesa do ego, denominado por A. Freud "identificação com o agressor temido". Esse processo dá à couraça caracterológica conteúdos cheios de sentido. O bloqueio afetivo de um paciente obsessivo rege-se pela seguinte dedução: "Devo exercer o autocontrole como meu pai sempre me disse". E em um passo seguinte: "Devo preservar minhas possibilidades de prazer e conseguir que meu pai me seja totalmente indiferente".

2º Dirige a agressão que mobiliza contra a pessoa frustradora e que, por sua vez, produz angústia, e volta-a contra si mesmo. Esse processo, que mobiliza a maior parte da energia agressiva, privando-a de sua possibilidade de expressão motora, cria o aspecto inibido do caráter.

....
6. "Pode-se considerar o sistema caracterológico como substituto humano do aparelho do instinto nos animais. Uma vez que a energia foi canalizada de um certo modo, a ação produz-se como fiel expressão do caráter, que em sua modalidade determinada pode ser indesejável do ponto de vista ético, mas ao menos permite à pessoa atuar com relativa consistência e a alivia da penosa tarefa de tomar a cada vez uma nova decisão. Pode acomodar sua vida ao seu modo de ser, criando assim certo grau de compatibilidade entre a situação interna e a externa, o que permite ao indivíduo funcionar consciente e razoavelmente. Essa é também a base para a adaptação à sociabilidade" (*Fromm*).

3º O ego nega atitudes reativadas contra as tendências, utilizando a energia do próprio instinto com esse fim. Esse processo retira certas quantidades de carga do impulso libidinal reprimido que, portanto, perde capacidade para transpor a barreira da repressão (*Reich*).

Desse modo, o encouraçamento do ego produz-se como resultado da angústia por temor ao castigo, à custa da energia do id e contendo as proibições da educação precoce. A formação caracterológica serve ao propósito econômico de aliviar a pressão do reprimido e, simultaneamente, fortalecer o ego. Em alguns casos, o encouraçamento produz-se na superfície da personalidade, enquanto, em outros, isso se faz em profundidade. Neste último caso, a aparência manifesta da personalidade não é sua expressão real, apenas algo parecido com ela. A couraça superficial é típica do bloqueio afetivo obsessivo e do caráter paranoide agressivo, ao passo que a couraça profunda é típica do caráter histérico. Sua profundidade depende das condições em que se operou a regressão e a fixação.

Em *Análise do caráter*, W. Reich não nega que os tipos de reação tenham uma base hereditária. Já o recém-nascido e o feto têm um temperamento, mas Reich sustenta que o ambiente exerce, nesse sentido, uma influência decisiva quanto ao desenvolvimento de disposições existentes, determinando se devem ser reforçadas, modificadas ou inibidas.

Diz Reich: "A objeção mais séria contra a concepção da hereditariedade do caráter talvez seja constituída por aqueles casos em que a análise demonstra que até uma certa idade manifestaram-se determinadas formas de reação, seguindo a partir daí um desenvolvimento totalmente diferente do caráter. Mas é indubitável que existe um determinado tônus fundamental que não pode ser modificado, como a própria experiência analítica mostra.

"A origem do esboço das estruturas caracterológicas básicas situa-se no conflito da relação pais-filhos, na liquidação especial desses conflitos e na retenção de vestígios destes no futuro."

Freud disse que o complexo de Édipo é derrubado, dando lugar à angústia de castração. Reich complementa esse conceito dizendo que, efetivamente, o complexo é derrubado, mas reaparece com outras formas de reações caracterológicas, que são, em síntese, uma continuação deformada de seus traços fundamentais e formações de reação contra seus elementos básicos.

A formação do caráter não depende apenas do fato de existirem alguns instintos que se frustram criando um conflito, pois está também relacionada com a própria natureza desse conflito. O momento em que ele se apresentou e quais foram os impulsos motivadores desempenham um papel importante na formação caracterológica. Enumeraremos algumas das causas atuantes:

1) momento em que se produz a frustração;
2) sua magnitude e intensidade;
3) natureza dos impulsos contra os quais se dirigiu a frustração central;
4) concessões feitas entre a aceitação e a frustração;
5) sexo da principal pessoa frustradora;
6) contradições das frustrações entre si.

A função econômica libidinal do caráter

Segundo W. Reich, o estudo da função dinâmica e o significado das reações do caráter evidenciam que este é, essencialmente, um mecanismo de proteção narcísica criado para atuar como aparelho de proteção contra os perigos externos.

Dando continuidade à teoria de Lamarck, as investigações de Freud e, em especial, as de Ferenczi permitiram distinguir no aspecto anímico uma adaptação aloplástica e outra autoplástica. Na primeira, com a finalidade de continuar subsistindo, o organismo modifica o mundo exterior por meio da civilização e da técnica; na segunda – com a mesma finalidade –, o organismo modifica-se para poder continuar existindo. Assim, cabe considerar que o caráter é uma formação autoplástica, determinada pelas excitações perturbadoras e desagradáveis do mundo exterior.

O choque entre o id e o ambiente, que limita ou inibe totalmente a satisfação da libido, tanto quanto a angústia gerada por esse choque, provocam no aparelho anímico uma reação pela qual se procede à organização autoplástica de um aparelho protetor que coloca entre si mesmo e o mundo exterior. Precisamente por isso, a palavra *caráter* abrange não só a forma à parte dessa instância, mas também a soma de todas as reações psíquicas e específicas para uma determinada personalidade, às quais o ego recorre. O caráter é, pois, um fator condicionado dinamicamente, no essencial, e que se manifesta de forma característica, no modo especial pelo qual o indivíduo se manifesta, se movimenta, em sua maneira de vivenciar situações, de reagir diante delas, na forma como ama, sente ciúme, conduz sua vida, em suas necessidades e nos anseios que lhe são próprios, nos objetivos que se propõe, na forma como concebe seus ideais, nos valores que o atraem, no que faz e produz, e no modo como atua, segundo o conceito de K. Jaspers.

O caráter é integrado por elementos do mundo exterior, como as proibições dos instintos censurados e as identificações de diferentes categorias e qualidades. Com base nisso, Reich considera que os conteúdos da couraça caracterológica são de origem externa, social. É preciso esclarecer, para compreender bem isso, que a proteção contra o mundo exterior foi a motivação básica da formação do caráter, sem que esta continue sendo, mais adiante, a sua função fundamental.

O homem civilizado tem uma gama quase infinita de recursos à sua disposição para defender-se contra os perigos reais do mundo exterior, como são as instituições sociais que o protegem devidamente. Mas, sendo um organismo altamente desenvolvido, também tem à sua disposição um aparelho muscular que lhe permite fugir desses perigos ou lutar contra eles, bem como um intelecto que lhe permite prevê-los e evitar cair neles. O mecanismo típico de proteção do caráter entra em ação quando um perigo interior, representado por um impulso instintivo, torna-se ameaçador. Então, é tarefa do caráter elaborar ou evitar a "angústia da estase" causada pela energia dos impulsos aos quais se negou acesso à expressão.

Existe uma relação entre a função do caráter e a repressão, na medida em que a necessidade de reprimir a exigência das pulsões inicia a gênese do caráter. Todavia, este, uma vez formado, poupa energia repressora, pois as formações caracterológicas, segundo Reich, consomem parte da própria energia instintiva que, de modo geral, flutua livremente nas repressões simples. O aparecimento de um traço caracterológico indica a solução de um conflito de repressão geral ou a transformação de uma repressão em uma formação relativamente rígida, adequada ao ego.

Os processos da formação do caráter correspondem, portanto, a uma das funções do ego, a que procura a unificação ou síntese das tendências do organismo psíquico. Isso explica por que é muito mais difícil eliminar a repressão que levou à formação de traços caracterológicos bem estabelecidos do que as repressões que originaram um sintoma. Reich assinala que existe certa relação entre o ponto de partida da formação do caráter, consistente na proteção contra perigos reais, e sua função definitiva, que consiste na proteção contra o perigo proveniente dos instintos e contra a angústia provocada pela estase libidinal, produzida em decorrência das frustrações e do consumo das energias dos instintos reprimidos.

Para fundamentar esse conceito, Reich destaca que na adaptação à sociedade, partindo do estado natural primitivo em direção ao civilizado, existiu uma considerável restrição de gratificações libidinais e de outro tipo. O desenvolvimento humano caracterizou-se por um aumento da repressão sexual, e, em particular, o desenvolvimento da sociedade patriarcal foi se encaminhando pouco a pouco no sentido de um incremento, de uma disfunção e de uma restrição da genitalidade. Com o avanço da civilização, o número e a intensidade dos perigos externos decresceram progressivamente, pelo menos para o indivíduo. Considerados de um ponto de vista social, no entanto, os perigos para a vida do indivíduo aumentaram, uma vez que as guerras imperialistas e as lutas de classes superam os perigos da era primitiva. Com o fim de evitar a angústia real (ocasionada por perigos externos reais), os indivíduos tiveram de inibir seus impulsos, e a agressão não pode expressar-se, nem mesmo no caso de se estar a ponto de morrer de fome, como resultado de uma crise econômica. Uma transgressão das normas sociais significa um perigo, tal como é o castigo pelo roubo ou pela masturbação infantil, ou a prisão por incesto ou homossexualismo. Na mesma medida em que se evita a angústia real, aumentam o estancamento libidinal e, com isso, a angústia motivada por essa estase. Quanto mais se evita a primeira, tanto mais forte se torna a segunda e vice-versa.

Os animais, por não terem organização social, estão expostos à angústia real, mas quase livres da estase, desde que não estejam domesticados – e mesmo nesse caso ela é menor.

O caráter tem, pois, dois princípios econômicos em sua formação: evitar a angústia real e "catabolizar" a angústia de estase. Mas há um terceiro princípio: o do prazer. A formação caracterológica é posta em ação com o fim de evitar os perigos que a gratificação instintiva implica. Uma vez formado o caráter, o princípio de prazer continua atuando também no sentido de que o caráter, como os sintomas, serve não só para fins defensivos, mas também como satisfação encoberta de um instinto. O caráter fálico-narcísico, por exemplo, não só se protege contra as influências do mundo externo como também satisfaz uma boa quantidade de sua libido na relação narcísica do seu ego com o próprio ego ideal.

A energia dos impulsos instintivos reprimidos, em especial a sádica, é quase completamente anulada no estabelecimento e na manutenção do mecanismo de proteção. Na realidade, isso não é uma gratificação do instinto no sentido direto do prazer não encoberto, mas conduz, como gratificação mascarada no sintoma, a uma diminuição da tensão instintiva. Embora essa diminuição da tensão seja um fenômeno não diferenciado da gratificação direta, é quase tão importante quanto ela no plano econômico, pois também diminui a tensão. Toda descarga de tensão é origem de um prazer mais ou menos acentuado, e, por isso, a mobilização de um traço de caráter diminui, na economia psíquica, uma tensão e gera, por conseguinte, um prazer. Embora essa diminuição da tensão seja fenomenologicamente distinta daquela provocada pela gratificação direta, do ponto de vista econômico tem praticamente o mesmo valor, pois também diminui a tensão do id.

A energia instintiva é utilizada no processo de unir e conglomerar os conteúdos do caráter, como são as identificações e as formações reativas. No bloqueio afetivo de muitos caracteres obsessivos, por exemplo, o que se consome na formação e manutenção da barreira existente entre o id e o mundo exterior é principalmente o sadismo; na cortesia exagerada e na passividade de muitos caracteres, de tipo passivo-feminino, o que se elabora é a homossexualidade anal.

Caráter normal e patológico

Realizada essa exposição sumária da forma como se elabora o caráter e o mecanismo de sua ação, definir o que se entende por caráter normal e por caráter patológico é uma tarefa difícil.

Estatisticamente, poder-se-ia tomar como normal um ser que raciocina de acordo com os padrões de influência do ambiente, ou seja, de acordo com as médias humanas de disciplina, gostos e moral.

O caráter desempenha um papel muito importante na análise didática e terapêutica, e é levado em grande conta nesta última, o que induziu os psicanalistas a se preocuparem com a definição de caráter normal e patológico. O conhecimento do caráter permite focalizar a conduta dos indivíduos, não com as avaliações positivas ou negativas da psicologia clássica, mas com um sentido profundo de compreensão médica, análogo ao usado para o tratamento dos sintomas orgânicos.

Fizeram-se várias tentativas para definir a normalidade de um ponto de vista psicodinâmico, e todas elas acabaram dividindo-se em dois grandes grupos. Um grupo a vincula ao critério de felicidade, considerando felicidade não só o prazer, mas também uma combinação de gozo com autossatisfação. Outro grupo concebe a normalidade como dependente da adaptação à realidade, entendendo por realidade somente a psicológica – o que não é mais do que um contato afetivo com os objetos que compõem o ambiente do indivíduo, considerando, além disso, que tais contatos não implicam necessariamente uma aceitação total dos padrões ambientais, mas apenas uma percepção sensível desses padrões e um reconhecimento de seu significado social (*Jones*).

É preciso destacar, em especial, o fato de que a caracterologia, como toda ciência, deve renunciar a valorizações. Quando valorar, deverá indicar exatamente de que ponto de vista o faz, de modo que a palavra *caráter* nunca pode ter aqui o valor ético que ainda possui na linguagem de uso cotidiano. Quando nas investigações psicológicas se fala em caráter, não se faz referência ao que o homem comum chama "ter caráter". No uso científico da linguagem, caráter é sempre a peculiaridade anímica do homem individual; todo homem tem um caráter, pois todo indivíduo é, do ponto de vista psíquico, algo peculiar e único. A caracterologia no sentido ético é apenas um traço de peculiaridade psíquica e, portanto, do caráter do homem correspondente.

Vários psicanalistas, entre eles Freud, Glover e Reich, definiram a pessoa normal teórica da seguinte maneira: ser maduro, livre de sintomas, sem angústias, sem conflitos mentais, que tem uma satisfatória capacidade de trabalho e é capaz de amar alguém que não ele mesmo, ou seja, que leva uma vida sexual normal, com potência orgástica completa.

Mas os elementos mencionados até agora não bastam para enunciar plenamente as definições do caráter normal e do caráter neurótico. Por isso, com o fim de tornar mais claro e didático o conceito de normalidade, convém descrever primeiro, tomando a definição clássica de Reich, os três tipos de caracteres neuróticos que ele estudou para abordar, depois, o que se poderia considerar *caráter normal ideal*. Finalmente, como contrapartida, cabe fazer uma síntese desses três caracteres neuróticos estudados por Reich para estabelecer as diferenças[7].

....

7. Com respeito ao caráter neurótico, cabe fazer um esclarecimento quanto ao conceito desse tipo, formulado em termos diferentes por Alexander e Reich. O primeiro define as pessoas de caráter neurótico como aquelas que têm escassos sintomas clínicos, mas em quem, pelo contrário, todos os impulsos inconscientes são expressados e vividos no mundo exterior, como um verdadeiro *acting-out*, e não esperam por isso um castigo da sociedade, mas, pelo contrário, impõem-se eles próprios a pena. Isso permite dizer que existe uma acentuada semelhança entre o caráter neurótico de Alexander e a personalidade psicopática de Schneider. Para Alexander, o caráter neurótico seria apenas um dos tipos descritos por Reich e corresponderia ao que este último denomina "impulsivo".

As pessoas de caráter neurótico, segundo Alexander, são aquelas que não apresentam fenômenos clínicos pronunciados, mas, em sua vida, atuam com uma impulsividade acentuada e até, com frequência, de uma forma compulsiva, e que estão particularmente submetidas à influência de suas tendências inconscientes. "Aparentemente, sua conduta irracional é um equivalente de sintomas neuróticos."

Caráter histérico

Resumindo os elementos mais comuns assinalados por Reich, verificamos que o que mais chama a atenção no caráter histérico, em ambos os sexos, é uma conduta sexual "obstinada", aliada a uma forma específica de agilidade física de evidente natureza sexual, o que explica que as relações entre a histeria feminina e a sexualidade já fossem conhecidas há muito tempo. Lembremos que no século XIV fazia-se alusão a "um desejo incrível de abraçar homens".

A expressão fisionômica e o andar das pessoas de caráter histérico nunca são duros e firmes, como sucede no caráter obsessivo, nem altivos e seguros, como acontece com as pessoas de caráter fálico-narcisista. Pelo contrário, essas pessoas são brandas, têm movimentos ondulantes, ainda que não necessariamente elásticos, e são sexualmente provocantes. O coquetismo franco ou encoberto no olhar, na maneira de falar, revela, sobretudo nas mulheres, o tipo de caráter histérico. Nos homens, as manifestações evidentes são brandura e cortesia exageradas, fisionomia de traços femininos e uma conduta com sinais correspondentes ao sexo oposto.

....

O inconsciente do caráter neurótico faz uso de mecanismos especiais, como a conversão histérica, as ações simbólicas e obsessivas, as ideias delirantes etc. O que é característico nesses indivíduos é que não se expõem em suas ações sociais. Misturam sua neurose e sua vida, ou seja, vivem sua neurose. O procedimento irracional e neurótico desses caracteres anormais é mais análogo a uma gratificação real do que aquele dos sintomas neuróticos e, através de sua impulsividade cega, muitas vezes são mais prejudiciais do que as neuroses.

Em um de seus últimos trabalhos, Alexander definiu o caráter neurótico dizendo ser "aquela forma de vida que tende para a criminalidade e a autodestruição, alternativamente. Esses caracteres vivem suas agressões e suas tendências sociais de dentro para fora, não em sintomas mas em fatos, sem esperar, entretanto, o castigo, visto que se convertem em seus próprios juízes e verdugos".

O caráter impulsivo de Reich teria uma submissão quase total aos impulsos sexuais desmascarados e não inibidos, e a regra geral nele seriam as perversões ostensivas. O caráter impulsivo diferencia-se da neurose obsessiva pela atitude afirmativa do ego em face dos impulsos instintivos e, também, por racionalizações mais extensas. Diferencia-se da esquizofrenia por suas relações vitais com o mundo exterior, pela ausência da divisão "esquizo" e pela retenção do conceito de realidade.

Na opinião de Reich, a origem do caráter impulsivo encontra-se em uma gratificação quase total na infância, seguida por uma súbita frustração traumática. Segue-se a isso um isolamento e, posteriormente, uma repressão do superego, na medida em que o superego isolado afeta o ego de modo idêntico ao que as exigências instintivas reprimidas o afetam. Tudo isso cria uma necessidade de castigo, que leva ao masoquismo e à criminalidade por um sentimento de culpa. O peso dessa carga é constantemente aliviado pelas autolesões, de maneira que a formação de sintomas não chega a se produzir.

A mulher típica desse caráter é a que pergunta sempre: "Você gosta de mim?... Quanto?... A que horas você vai chegar?..." etc. É a que usa várias pulseiras com medalhas e penduricalhos, e brincos grandes e espalhafatosos. As mulheres desse tipo de caráter são as que se insinuam sexualmente, mas em última instância se defendem – mobilizadas pela angústia – e o fazem a qualquer preço. Isso é o que muitos homens não compreendem, pois encontram-se diante de mulheres que são, em sua maneira de comportar-se, altamente sexualizadas, mas incapazes de viver o ato sexual.

O indivíduo com caráter histérico quer, antes de tudo, comprovar por intermédio de sua conduta sexual a existência dos perigos temidos e o lugar de onde eles possam provir. Em um plano de importância secundária, o caráter histérico vive o fato de que, nessa conduta pseudossexual, manifestam-se pulsões secundárias, como o narcisismo e o desejo de autoridade e domínio.

Tem, sim, profundas pulsões sexuais que não se satisfazem ao serem inibidas pela angústia genital, o que o faz sempre se sentir exposto a perigosas pulsões que correspondem às suas angustiosas representações infantis.

O caráter histérico apresenta tendência escassa para a sublimação e a atividade intelectual, ficando muito aquém das demais formas de caráter quanto à capacidade de trabalho e de produção, já que quase toda a sua energia se consome nos traços caracterológicos citados.

Caráter obsessivo

O traço típico do caráter obsessivo é um sentido pedante de ordem e limpeza. A vida das pessoas com esse tipo de caráter, tanto com relação aos acontecimentos importantes como aos acontecimentos menores, transcorre como se fosse regida por um plano preestabelecido e imutável. Se algo nesse plano se modifica, isso é vivido com uma sensação de desagrado, caso a frustração não seja muito profunda; nos casos agudos, desencadeia-se angústia e, às vezes, agressividade. Os traços caracterológicos têm, entretanto, um aspecto positivo quanto ao trabalho, pois favorecem a sua realização e tornam a pessoa consciente e obstinada. Contudo, apresenta um aspecto negativo ao limitar a capacidade operacional, uma vez que não imprime nenhuma vivacidade nem modificação repentina de reação. Em suma, o indivíduo será um bom empregado, mas um péssimo criador. Precisamente por isso, é muito difícil encontrar políticos com caráter obsessivo, ao passo que, pelo contrário, esse tipo caracterológico é muito comum entre pesquisadores e investigadores. Mas, como se isso fosse uma cadeia interminável, essa rigidez também é desvantajosa para esses indivíduos, pois, impedindo o pensamento especulativo e o livre jogo imaginativo, atrapalha sensivelmente a possibilidade de novas descobertas.

As pessoas com caráter obsessivo são graves, pensam tudo com profundidade e astúcia, são incapazes de regular a intensidade da concentração de seu pensamento, conforme o maior ou menor valor racional do tema a ser elaborado. A atenção é distribuída de maneira uniforme e os problemas secundários não são elaborados com menor profundidade do que outros que estão no centro de interesse do tema tratado.

Quanto mais patológica e rigidamente se desenvolve esse traço, tanto mais a atenção se desloca em uma direção inconveniente, imprópria, e a capacidade de pensar se concentra em fatos secundários, evitando os temas racionalmente importantes. Esse estado de coisas produz-se como resultado de um processo que consiste em substituir as representações que inconscientemente se tornaram importantes por outras distanciadas ou secundárias para o inconsciente (*Reich*). Em alguns casos, isso é compensado pelo fato de o obsessivo possuir uma capacidade superior à normal para o pensamento abstrato e lógico, e por estar mais desenvolvida, dentro da lógica, a capacidade crítica.

Aos traços acima descritos somam-se outros, de natureza contrária, que nada mais são do que a irrupção por meio do caráter de tendências que o próprio caráter procurava evitar. Aparecem então, em alguns momentos, falta de limpeza, desordem e incapacidade para lidar com dinheiro, que contrastam com os traços assinalados antes (sentido pedante de ordem e de limpeza).

Os indivíduos com caráter obsessivo caracterizam-se por uma forte tendência para as reações de compaixão e culpa, o que não impede que, por suas outras características, sejam precisamente pessoas com quem não é agradável conviver. É o caso da dona de casa que se vangloria da ordem e do asseio existentes em seu lar, que, quando o marido entra com um cigarro aceso, persegue-o com o cinzeiro, censura-o por entrar sem limpar os sapatos no capacho e o obriga a andar pela casa com os chinelos de flanela para não riscar o assoalho. Tudo isso contribui para que o marido goste mais de passar o tempo no botequim da esquina.

No caráter obsessivo, nota-se também indecisão, dúvidas e desconfianças, mesmo que exteriormente mostre um forte domínio de si mesmo. Desagradam-lhe os afetos, apresentando em geral uma conduta muito uniforme. São pessoas mornas, tanto no amor quanto no ódio, atitude que, nos casos extremos, pode chegar a um total bloqueio afetivo. Pode-se dizer que são indivíduos que estão sempre querendo alcançar o que os alemães chamam de "o ponto médio de ouro".

Caráter fálico-narcísico

Segundo W. Reich, este caráter diferencia-se nitidamente dos dois anteriores, inclusive fisicamente. O caráter obsessivo é predominantemente inibido, depressivo, lento e bloqueado. O histérico é nervoso, ágil, temeroso e rápido. O fálico-narcísico é seguro de si, às vezes arrogante, elástico, forte e, com frequência, prepotente e imponente.

Na classificação de Kretschmer, o fálico-narcísico corresponde predominantemente ao biótipo atlético, ocorre com menor frequência no astênico e só esporadicamente no pícnico.

Os traços faciais apresentam frequentemente sulcos marcados e masculinos, expressões duras; no entanto, apesar de seus hábitos atléticos, muitos apresentam traços femininos e outros têm "cara de bebê".

A conduta do fálico-narcísico nunca é abjeta nem desprezível, como pode ser a do histérico, ou vacilante e desconfiada como a do obsessivo; pelo contrário, é prepotente, deliberada e ironicamente agressiva. Na vida cotidiana, essas pessoas costumam prevenir o ataque que esperam dos outros com um contra-ataque antecipado, exteriorizando a agressividade de sua conduta não tanto pelo que dizem, mas pelo tom em que o expressam. As pessoas não agressivas percebem, com uma sensibilidade especial, os caracteres fálico-narcísicos como agressivos, provocadores e "espinhosos". Os fálico-narcísicos bem definidos tendem a obter posições respeitáveis, suportam com dificuldade uma situação subalterna na massa social, salvo se puderem compensar a subordinação por uma atitude de dominação, como ocorre, por exemplo, nas organizações hierárquicas. Esses indivíduos reagem a qualquer arranhão em sua vaidade com um firme bloqueio, um profundo mau humor ou uma intensa agressão.

Em oposição a esses traços, o narcisismo deles manifesta-se sob forma de uma acentuada segurança de si mesmos, arrogância e dignidade, e não sob forma infantil, apesar de os fundamentos de seu ser não serem de tipo menos infantil do que nos outros caracteres.

Apesar de estarem permanentemente voltados a si mesmos, apresentam com frequência fortes ligações com objetos do ambiente. Nesse sentido, aproximam-se muito do caráter normal ou maduro, mas diferenciam-se deste último por serem mais influenciáveis por motivos irracionais (*Reich*).

Uma das características mais importantes de sua vida é a valentia agressiva, em oposição à circunspecção e indecisão do caráter obsessivo ou à fuga diante de situações de perigo do caráter histérico.

Suas atividades são marcadas, impulsivas, enérgicas, exaltadas e geralmente produtivas graças à agressividade livre, própria dos representantes menos neuróticos desse tipo.

Nos homens de caráter fálico-narcísico, a potência erétil, em oposição à orgástica, está muito desenvolvida, e as relações com o sexo feminino são, de modo geral, perturbadas pelo natural menosprezo que sentem pela mulher, embora os representantes desse tipo sejam precisamente os preferidos por ela, já que têm, em seu aspecto formal, acentuados traços de masculinidade.

O caráter fálico-narcísico também se encontra com muita frequência entre as mulheres, caracterizando-se as formas mais neuróticas por fortes traços de homossexualidade ativa. Em contrapartida, as formas menos neuróticas caracterizam-se por forte sentimento de autossegurança, com base em sua força física ou, mais comumente, em sua beleza ou capacidade intelectual.

Existem diferenças qualitativas entre o caráter neurótico e o caráter maduro ou genital, considerados em sua forma teórica, pois na vida cotidiana não se encontram tipos caracterológicos puros, mas formas intermediárias mistas, com predomínio de um ou outro tipo.

De acordo com Reich, cada um desses caracteres tem suas formas próprias de atuar no campo do pensamento, do trabalho e da sexualidade.

Caráter normal e caráter neurótico: modo de pensar

No caráter normal ou maduro, o pensamento toma como orientação os fatos e processos objetivos, distinguindo plenamente o essencial do não essencial. Tenta descobrir e eliminar o irracional e os distúrbios emocionais que possam obscurecê-lo. É funcional, em sua natureza, e atua com sentido prático, ainda que não seja mecanicista nem místico. Seus juízos são resultado de um processo de pensamento. Assim, o pensamento racional é acessível, neles, aos argumentos verídicos, visto que opera pobremente, sem contra-argumentos reais.

No caráter neurótico, o pensamento também tenta se orientar por fatos e processos objetivos. Mas, como na profundidade do pensamento racional – e entrelaçada com ele – opera uma estase sexual crônica, ele se orienta ao mesmo tempo pelo princípio de evitar o desprazer. Tudo aquilo que entra em conflito com seu sistema de pensamento é evitado de diversas maneiras. Pensa de tal modo que para ele chega a ser difícil atingir o objetivo racional.

Caráter normal e caráter neurótico: atuação

No caráter normal, o motivo e os fins da atuação estão em harmonia; os motivos e as metas têm um fim social racional.

Os motivos e propósitos baseados em sua natureza biológica primária empenham-se no sentido de melhorar sua própria vida e a dos outros – o que se denomina "melhoramento social".

No caráter neurótico, a capacidade de ação reduz-se com regularidade porque os motivos carecem de afeto ou são contraditórios. Como o caráter neurótico, de modo geral, reprimiu bem sua irracionalidade, tem de lutar constantemente contra ela, e é justamente isso que reduz sua habilidade para atuar. Teme destacar-se em qualquer atividade porque nunca está seguro de poder controlar seus impulsos patológicos ou sádicos. Via de regra, sofre ao comprovar que sua atuação vital é inibida, sem chegar, por isso, a sentir inveja de indivíduos normais.

Sua linha de pensamento poderia sintetizar-se assim: "Tive azar na vida, e meus filhos devem chegar a alcançar uma existência melhor". Essa posição o (converte) transforma em um espectador simpatizante, ainda que estéril, do progresso, que ele não impede, mas também não ajuda (*Reich*).

Caráter normal e caráter neurótico: sexualidade

No caráter normal, a vida sexual é determinada pelas leis naturais básicas da energia biológica. Ele obtém descarga libidinal normal durante o ato sexual, sem a menor perturbação ou angústia antes, durante ou depois do coito, o que lhe permite manter um equilíbrio libidinal perfeito.

Para o caráter normal, contemplar a felicidade de outros não é torturante e chega até a produzir alegria. Em contrapartida, manifesta uma total indiferença pelas perversões e pela pornografia.

O homem normal é facilmente reconhecível pelo bom contato que tem com os jovens saudáveis e pelo fato de aceitar que os interesses das crianças e dos adolescentes também são, em sua maioria, sexuais, e que as exigências que resultam desses fatos biológicos devam ser cumpridas. Essa atitude é totalmente espontânea, ainda que haja um conhecimento correspondente adicional.

O caráter neurótico, pelo contrário, sempre sofre transtornos e angústias antes, durante e depois do ato sexual, o que leva a uma estase libidinal permanente. Vive em resignação sexual ou entrega-se secretamente a atividades perversas. É indiferente à felicidade que os outros sentem no amor ou até capaz de reagir com certa dose de ódio diante dela. Reage, em alguns casos, com ansiedade e, em outros, com ódio, sobretudo quando chega a estar em contato com o problema sexual (*Reich*).

Caráter normal e caráter neurótico: trabalho

O indivíduo de caráter normal ou maduro desenvolve o trabalho de um modo ativo. O processo da atividade deixa-o entregue a seu próprio destino, e ele consegue resultados sem nenhum esforço especial, pois são consequências espontâneas do processo de trabalho. Esse produto é uma característica essencial da alegria biológica no trabalho, pois, no caráter normal, é uma sublimação de tendências e, por conseguinte, plenamente agradável. Essa alegria provoca no indivíduo um entusiasmo que é, ao mesmo tempo, o que o faz ser guia da atividade dos demais com seu exemplo, apesar de não haver ostentação nem do produto, nem dos métodos de seu trabalho.

O caráter neurótico é mais restrito no trabalho, já que usa essencialmente sua libido na defesa das fantasias perversas, e os distúrbios que o neurótico apresenta em seu trabalho devem-se ao mau uso de sua libido.

O trabalho do caráter neurótico é tipicamente automático, mecânico e carente de prazer, pois é uma formação reativa que exige um enorme desgaste de energia, levando esses indivíduos a cair no *surmenage*, na estafa, fato que jamais pode ocorrer para quem trabalha por sublimação e obtém prazer.

Concluindo, pode-se fazer um resumo dos traços típicos do caráter neurótico e do caráter maduro ou normal ideal.

O caráter neurótico

É ascético ou só tem acesso à satisfação sexual com sentimentos de culpa. Em seu conceito inconsciente, o ato sexual é, em si mesmo, algo sujo e cruel, significando para ele, em suas camadas mais profundas, uma tortura perpetrada contra o objeto, resultando daí a perturbação de sua potência erétil e orgástica.

Sempre que há uma vida amorosa, comprova-se facilmente nos neuróticos seu infantilismo, sendo o objeto amado só o representante simbólico de uma figura incestuosa (pai, mãe, irmão ou irmã etc.). Por isso, a ligação amorosa é acompanhada de todas as angústias, inibições e caprichos neuróticos, próprios da relação incestuosa infantil.

O caráter neurótico é, em geral, poligâmico, pois nunca encontra no objeto real o de sua fantasia; a isso se une a contínua insatisfação derivada de sua impotência orgástica. Se chega a cumprir uma rígida monogamia, ele o faz achando que é por uma atitude de consideração para com o cônjuge, mas, na realidade, teme a sexualidade e sua incapacidade para regulá-la. Também influi sua angústia em face da possibilidade de estar sozinho e seu temor de não encontrar outro objeto ou perder o atual.

No trabalho, é espasmódico e obsessivo. Realiza-o como se lhe fosse imposto, como um castigo, com um caráter totalmente peremptório. Se o neurótico tira um período de descanso, mais cedo ou mais tarde sofrerá uma intranquilidade interior que, caso a situação se prolongue, poderá converter-se em angústia, levando-o a buscar compulsivamente qualquer ocupação. Realiza todo o seu trabalho como um autômato, sem prazer, sem entusiasmo, antes com desagrado e, portanto, com baixo rendimento.

A couraça caracterológica neurótica é rígida, com pouca ou nenhuma elasticidade, e as comunicações com o mundo exterior são insuficientes, tanto em sua relação amorosa com os objetos quanto em sua agressividade. Daí as relações com o ambiente carecerem de espontaneidade e vivacidade, e serem contraditórias. Só em poucos casos a personalidade total chega a adaptar-se harmoniosamente ao ambiente. Não tem capacidade para viver plenamente os fatos; gostaria de estar alegre ou zangado, mas não é capaz; não pode amar de forma intensa porque os elementos da sexualidade estão reprimidos. Também não pode odiar de maneira adequada, pois seu ego não se sente capaz de dominar um ódio que se tornou intenso pelo incremento de libido estancada, o que o obriga a reprimi-lo. Além disso, nos casos em que mostra afetos de amor ou de ódio, as reações raramente correspondem aos fatos reais, pois, no inconsciente do neurótico, estão atuando as vivências infantis, que são as que, na realidade, determinam a quantidade e especificam a qualidade de suas reações.

O caráter normal

Sua vida sexual é o propósito normal primordial e o que lhe dá maior prazer, derivando este de uma total potência de ereção e orgasmo. O caráter genital ou normal, que não é rígido nem espasmódico em nenhum sentido, também não o é nas expressões sexuais. Como pode chegar à satisfação total durante o orgasmo, é capaz de uma monogamia sem coerção nem repressão, mas também é capaz de mudar de objeto se existir uma base racional para isso, uma vez que não está fixado a ele por sentimentos de culpa, mas por necessidade e com o fim de obter prazer. Permanece junto do objeto de seu amor porque este o satisfaz plenamente, razão pela qual o respeita e o defende. Pode dominar seus desejos poligâmicos sem reprimi-los, sempre que não estejam em contradição com o objeto amado, quer dizer, soluciona sempre o conflito real, determinado por essa situação, de acordo com a realidade.

No indivíduo de caráter normal, o trabalho flui espontaneamente, pode dedicar-se a ele por muito tempo e encontra no descanso um valor idêntico ao da atividade. Trabalha porque quer fazê-lo e rende mais do que o neurótico pela simples razão de que obtém prazer e alegria em seu trabalho.

O homem de caráter normal pode estar muito alegre, mas, se for necessário, muito colérico; pode amar intensa e apaixonadamente, mas também pode odiar com veemência. Isso ocorre porque seu ego é igualmente acessível ao prazer e ao desprazer. Reage à perda objetal com um grau adequado de luto, sem que seja dominado por ele.

Em determinadas condições, irá comportar-se como uma criança, mas nunca dará a impressão de infantilidade. A sua seriedade é natural e não constitui uma rigidez compensatória, porque não tem o propósito de aparecer dando a impressão de ser uma pessoa madura, uma vez que de fato o é.

A elasticidade e a firmeza de sua couraça manifestam-se no fato de o indivíduo ser capaz de oferecer-se ao mundo com toda a intensidade em um momento, e depois, quando necessário, isolar-se dele.

Com isso, quero assinalar que o ego do caráter normal também possui uma couraça, mas diferencia-se do ego do caráter neurótico porque a "domina" e não está entregue nem submetido a ela. Essa couraça caracterológica normal tem elasticidade suficiente para se adaptar às mais diversas situações.

A atuação normal do caráter maduro ou genital não se baseia em uma ação reprimida, mas em uma agressão sublimada, e cabe dizer que sua posição é adequada à realidade, embora nem sempre se submeta a ela. Um caráter maduro é capaz de criticá-la e de pretender modificá-la. Seu escasso temor à vida impede que faça concessões ao ambiente que sejam contrárias às suas próprias convicções (*Reich*).

O caráter normal ideal seria, então, aquele que encontrasse as verdades mais certas nas relações com o meio; seria um espelho plano e não deformador, e quem o possuísse saberia que não é preciso suportar, apenas compreender; isso faria que a maior parte de sua vida fosse um constante fluir de felicidades duradouras intensamente ligadas à realidade.

Se os seres assim dotados existissem, poderiam dizer como o prudente Ulisses: "Não peço mais do que isso aos deuses".

Mas existirá uma mente normal na atual realidade? Há alguma razão para esperar que exista uma personalidade totalmente normal no futuro, quando o desenvolvimento mental precoce for mais bem entendido e seriamente atendido?

À primeira pergunta respondeu Ernest Jones assim: "Em minha larga experiência, nunca encontrei uma personalidade totalmente normal". E, à segunda, respondeu com a simplicidade do sábio: "Não sei".

CAPÍTULO IX
A SIMULTANEIDADE EMOÇÃO-MÚSCULO

Quando pensamos nos termos *emoção* e *músculo*, automaticamente os associamos a sintomas de conversão. Freud foi o primeiro a esclarecer esse mecanismo na neurose que designou como histeria de conversão, cuja essência é a transformação de uma emoção ou desejo inconsciente em uma função fisiológica anormal que simula uma enfermidade orgânica, ou seja, cada tendência psíquica busca uma adequada expressão corporal.

Embora a associação emoção-músculo = sintoma de conversão seja a primeira a aparecer, achei preferível chegar ao conhecimento da conversão muscular das emoções por meio do mecanismo de repressão.

Como já vimos, o caráter, segundo o conceito de Reich, consiste em uma modificação crônica do ego que pode perfeitamente chamar-se de "endurecimento" ou "esclerose". Esse endurecimento é a verdadeira base que determina a cronicidade ou particularidade da forma de reação característica para cada pessoa. Assim, podemos classificar uma personalidade em histérica, obsessiva, esquizoide, paranoide etc., conforme seu tipo de reação a um determinado estímulo. Seu fim é proteger o ego dos perigos tanto internos quanto externos, estando os primeiros representados pelos instintos censurados. Reich diz que esse "endurecimento" do ego merece chamar-se de "couraça" ou "armadura" por ser uma forma de proteção crônica.

É evidente que essa proteção limita muito, ao mesmo tempo, a agilidade ou labilidade psíquica da personalidade total. Entretanto, essa limitação é atenuada pelas relações que o ego encouraçado mantém com o mundo exterior; essas vinculações com o ambiente, que impressionam como comunicações que ficaram livres dentro de um sistema fechado nas outras porções, podem comparar-se a "orifícios" na superfície da couraça, por meio dos quais os interesses do indivíduo aparecem ou retiram-se segundo a atitude do mundo exterior. Poderíamos comparar essa situação com a de uma tartaruga, que só põe a cabeça para fora quando o mundo exterior não é perigoso, refugiando-se e defendendo-se no interior de sua carapaça diante de qualquer percepção desconhecida ou de hostilidade.

Pode-se considerar a origem da couraça caracterológica o resultado permanente do encontro das exigências instintivas com o ambiente frustrador que as repele, exigências que o ego tenta bloquear a fim de manter certa harmonia com esse mundo exterior onde deve viver e desenvolver-se.

No começo, o ego deve reprimir seus impulsos agressivos e sexuais censurados, tratando simultaneamente de anular a sensação desagradável de angústia, que é o resultado dessa repressão, de um modo ativo e consciente; depois, essa rejeição torna-se crônica e automática (um verdadeiro reflexo condicionado), e isso é o caráter, uma solução que dispõe o ego a valer-se de sua função de síntese, a qual consiste em mitigar a pressão do reprimido (ao usar como contracatexia o próprio instinto a ser reprimido) e incorporar o objeto frustrador, do que resulta um fortalecimento do ego, em vez de sua debilitação.

Se considerarmos a repressão apenas o afundamento ou o relegamento de ideias conscientes ou impulsos instintivos para dentro do inconsciente, ficará difícil chegar a um conceito claro do que é o processo de repressão em si. "Com um conceito puramente psicológico, não podemos compreender e manejar os distúrbios psicossomáticos" (*Wolfe*; *Fenichel*).

O processo psíquico de repressão tem sua contrapartida somática na hipertonia muscular, que pode ser considerada a "expressão" ou o "acompanhamento" daquilo que chega a ser, em determinado momento, a parte essencial do processo de repressão e a base somática para que este continue existindo (*Reich*). A hipertonia é uma medida para manter o reprimido em repressão, como se quiséssemos opor uma pressão muscular externa à tensão interna do reprimido. Por conseguinte, deve-se aceitar que constitui um meio para manter o reprimido, um equivalente fisiológico do esforço de repressão (*Fenichel*). A função muscular poderá normalizar-se novamente se for possível restabelecer o conhecimento das sensações corporais que a hipertonia tinha fixado (*Fenichel*). Por essa razão, segundo Reich, pode-se dizer que cada rigidez muscular contém a história e o significado de sua origem. Ferenczi refere-se aos vestígios de memória muscular que são ab-reagidos na descarga do tique. Dessa maneira, chegamos a ver que existe uma identidade entre a couraça caracterológica e a couraça ou hipertensão muscular.

Exporei a seguir alguns exemplos simples para elucidar esse conceito. Para isso, devo recordar antes que Von Uexküll considera a conduta do protoplasma organizado desde o ponto de vista de (a) um mundo externo, (b) um mundo interno e (c) um limite entre ambos. Esse limite, ou fronteira, que é a membrana celular, eu o equiparo ao ego (que não é mais do que a membrana do id, segundo a definição de Freud), que serve de mediador entre as tensões internas e as condições externas.

Assim, observamos que a ameba, diante de uma situação "desagradável" do mundo exterior, torna-se esférica (contrai sua membrana) e, caso a situação persista, enquista-se (A).

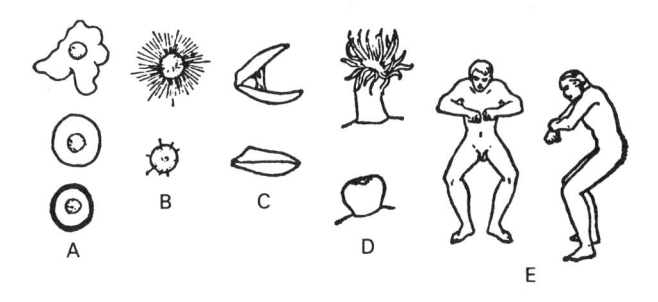

Nos radiolários (B), a defesa encontra-se estruturada e, por essa razão, as relações com o ambiente não podem ser muito amplas. Em contrapartida, nos moluscos lamelibrânquios (ostras) (C), já se encontra uma modificação da defesa, pois embora exista a couraça calcária, esta é móvel, e justamente aí se observa com clareza a função defensiva do músculo em conexão com um elemento estruturado e exercendo o poder de "cortar" relações com o mundo exterior. Uma forma de rigidez catatônica, com a única diferença de que a agressão temida é externa e não interna.

Na anêmona-do-mar, também se encontra o sistema muscular como elemento de defesa; a contração leva o indivíduo para dentro, para "si mesmo", "a escapar ao mundo" (D).

Entre os animais superiores e o homem, existe uma reação semelhante denominada "padrão de alarme" (*startle pattern*) (E) que consiste em fechar os olhos, abaixar bruscamente a cabeça, elevar e girar para frente os ombros, afastar os braços, fletir os cotovelos, inclinar para frente os antebraços, apertar os punhos, avançar o tronco, contrair o abdome, vergar os joelhos e elevar os testículos. É uma sincinesia global em que participam todos os músculos do corpo e onde se encontram em embrião todas as modalidades ulteriores de respostas motoras à emoção, constituindo a matriz em que estão latentes atos tão díspares quanto a fuga ou o ataque, a surpresa ou o estado de alerta (*R. Carballo*)[1].

Nos animais, existe uma atitude básica de alarme diferente daquela do homem, mas de significado equivalente. É interessante que, tal como no ser humano, fazem girar a maioria de seus jogos em torno dessa atitude. Por essas razões, podemos considerar o "padrão de alarme" ou de sobressalto como um arquétipo muscular existente em todas as raças, latitudes e idades. Essa reação, que se expressa livremente no jogo, nos afetos e nas emoções, também se manifesta nos mais diversos atos da vida cotidiana, ainda que só parcialmente, de forma fragmentária, como um símbolo *pars pro toto* da reação afetiva, obedecendo isso, primordialmente, ao hábito estabelecido de inibi-la (*R. Carballo*).

Vários autores, entre eles Freud, Reich, o fisiologista Sherrington, Kempf, Fenichel, Ferenczi, F. Deutch e Dunbar, assinalaram a importância da tensão muscular, considerando-a subordinada a uma função inibidora da conduta do ser diante do meio.

O indivíduo sente-se seguro e defendido, dentro de sua couraça caracterológica-muscular. Por isso, os analisandos em quem conseguimos eliminar em parte a couraça caracterológica-muscular expressam de maneira sumamente sugestiva a sensação que essa perda lhes provoca. Um deles disse: "Sinto-me como um molusco de quem tivessem tirado a concha". Outro sentia "como se estivesse nu diante das pessoas, como uma banana da qual tivessem tirado a casca".

Couraça muscular

Quando se produz um estado emocional intenso, observa-se uma alteração mais ou menos profunda e prolongada das formas habituais de expressão psicomotora. Nos casos em que a energia não pode descarregar-se por meio do sistema psicomotor voluntário, inunda o sistema vegetativo (*Kempf*).

---
1. Assinala M. Ribble que, no lactente frustrado, encontra-se uma hipertonia dos músculos da nuca, canais vertebrais e dos dorsais.

As tensões musculares originam os padrões básicos e a conduta postural dos indivíduos. No entanto, o tônus postural e os componentes motores são de grande importância para a estruturação da imagem corporal, como foi assinalado por Schilder e, mais recentemente, por Reich.

Kempf acredita que a atitude postural do homem pode ser considerada uma resposta total do organismo, que representa o equilíbrio entre as tensões vegetativas e as exigências do meio ambiente.

Durante o tratamento psicanalítico, vê-se o paciente adotar várias atitudes posturais, expressando somaticamente, com elas, situações psíquicas que ainda não pôde verbalizar.

Em *Análise da conduta postural*, F. Deutch descreve e analisa os componentes inconscientes de algumas das atitudes mais comuns de certo número de analisandos, em face de um mesmo conteúdo psíquico ainda não verbalizado. Por exemplo, colocar as mãos sobre o abdome, em cima dos genitais, quando apareciam fantasias incestuosas e temor de castração; colocar os dois braços estendidos para trás quando estavam por vir à tona sentimentos hostis em relação aos pais. Em um paciente analisado por mim, observava-se o desvio para a direita do pé esquerdo quando surgiam fantasias homossexuais; essa atitude era um *pars pro toto* do desejo inconsciente de girar todo o corpo e pôr as nádegas para o meu lado. Em um outro paciente, colocar as mãos abaixo da cintura era uma defesa contra seus desejos de me estrangular.

Os estados emocionais têm suas expressões características no sistema motor voluntário, que permite sua descarga. Portanto, é possível controlá-los de maneira mais ou menos voluntária, de onde se conclui que certas alterações do sistema muscular involuntário podem equilibrar-se mediante o relaxamento da tensão por um emprego definido e livre do sistema muscular voluntário – por exemplo, mediante as expressões somáticas de cólera, dor etc.

De acordo com Sherrington, os reflexos incluem um receptor, um condutor e um efetor ligado à célula motora, integrados para trabalhar de acordo com certos sistemas, sob as condições habituais. Sabemos que anatômica e funcionalmente existem dois grandes tipos de células efetoras: (a) as que se encontram em conexão com o sistema motor voluntário e (b) as que estão ligadas ao sistema motor involuntário.

Freud assinalou que toda a nossa atividade psíquica parte de estímulos que podem ser tanto internos quanto externos e terminam em inervações.

Assim, consideramos esquematicamente no ego um extremo sensível e outro motor, tal como no arco reflexo. Os efetores voluntários do arco reflexo somático mobilizam-se para exteriorizar os instintos, ou seja, para expressá-los no ambiente. Os efetores involuntários são utilizados para a expressão emocional interna. As reações reflexas podem utilizar ambos os efetores, como é o caso na cólera, mas, se a descarga muscular é inibida, o sistema visceral e vasomotor recebe o excesso da descarga motora.

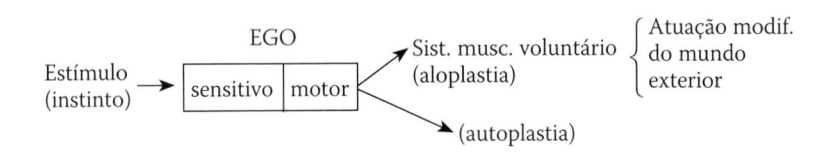

```
                    EGO                              ⎧ Atuação modif.
                 ┌──────────┬───────┐   Sist. musc. voluntário  ⎨ do mundo
Estímulo    →    │ sensitivo │ motor │  (aloplastia)            ⎩ exterior
(instinto)       └──────────┴───────┘
                                     ↘ (autoplastia)
```

Como um exemplo do que foi exposto, um paciente relatou que, depois de uma séria discussão com a mulher, sentiu-se tão furioso que precisou destruir um aparelho de rádio, pois senão sentia que ia "se despedaçar" por dentro[2].

Por essa razão, Flanders Dunbar, apoiando-se em conceitos de Reich, sustenta que "a tensão muscular é o limite psicossomático, a fronteira entre o instinto e o mundo externo, e, ao mesmo tempo, o meio de contenção da energia vegetativa".

Modificando um pouco o que foi enunciado por Grinker, podemos dizer: "As forças biológicas (físico-químicas, diz o texto de Grinker), atuando no mais baixo nível celular, podem comparar-se, e no futuro possivelmente poderão identificar-se, com as forças e os instintos que Freud definiu como tão importantes na atividade psíquica dos níveis superiores; só que os resultados de ação dessas forças podem ser observados na atividade maciça das grandes partes do organismo. Quando se compreenderem no nível celular, a psiquiatria e a biologia aparecerão como uma única ciência" (K. Gavrilov).

....
2. Neste exemplo, deve-se considerar também a mobilização dos objetos que se desenvolvem simultaneamente quando se produz uma modificação da intensidade dos instintos. O sujeito introjetou uma imagem de objeto bom e mau (pela projeção de sua própria agressão) no seu ego. Não pôde destruí-lo porque, ao fazê-lo, teria destruído parte do seu próprio ego. Não podendo controlá-lo, projetou-o no exterior e separou esse objeto bom-mau em dois, um bom e outro mau, ao qual pôde então destruir. Tendo ficado apenas o bom, acalma-se, e é assim que se reconcilia com a mulher.

O músculo como elemento de descarga energética

Estabeleceremos primeiro a relação que existe entre os termos *emoção* e *movimento*. Ambos têm a mesma raiz etimológica latina (*mov*); portanto, emoção significa "impulsão para atuar", ou seja, emoção e movimento integram um mesmo sentido.

O maior alívio da tensão instintiva obtém-se mediante a ação (pela definição que demos de emoção); o menor, por intermédio do pensamento e da fantasia, estando entre ambas a expressão verbal que goza das duas propriedades, motora e psíquica (*Sherrington*).

Se a tensão ou impulso instintivo se expressa diretamente pela ação, esta pode ser associal e criar situações perigosas para o indivíduo. Contudo, se toda ação é reprimida ou se só é realizada depois de muita elaboração e repressão do afeto, o desenvolvimento integral se perturba.

A dissolução das couraças caracterológica e muscular, que deverá ser conseguida ao mesmo tempo se a terapia for adequada, traz como consequência a liberação da energia fixada nelas sob a forma de excitação sexual, agressividade ou angústia (*Reich*). Isso é especialmente importante em relação com o curto-circuito somático, ou seja, a troca da sintomatologia somática e vice-versa. Isso se esclarece se levarmos em conta que o somático e o psíquico podem reduzir-se a uma expressão biológica única, que é o impulso instintivo, conforme assinalou Freud, uma energia biológica que flui de forma contínua e pode expressar-se como uma representação psíquica ou uma modificação somática (motora, secretora etc.). Expressando-nos em termos físicos e de forma um tanto superficial, podemos dizer que a energia consumida em um circuito neuromuscular é idêntica à energia que corresponde a uma emoção ou atividade mental. O que varia é apenas o plano de expressão, assim como a energia pode acionar um motor, acender uma lâmpada, fazer funcionar um alto-falante ou um "cérebro eletrônico".

O músculo pode fixar e metabolizar lentamente uma carga emocional ou catabolizá-la instantaneamente. Se ele afixar, haverá hipertonia; se metabolizá-la rapidamente, haverá movimento. No Laboratório de Fisiologia Aplicada da Universidade de Chicago, o dr. Jacobson efetuou experimentos a esse respeito, chegando a obter gráficos que revelam que, no músculo totalmente relaxado, existe uma carga mínima de energia, e que na tensão muscular, por mais leve que seja, é possível medir diferenças de potenciais.

Em todos os registros elétricos desse tipo, chama a atenção a disparidade entre a pouca quantidade de energia registrada e a magnitude do trabalho realizado. É de se pensar que os aparelhos registram certo tipo de energia que tem apenas algumas propriedades semelhantes às da energia elétrica, sendo essa a razão para a escassa magnitude registrada. Jacobson, usando o eletromiógrafo, comprovou que o simples fato de pensar ou fantasiar um determinado ato – por exemplo, desferir um soco, gritar ou desviar o olhar para um lado – aumenta a voltagem e, por conseguinte, a tensão e a carga energética de todos os grupos musculares encarregados de realizar tal ação, o que seria uma demonstração experimental da afirmação de Freud: "Cada tendência psíquica tem e procura uma expressão corporal adequada". Fenichel afirmou algo semelhante quando disse: "Todas as fantasias, assim como as representações e os pensamentos, coincidem com inervações orgânicas correspondentes; o pensamento que substitui o ato é o começo do ato, um ato de prova".

Há indivíduos que, por experiências anteriores, ou seja, vivências infantis, fatores constitucionais ou a interação de ambos, utilizam seus músculos especificamente para fixar suas emoções; há outros que se defendem melhor metabolizando-as rapidamente, mediante o movimento.

Seria esse o caso, tomado de Grinker, de um soldado que sofreu uma neurose traumática. Tratava-se de um homem de 30 anos, mobilizado e enviado para a frente de batalha no norte da África, onde se encontrava há seis meses. Durante todos os combates desempenhara-se perfeitamente bem, sem apresentar a menor sintomatologia, apesar de ter enfrentado, em várias oportunidades, situações realmente perigosas. Pertencia à infantaria e caracterizava-se por sua grande mobilidade. Era um soldado resoluto e considerado valente, e quando davam ordem de atacar, era sempre um dos primeiros a avançar. Até que, por ocasião de uma retirada estratégica para rearticulação de forças, ele teve de ficar em um ninho de metralhadoras com outros camaradas. Foram descobertos e atacados por aviões inimigos. Durante o bombardeio, o soldado em questão sentiu-se dominado por irreprimível angústia, diarreia e intensos desejos de sair correndo. O ataque não fez vítimas, mas, nessa mesma noite, o nosso homem começou a sofrer de insônia e irritabilidade, e, no dia seguinte, estruturava-se uma típica neurose traumática, devida em parte ao fato de ter fracassado na neutralização da emoção por meio da tensão muscular. A energia emocional invadiu assim o seu psiquismo, reforçando seus conflitos, já que a situação de perigo por que passara não era maior do que muitas outras anteriores, mas durante as quais pudera movimentar-se e descarregar sua agressividade com plena liberdade.

No âmbito das neuroses de guerra, também se comprova como a couraça muscular excessivamente rígida provoca perturbações nos indivíduos. São os casos a que os norte-americanos chamavam, na última guerra, de "casos de pré-combate". Seu aspecto exterior é de extremo autocontrole acompanhado de intensa rigidez muscular. Mas, como assinalou Grinker, são indivíduos incapazes de suportar mais do que situações emocionais de intensidade média e de curta duração; facilmente apresentam distúrbios psicossomáticos ou neuróticos na frente de combate e no período de tensão ansiosa que precede o início da batalha. Pode-se afirmar que se trata de pessoas que suportam já uma tensão máxima e que, por sua pouca flexibilidade, só conseguem tolerar mínimas quantidades adicionais de emoção, dado que seu aparelho de defesa está totalmente absorvido na luta contra a angústia provocada pelos conflitos internos.

A couraça caracterológica muscular consome energia, como se observou nos gráficos de Jacobson, e essa é outra razão de sua permanência: impedir que essa energia fique livre e se transforme em angústia. Portanto, podemos dizer que cada aumento do tônus muscular na direção da rigidez indica a fixação de carga afetiva, seja sexual, agressiva ou angustiosa. Assim, no decorrer do tratamento psicanalítico observa-se que, quando os pacientes não podem expressar uma representação, uma sensação agradável ou um impulso agressivo no plano psicológico, regressam a uma forma de expressão e de defesa somática, que se manifesta por uma tensão da atitude corporal que o paciente sente e que, às vezes, o psicanalista chega a perceber. Essa hipertensão pode instalar-se na cabeça, no pescoço, nas nádegas etc., dependendo do tipo de impulso e do caráter do paciente. Depois de ter conseguido uma expressão adequada, o paciente experimenta um brusco relaxamento e, em alguns casos, chega a ter uma sensação muito semelhante à satisfação sexual.

O que se contrai durante a repressão, conforme assinalei antes, não é somente um músculo, mas grupos musculares que formam uma unidade funcional. Por exemplo, se foi reprimido um impulso para chorar, tornam-se tensos não apenas o lábio inferior e o músculo orbicular, mas também toda a musculatura da boca, do queixo, do pescoço, da laringe etc., ou seja, todos os músculos que intervêm como uma unidade funcional no ato de chorar aos gritos. Isso lembra o fenômeno bem conhecido dos pacientes com histeria de conversão, em quem os sintomas somáticos não se instalam sobre bases anatômicas, mas de unidade funcional e simbólica. Uma eritrofobia histérica, por exemplo, não segue as ramificações de uma determinada artéria, mas apresenta-se em todo o rosto e pescoço.

Por essas razões, todo neurótico é muscularmente distônico, refletindo-se cada melhoria diretamente em uma mudança de hábitos musculares. Cada tipo de caráter tem traços musculares diferentes; nos neuróticos obsessivos, observa-se rigidez ou hipertonia muscular generalizada de intensidade média, ao passo que nos caracteres passivo--femininos encontra-se rigidez em algumas regiões, combinada com flacidez ou hipotonia em outras. As zonas hipertônicas representam o componente agressivo reprimido e as hipotônicas, a tendência passiva.

Exporei em seguida, a propósito da hipotonia como entrega passiva, o caso de um indivíduo epiléptico que apresentava repetidas luxações da articulação escapuloumeral direita, coincidindo com situações de perigo e com o surgimento de intensa hostilidade.

O doente padecia de um relaxamento do sistema ligamentoso do ombro em consequência de sua primeira luxação traumática. Portanto, o que mantinha a articulação em posição normal era apenas a tonicidade da faixa muscular. Como se tratava de um indivíduo com fortes componentes passivo-femininos, que são a expressão da entrega anal, a hipotonia da faixa muscular simbolizava o relaxamento esfincteriano; a queda do braço, a castração; e a separação das superfícies articulares, a reprodução do trauma que representou para ele a separação brusca da mãe quando nasceu o irmão caçula. Ele tinha então 2 anos de idade.

A repressão da descarga psicomotora de afeto impede a expressão do estado emocional correspondente[3]. Quando essa repressão se torna crônica, os afetos já não podem mobilizar-se livremente; seria o caso do neurótico obsessivo, que sente e diz "sentir-se morto interiormente", o que é consequência do seu bloqueio emocional (*Reich*).

Podemos dizer, então, que a repressão dos afetos pode ter graus distintos, que se expressam somaticamente por hipertonia muscular. Essa hipertonia em si, deixando de lado o conteúdo psíquico que possa ter o distúrbio a que dá origem (como pode ser a introjeção do objeto no músculo e a tentativa de o controlar [*M. Klein*]) e ocupando-nos agora unicamente do aspecto econômico-dinâmico e defensivo-repressivo, é a causa direta de vários distúrbios psicossomáticos.

Os fenômenos de contração e paralisia muscular observados na histeria de conversão constituem expressão da luta entre a tendência para atuar (por exemplo, no caso de paralisia de um braço, a tendência agressiva) e a repressão muscular desse impulso.

---

3. Um indivíduo normal, lábil, deve expressar o que sente e sentir o que está expressando.

Uma descarga parcial e automática de uma emoção origina o tique, sintoma de conversão pré-genital, que se diferencia da conversão histérica, colocando-se dentro do plano obsessivo e como sintoma intermediário entre a histeria e a esquizofrenia catatônica (*Fenichel*). Nesta última, também denominada "loucura da tensão", a rigidez da musculatura é o componente somático do intenso processo de repressão que sofre a enorme carga agressiva de que o catatônico se defende (*Reich*) e uma tentativa de controlar e imobilizar os objetos mais internalizados (*M. Klein*). Tanto é assim que, quando o catatônico abandona o estado de rigidez, entra geralmente em um intenso acesso de fúria em que a agressividade destrutiva se expressa em sua totalidade. Depois dessa irrupção, os indivíduos costumam ficar mais descontraídos e mais ligados, relatando depois que, durante o acesso, experimentaram uma sensação intensa de ligação e de "vida" – e até de prazer.

A convulsão epiléptica pode ser considerada a forma mais regressiva de busca pelo organismo de um equilíbrio funcional. O epiléptico, diante de uma tensão que ultrapassa em muito o nível normal, usa como primeira defesa o bloqueio, mas, como se pode compreender, isso não soluciona a tensão. Precisa recorrer, então, a um mecanismo defensivo mais primitivo e útil, aparecendo nesse momento a convulsão, que representa a descarga máxima que se pode obter por meio das contrações bruscas e contínuas dos músculos do organismo. Conforme assinalaram Freud e Reich, o orgasmo reflexo deve ser considerado uma forma de descarga fisiológica desse tipo[4].

Astenia

Vamos examinar agora a astenia exclusivamente em sua vinculação com a hipertonia muscular. Conforme vimos antes, toda tensão muscular significa metabolização de energia. Portanto, esse consumo acima do normal, além das modificações físico-químicas no músculo, deve acarretar uma sensação de cansaço. Generalizando, podemos dizer que algumas formas de astenia são consequência direta da hipertonia muscular, que, por sua vez, expressa a repressão de uma emoção que pode ser de qualidade diferente. De um modo geral, está vinculada à repressão de tendências agressivas, diante das quais o ego atua inten-

....

4. A identidade eletroencefalográfica dessas duas situações foi demonstrada no trabalho *Orgasmo y acceso epiléptico*, de A. Tallaferro e A. Mosovich, apresentado à Associação Psicanalítica Argentina em 1949.

sificando suas defesas. Mas os instintos também podem ser de outro tipo, como em um caso de astenia matinal tratado por mim. Era um homem de 23 anos que começara um ano antes com esse sintoma, associado a uma grave neurose de fracasso. No decorrer da análise, pude saber que o paciente, há vários anos, praticara jogos sexuais (coito sem introdução) com uma irmã. Fazia justamente um ano que tinha decidido suspender suas atividades incestuosas, em consequência de quase ter sido surpreendido pelo pai, quando, certa noite, estava saindo do seu quarto para ir ao quarto da irmã. Assim, embora conscientemente tivesse renunciado às suas excursões noturnas, isto é, reprimido suas pulsões, inconscientemente – e isso era expresso em sonhos –, seus desejos incestuosos não tinham perdido a carga instintiva. Por conseguinte, a causa de sua astenia matinal era consequência da tensão muscular que mantinha durante toda a noite como meio de reprimir os desejos incestuosos e suas tendências agressivas intensas diante do pai censor, a quem odiava, impedindo, com a contração muscular, que suas emoções se transformassem em movimento.

As contraturas musculares podem ser a causa direta, mas não a única, de algias e outros sintomas em diversas regiões[5].

Cefaleias

As cefaleias intensas são um sintoma muito comum. Reich, por observações clínicas, comprovou que muitas cefaleias occipitais são provocadas pela hipertensão dos músculos da nuca. Essa atitude muscular é a expressão de um contínuo temor inconsciente de que algo possa agredi-lo por trás, como uma pancada na cabeça, agressão homossexual etc. Também intensos desejos agressivos orais reprimidos provocam contratura dos músculos da nuca. Em um paciente que sofria de agudas cefaleias há oito anos, pude observar que, à medida que se analisavam seus conflitos agressivos orais, acompanhados do temor de ser castigado por essa atitude, os músculos da nuca e do trapézio relaxavam. Essa situação estava associada ao desaparecimento do sintoma que durante tanto tempo o torturara. Antes do desaparecimento completo, o sintoma sofrera algumas exacerbações que coincidiam com a ativação de conflitos que despertavam seus impulsos agressivos e o consequente temor de ser castigado com uma pancada na cabeça, como sua mãe costumava fazer quando ele era criança.

---
5. Considero aqui a contratura unicamente expressão de um conflito psíquico.

Não faz muito tempo, Wolff, da Universidade Cornell, chegou ao mesmo resultado por meio de registros eletromiográficos dos músculos das zonas dolorosas, em especial da cabeça e da nuca, em relação com a cefaleia[6]. Assinala em seu livro o que Freud, Reich e outros autores haviam afirmado: que a contratura muscular persistente é consequência de estados de grande tensão emotiva e ansiedade, afirmando que os elementos que aumentam o potencial nos registros eletromiográficos aumentavam a dor de cabeça e, inversamente, os procedimentos que fazem decrescer o potencial diminuíam as dores. Uma vez que o aumento de potencial é um índice de contração muscular, justifica-se afirmar que a contração dos músculos esqueletais da cabeça, da nuca e do pescoço são a fonte direta de algumas formas de cefaleia, já que sempre é primária a hipertonia e o aparecimento de dor decorre dela.

Síndrome dolorosa do segmento lombossacro

Comprovou-se que também as lombalgias, cuja origem funcional se chegou a corroborar por exclusão, são causadas por hipertensão crônica ou intensificada em certos momentos.

Não se deve esquecer, entretanto, de que o trabalho estático da coluna vertebral é resultado de uma estreita colaboração, absolutamente inconsciente, entre as estruturas musculares, ósseas, ligamentosas, articulares e nervosas, ou seja, toda a personalidade do indivíduo.

Por essas razões, em toda lombalgia deve-se levar em conta a causa primitiva, que pode ser orgânica ou funcional, mais as disfunções secundárias criadas pela perturbação da estática.

Entre as causas primitivas não orgânicas da lombalgia, Reich assinalou as hipertensões musculares regionais, que se apresentam como defesas em face de exacerbações de pulsões de tipo anal ou genital. Nas mulheres, é muito frequente observar que tentam diminuir ou anular as sensações genitais (por conflitos neuróticos), retraindo a pelve, devendo aumentar, para isso, o tônus dos músculos paravertebrais, o dorsal maior, os glúteos, os do assoalho pélvico e os abdutores, sendo essa hipertonia a causa primitiva de certos lumbagos e ciáticas, bem como da lordose, que é tão frequente nas mulheres histéricas e frígidas.

....
6. "As cefaleias por contração muscular podem produzir-se em indivíduos emotivos e durar dias, semanas e, em alguns casos, até anos. Podem ser provocadas ou intensificadas pela vasoconstrição concomitante das artérias correspondentes às zonas musculares afetadas." Wolff, H., "Mecanismos dolorosos y cefaleas". *Revista Sandoz*, II, 2, 1955.

No homem, a contratura dos mesmos grupos musculares também está relacionada a conflitos anais e perturbações genitais, sobretudo a impotência orgástica[7]. Outro fator emocional que é comum para ambos os sexos é a expressão de ter de suportar uma "carga" superior às próprias forças. A lenda de Atlas, sustentando o mundo sobre os ombros, expressa muito bem essa situação. Creio que algumas hérnias de disco intervertebral são desencadeadas por essas mesmas situações.

Reumatismo

Uma série de fatores intervém no reumatismo. Em alguns casos, somente processos conflitivos psíquicos; em outros, a par de fatores infecciosos relativamente pouco conhecidos, de natureza exógena, fatores endógenos nos quais logicamente atuam, intimamente entrelaçados com influências nervosas, hormonais etc., ou melhor, por meio deles, a totalidade do paciente (*Rof Carballo*). Isso é corroborado pelos resultados do teste de Rorschach, que sempre acusa como traço característico dos pacientes de reumatismo o fato de serem indivíduos passivos, masoquistas, débeis e infantis do ponto de vista instintivo, com histeria subjacente (*Kemple*).

Já em 1925, Mohr deduziu, de suas observações efetuadas durante a Primeira Guerra Mundial, que uma grande quantidade das supostas enfermidades reumáticas era provocada, exacerbada ou fixada por fatores emocionais. Segundo o Boletim do Exército dos Estados Unidos, as reações reumáticas constituem 20% de todas as "reações de somatização".

Nos chamados processos reumáticos psicogênicos, ou seja, provocados por fatores conflitantes, que são os que nos interessam agora (segundo 450 casos estudados por Boland e Corr, e quarenta por Weiss), verifica-se que os pacientes apresentam importantes conflitos emocionais, predominantemente problemas de inadaptação matrimonial, e um ressentimento crônico que conscientemente ignoram. Esses conflitos produzem como expressão somática um estado de tensão que se reflete no sistema muscular. Elliot apoia o ponto de vista de que a contração muscular pode ser a fonte da dor nos processos chamados "reumáticos", visto que demonstrou em pacientes com núcleos musculares dolorosos que, quando as agulhas eletródicas são colocadas dentro dos nódulos sensíveis e dolorosos, registra-se uma grande diferença de potencial.

----

7. Sensação dolorosa, de peso e cansaço na região lombar observa-se correntemente depois de coitos insatisfatórios ou de masturbação com sentimento de culpa.

Os exames histológicos desses nódulos "reumáticos" dolorosos, efetuados por Wedell, não mostraram nenhuma alteração significativa na estrutura do tecido (*Weiss* e *English*).

Nos casos avançados, a tensão muscular chega a dar sinais radiológicos de artrite, que acho provável ser apenas uma artrite secundária provocada pela inflamação crônica dos tecidos articulares que estão suportando uma pressão muito maior do que a normal, e pela dinâmica articular perturbada. Estrutura-se, pois, um verdadeiro círculo vicioso, dado que a dor produz, por sua vez, hipertonia muscular defensiva.

Distúrbios oculares

Outros distúrbios que se podem citar como consequência direta da contratura de certos grupos musculares são a miopia, o estrabismo e o glaucoma. A miopia, segundo a teoria clássica, é provocada por um cristalino mais convexo do que o normal; a hipertensão dos músculos que regulam essa convexidade seria sua causa direta. De acordo com a hipótese de W. Bates, a miopia é produzida por uma hipertonia da musculatura extrínseca do olho, que atuaria para a acomodação segundo o princípio da máquina fotográfica de fole, ou seja, encurtando ou ampliando o diâmetro anteroposterior do olho. W. Bates, com base nesses conceitos de tensão dos músculos oculares, criou seu método terapêutico, que consiste essencialmente em uma técnica de relaxamento neuromuscular. E é interessante assinalar que durante os tratamentos, ao se conseguir o relaxamento, produzem-se nos pacientes, simultaneamente com modificações da visão, intensas reações emocionais de euforia ou angústia, e até acentuadas transformações de caráter.

Em um caso de glaucoma, o relaxamento muscular e a análise de alguns conflitos produziram uma evidente melhora e o desaparecimento das dores noturnas típicas dessa afecção.

Flanders Dunbar cita em seu livro *Corpo e mente* que, durante a guerra, qualquer acidente mínimo em um depósito de munições bastava para que muitos operários apresentassem distúrbios visuais. Sem dúvida, eles associavam qualquer queda de um objeto a uma explosão, e esta com fulgor intenso. Imediatamente, sua musculatura ocular punha-se em tensão de defesa, mas, ao mesmo tempo, fixavam a angústia nessa contratura. Por isso, passado o fato, sem maiores consequências, esses grupos musculares não voltavam ao tônus normal.

Tive oportunidade de analisar um estrábico de 30 anos e, durante a análise, pude descobrir qual tinha sido a causa desencadeante do distúrbio. Quando o paciente tinha 3 anos, fora objeto de uma agressão homossexual; nessa oportunidade (o paciente o recordou em consequência de um sonho), sentiu-se subitamente tomado por trás e apoiado contra uma parede; sua ação reflexa foi voltar bruscamente a cabeça e os olhos para a esquerda e para trás, a fim de olhar com espanto o que estava acontecendo. Na tarde seguinte a essa ocorrência, ao atravessar correndo a rua, passou inadvertidamente pela frente de um carro. Vendo-o, o pai, para salvá-lo, agarrou-o bruscamente pelo ombro esquerdo e, em seguida, castigou-o brutalmente por ter atravessado a rua sem seu consentimento.

Na manhã seguinte, ao levantar-se, notaram que o garoto estava estrábico e assim continuou até os 22 anos, quando foi operado. Pouco depois, eclodiu sua neurose. Quando o paciente analisou todos os seus conteúdos inconscientes, notou uma intensificação da diplopia, que logo se atenuou, e um relaxamento total de toda a musculatura do lado esquerdo, que até então o incomodara intensamente. Alguns dias depois, começou a notar perturbações na visão. Ao consultar o oftalmologista, este verificou que a moléstia visual se devia a uma diminuição da miopia do olho esquerdo e, por conseguinte, teve de mudar suas lentes.

Em outro caso analisado, pôde-se apurar que o elemento desencadeante do estrabismo foi a visão do ato sexual dos pais. O distúrbio visual tornou-se um símbolo de castigo por ver coisas proibidas e pela enorme agressão que a cena primitiva sempre desencadeia na criança pequena. O sentido da agressividade contra uma figura parental foi captado na linguagem popular, que denomina o estrábico como um indivíduo que *"mira contra el gobierno"* (olha contra o governo).

Tive oportunidade de tratar casos de oclusão prepebral, em que a contratura era apenas uma defesa contra temores neuróticos, cuja dissipação levou ao desaparecimento do sintoma.

Distúrbios auditivos

Kobrak publicou um trabalho em que estuda casos de surdez provocada por um estado de hipertensão crônica dos músculos do ouvido médio, apresentando todas as características da osteosclerose, o que torna muito difícil o diagnóstico diferencial. O conhecimento desse estudo de Kobrak esclareceu-me um caso que chegou a mim com diagnóstico de osteosclerose com vários anos de evolução, efetuado por diversos e eminentes especialistas. Após um mês de trabalho com a técnica de W. Reich, o paciente já havia melhorado sensivelmente sua audição. O que acontecia? O paciente tinha um conflito com seu cônjuge, que gritava excessivamente, e como defesa teve uma reação do tipo assinalado por Kobrak (espasmo dos músculos do ouvido médio). Isso pode ser comparado ao que ocorre em alguns tipos de miopias: os míopes não querem ver, o meu paciente não queria ouvir.

Parto

Merecem consideração as relações existentes entre as hipertensões musculares pélvicas e um ato fisiológico como o parto.

Sabe-se que entre as mulheres dos povos primitivos, em que o conflito genital é menor, os partos são, em geral, pouco ou nada dolorosos (*De Lee*).

Em nossa sociedade, as crianças, quando começam a ter sensações genitais agradáveis que consideram "pecaminosas", usam diversas manobras ou técnicas somáticas para reprimi-las ou atenuá-las, como reter a respiração, tensionar os músculos abdominais e, sobretudo, os do assoalho pélvico e abdutores (Reich). Essa tensão chega a tornar-se crônica, como defesa contra a genitalidade, e exagera-se nos casos específicos, como o parto. Ora, todo músculo hipertenso é doloroso e a dor intensifica-se ainda mais se, como defesa contra ela, a hipertonia se acentua. Todavia, os experimentos realizados por Jacobson e Miller demonstram que os indivíduos hipertensos são muito mais sensíveis a qualquer tipo de estímulo doloroso do que os não tensos (fato assinalado anteriormente por Reich).

Reich comunicou-me pessoalmente, em 1948, que nas suas pacientes, em que ocorrera a dissolução das couraças musculares da região pélvica, as contrações uterinas eram indolores e, em alguns casos, até agradáveis se a parturiente, em vez de se contrair, respirasse com soltura (esses fatos foram depois confirmados por colaboradores de Reich e publicados no *Orgone Energy Bulletin*), e o parto efetuava-se sem dor ou com dor mínima.

Isso também foi corroborado por Grantly Dick-Read que, após prolongadas observações clínicas em maternidades, escreveu um artigo afirmando que o parto, por se tratar de um ato fisiológico, deve ser indolor e que a hipertensão muscular, resultado de diversos temores associados com a maternidade e o parto em si, é a causadora imediata das dores durante o processo de expulsão.

Os atuais métodos de parto sem dor são uma confirmação total do que foi dito.

Quanto às técnicas do parto sem dor, é preciso levar em conta que devem ser integrais, para que o resultado seja positivo.

Surgiram nos últimos tempos algumas cinesiologistas que pretendem preparar as grávidas para o parto sem dor. Quase todos esses partos acabam sendo dolorosos e são concluídos com anestesia. O que ocorre é que não se trata somente de relaxar os músculos, mas também de solucionar os conflitos vinculados ao parto em si, os quais terão sua expressão em contraturas ou relaxamentos musculares que perturbarão a mecânica fisiológica do parto.

O fracasso das técnicas de parto sem dor deve-se ao fato de que não foram enfocadas em termos psicossomáticos, ou seja, levando-se em consideração simultaneamente tanto o psíquico quanto o somático.

Vaginismo

Com referência ao aparelho genital feminino, devo mencionar que os vaginismos psicogênicos também constituem expressão de defesas musculares relacionadas a conflitos genitais e, até mesmo, orais e anais deslocados para essa zona, cujos conteúdos mais comuns são o temor da penetração, do rompimento e da explosão, esta última relacionada com a fantasia infantil de um pênis gigantesco. Simultaneamente, o vaginismo é uma defesa contra as tendências agressivas centralizadas na vagina e dirigidas contra o pênis temido e odiado, identificado em planos mais profundos com um seio mau e agressivo.

Alguns casos de esterilidade e de gravidez extrauterina estão vinculados a contraturas da musculatura das trompas; a essa forma de defesa dei o nome de "vaginismo alto", pois pode ser considerada uma defesa em face de temores semelhantes aos do vaginismo "baixo". A contratura das trompas deve ser considerada um mecanismo defensivo diante do temor de que alguma coisa se introduza em seu "interior", recordando que somente na mulher existe uma via de comunicação direta entre o exterior e a cavidade interna do corpo.

Bibliografia

Bates, W. H.: *Better Sigh Without Classes*, 1948.
Blau, Abraham: *In Support of Freud's Syndrome of"Actual" Anxiety Neurosis*. The Int. Jour. of Psychoanalysis. Vol. XXXIII, part IV, 1952.

De Lee, J. B.: *Principies and Practice of Obstetrics*.
Deutch, F.: *Analysis of Postural Behavior*. The Psychoanalytic. Quarterly. Vol. XVI, n. 2, 1947.
Dick-Read, G.: *Correlations of Physical and Emotional Phenomena of Natural Labor*. Jour. Obst. and Gynec. Brit. Emp. 53, 1946.
Dunbar, F.: *Mind and Body*. Psychosomatic Medicine. Random House, 1947.
Fenichel, O.: *The Psychomatic Theory of Neurosis*. Norton and Co., 1945.
Freud, S.: *Los instintos y sus destinos*. Obras completas. Tomo IX.
Freud, S.: *Psicología de la vida erótica. Generalidades sobre el ataque histérico. Concepto psicoanalítico de las perturbaciones psicógenas de la visión*. Obras completas. Tomo XIII.
Gavrilov, K.: *El problema de la Neurosis en el Domínio de la Reflexología*. Ed. Vázquez, 1949.
Jacobson. E.: *You Must Relax*. Whittlesey House, 1945.
Kempf, E.: *The Integrative Function of the Nervous System Applied to Some Reactions and the Attending Psychic Function*, 1945.
Kempf, E.: *Postural Tension for Normal and Abnormal Human Behavior and their Significances*, 1931.
Kobrak: *Arch. f. Hals, Nase und Ohren*. Heilkunde, ano 29, n. 8, 1950.
Raphael, C.: *Orgone Treutment during Labor*. Orgone Energy Bulletin. Vol. III, n. 2, 1951.
Reich, W.: *Character Analysis*. Orgone Institute Press, 1949.
Reich, W.: *The Function of the Orgasm*. Orgone Institute Press, 1946.
Reich, W.: *Armoring in a Newborn Infant*. Orgone Energy Bulletin. Vol. III, n. 3, 1951.
Rof Carballo, J.: *Patología psicosomática*. Ed. Paz Montalvo, 1950.
Rof Carballo, J.: *El Hombre a Prueba*. Ed. Paz Montalvo, 1949.
Weiss e English: *Psychosomatic Medicine*. Saunder Co., 1943.
Wolff, T.: *Psychosomatic Identity and Antithesis*. International Journal of Sex Economy and Orgone Research. Vol. I, 1942.
Wolff, T.: *Headache*. Oxford University Press, 1948.

CAPÍTULO X
O ORGASMO

Até há apenas alguns anos, existia em meio a um complexo mundo de conhecimentos científicos uma verdadeira ilha em que uma função biológica muito importante se encontrava praticamente isolada e escondida sob uma falsa cortina de entidade tabu. Tal era o desconhecimento do mecanismo e tão ignorada era a sua importância, que Reich chegou a qualificar o orgasmo como "a Cinderela das ciências naturais".

Até 1923, a sexologia e a psicanálise referiam-se ao orgasmo sem que se tivesse realizado, até então, um estudo de profundidade compatível com a sua importância fundamental. Além disso, chegava-se a fazer uma diferença entre potência de ereção e potência orgástica, que não estava perfeitamente definida. Mesmo atualmente, "poucos são, por exemplo, os especialistas em urologia ou em ginecologia que sabem algo concreto a respeito do orgasmo de seus pacientes. Mas isso não merece nenhuma palavra de censura, uma vez que, em primeiro lugar, só existem poucas escolas em que são apresentadas, de maneira adequada, a psicologia e a fisiologia da atividade sexual-genital e suas concomitantes sociais, legais, psicológicas e fisiológicas" (*Kubie*).

Foi em 1923 que Reich deu a conhecer seus primeiros conceitos sobre a função reguladora de tensão do orgasmo, teoria que permite sustentar agora que, sem a inclusão dos fatores dinâmico e econômico, a noção de potência sexual carece de significado profundo.

Fisiologia da ejaculação

Antes de começar a estudar o mecanismo fisiológico da ereção, é preciso recordar a constituição dos corpos eréteis e seus sistemas vascular e vegetativo.

O corpo esponjoso e os dois corpos cavernosos do pênis são constituídos por uma infinidade de pequenas aréolas que possuem uma túnica muscular bastante desenvolvida – de dois a três milímetros de espessura nas maiores –, que terminam nos ramos arteriais que se resolvem nas finas ramificações eréteis de Eckhardt. Essas ramificações eréteis são notáveis pelo desenvolvimento da túnica muscular, apresentando, como elemento característico em sua extremidade, uma pequena dilatação em forma de gema, que tem o orifício arterioareolar de contorno muito elástico. Por essa qualidade, a que se soma a contração das fibras musculares da gema terminal, ele está constantemente fechado quando o pênis se encontra flácido.

Considerando todos esses elementos anatômicos, o mecanismo da ereção pode ser explicado da seguinte maneira: em condições ordinárias, estando fechado o orifício arterioareolar, o sangue das ramificações eréteis não pode penetrar nas aréolas, e estas encontram-se quase totalmente vazias – portanto, com suas paredes praticamente aderidas.

Quando se produz a excitação libidinal que leva à ereção, o orifício arterioareolar abre-se em virtude da ação inibidora do parassimpático sobre o simpático, que era o que mantinha esse músculo contraído. Nesse momento, o sangue arterial, com sua elevada pressão, projeta-se livremente nas aréolas e distende-as. Essa distensão torna-se ainda maior porque o curso do sangue pelas veias está quase completamente anulado pela própria fáscia pélvica inextensível, que atua de maneira semelhante a um torniquete. Além disso, atuando simultaneamente com a inibição do anel elástico-muscular do orifício arterioareolar das ramificações eréteis, produz-se a contração dos músculos ísquio e bulbocavernoso, que fecham as vias venosas de circulação de retorno.

A turgidez da ereção não é mais do que a consequência de um mecanismo nervoso reflexo, de uma vasodilatação reflexa ativa, acionada pelo sistema neurovegetativo com predomínio parassimpático.

Aos fenômenos vasculares recém-descritos somam-se as manifestações secretoras, que são menos precisas. Consistem na secreção preparatória das glândulas uretrais, de reação alcalina, que neutraliza a acidez uretral e favorece o deslizamento das mucosas. Para alguns autores, também atuaria como um estimulante do reflexo sexual ao nível do verumontano, mas essa afirmação não tem fundamento.

Os mecanismos nervosos da ereção consistem em uma excitação que pode nascer em continuação a um estímulo sensitivo, local e genital, ou geral e sexual extragenital. Pode ser provocada pela ação de impressões sensoriais como as olfativas, ópticas e acústicas, ou dos nervos que fornecem ao cérebro as impressões táteis de contato.

A ereção também pode ser suscitada sem nenhuma ação externa bastando as recordações sensoriais, as fantasias ou as representações sexuais dos sonhos.

Desde o cérebro ou desde os gânglios cinzentos basais, como se indaga Müller, ou, mais honestamente, por vias ainda pouco estudadas, as sensações transmitem-se ao centro eretor medular, situado na parte inferior da medula sacra.

O arco reflexo da ereção compreende, esquematicamente, os seguintes elementos:

1) corpúsculos genitais da glande (chamados de Kraus);
2) nervo dorsal do pênis;
3) nervo pudendo interno;
4) quarto gânglio espinhal sacro;
5) rabo de cavalo;
6) centro eretor medular da medula sacra inferior;
7) nervo pélvico ou eretor (parassimpático);
8) plexo cavernoso com seus neurônios;
9) nervos cavernosos;
10) ramalhetes eréteis de Eckhardt.

Os equivalentes da ereção na mulher consistem na ingurgitação dos plexos venosos do clitóris e dos bulbos vestibulares, fenômenos que se denominam *ereção externa*. A ereção interna é a ingurgitação do plexo pampiniforme e do sistema útero-ovárico que está em íntima vinculação com ele. Em *Patogénesis psicosomática de la congestión pelviana*, Salerno diz que a ela se atribui uma projeção patogênica de ordem geral, especialmente sobre a esfera afetiva e neuroendócrina[1].

....
1. Diz Salerno: "O panorama de manifestações psicossomáticas que se descreve em tais enfermidades é frondoso; nele são abundantes as expressões sintomáticas genitais, digestivas, circulatórias, neuropsíquicas etc. Discriminando com sadio critério clínico, observamos que não existe razão válida para conferir primazia à congestão local genital sobre os inúmeros e principais distúrbios existentes, de outra natureza, que obrigam a subestimar o valor patogênico daquela. Invertendo os termos estimados, de acordo com as considerações formuladas, caberá admitir como causa aquele que foi considerado efeito. Por conseguinte, em nosso entender, a congestão pélvica seria a expressão sintomática local de uma perturbação anímica, subjugada a motivações inconscientes, reconhecida com o termo *neurose*. Em sentido inverso, outros autores dizem: os sintomas de congestão apresentam-se em forma de verdadeiras ondas ou marés, como são chamadas por Stapper, *poussés* congestivas periódicas nas meninas, predominando

A turgidez dos órgãos genitais femininos é acompanhada de uma secreção vulvovaginal que na mulher normal é abundante, tende a favorecer a penetração e alcalinizar o meio.

O automatismo genital expulsivo

Os fenômenos terminais da excitação genital, que determinam a ejaculação, estão preparados pela ereção e a excitabilidade neurogenital progressiva que ela desenvolve, bastando, nos indivíduos normais, que as causas de excitação se mantenham para que o automatismo expulsivo se afirme e se produza a ejaculação.

É por isso que fisiologicamente se considera a ejaculação como caracterizando esse automatismo terminal. Entretanto, a ejaculação não é mais do que o término de uma série de reflexos que se desenrolam sucessivamente desde o instante em que uma excitação adequada os despertou e, dentro de condições normais, da excitação mecânica provocada pela fricção suave da glande úmida sobre a mucosa vaginal.

O reflexo ejaculador está presente desde a infância, mas só na puberdade ele é acompanhado de emissão espermática[2]. O mecanismo muscular do reflexo de ejaculação consiste em uma contração tônica progressiva, que depois se torna clônica, de dois grupos musculares de natureza distinta. O primeiro grupo é formado pela musculatura genital lisa, em sua porção excretora, a túnica muscular do canal e da ampola deferencial, das vesículas seminais e da próstata (inervação simpática). O segundo grupo, de inervação parassimpática, é constituído pela musculatura genital estriada, ou seja, o esfíncter membranoso da uretra (esfíncter urogenital), o músculo isquiocavernoso, o bulbocavernoso, o transverso do períneo e o músculo elevador do ânus.

Esses dois grupos musculares não possuem uma inervação comum, pois enquanto o primeiro, como já dissemos, é de inervação simpática, o segundo está ligado diretamente pelos nervos sacros (pudendo interno)

....
os distúrbios nervosos, que nas congestivas chegam desde estados de irritabilidade de caráter até a neurose de angústia de Freud. Toda congestiva é uma neuropata, mal rotulada de histérica; existem nelas verdadeiras histerias, mas sintomáticas de seus distúrbios genitais, tal como disse Castaño".

2. Zuckerman acredita que o movimento rítmico da pelve de um macaco de apenas treze dias representaria a primeira expressão motora do mecanismo sexual. Esse fato foi observado no dia em que o animal caminhou pela primeira vez e foi consignado por Clifford Allen em seu livro *The Sexual Perversions and Abnormalities*.

aos centros medulares específicos. As fibras parassimpáticas que passam ao nervo pudendo interno provêm dos pares sacros S3 e S4.

Hesnard vê nisso "um belo exemplo de sinergia funcional, independente das associações anatômicas".

A ereção completa, ao dilatar o verumontano, fecha o meato urinário, e fica, assim, isolada a função genital, que é completada pela contração da próstata e do colo da bexiga. Só a partir desse momento é possível a excreção de líquido seminal. O esperma acumula-se na porção prostática e acessoriamente na porção membranosa da uretra. O mecanismo ativo da expulsão é representado pela musculatura lisa dos condutos deferentes, as vesículas, os canais ejaculatórios e a próstata. O obstáculo que impede seu curso é o esfíncter externo e os músculos circulares vizinhos, cujo tônus aumentou. O líquido espermático, afluindo cada vez mais, distende a uretra posterior, e, em dado momento, surge uma contração rítmica que o impele para a uretra anterior de maneira entrecortada, à medida que vai vencendo o obstáculo esfincteriano. Nessa impulsão, o que atua é a ação combinada dos dois grupos musculares já citados, ou seja, a musculatura genital lisa se distende (a parassimpática anula a simpática) e a musculatura genital estriada se contrai.

Os dois trabalhos devem poder dinamizar-se com inteira liberdade, contrair-se e descontrair-se em toda a sua capacidade, para que o orgasmo fisiológico e energético possa realizar-se normalmente.

Após analisar todos esses fenômenos motores, Hesnard sente-se inclinado a pensar que as sensações musculares que resultam de todas essas contrações devem desempenhar um papel muito importante na explosão da sensibilidade voluptuosa da ejaculação, suposição compartilhada por Müller, que se verá corroborado ao estudar o aspecto energético do orgasmo.

Mecanismo nervoso do automatismo expulsivo

O mecanismo nervoso do automatismo expulsivo difere do reflexo da ereção. Para que este último se produza, é indispensável, no indivíduo são, uma excitação central (fantasias, sonhos etc.), ao passo que o reflexo de ejaculação pode ser considerado uma simples extensão do reflexo de ereção. Considera-se, atualmente, que o reflexo consecutivo à tensão produzida pelo enchimento espermático da uretra só se produz dentro de condições definidas e que a ejaculação é o resultado de três reflexos sobrepostos. O primeiro é o reflexo "preparatório psíquico-vegetativo", o segundo é o "dermovisceral" e o terceiro, o "visceromotor final", que se repete várias vezes.

O *preparatório* ou *psíquico-vegetativo* é topograficamente análogo ao da ereção. Mas, considerando que as funções dos órgãos genitais são influenciadas pelos processos psíquicos, poderíamos supor a existência, no cérebro, de um centro genital. Em sua obra *Sistema nervoso vegetativo*, L. R. Müller manifesta-se contrariamente a esse conceito e declara estar firmemente convencido de que no córtex não existe nenhum centro circunscrito para a ereção ou a ejaculação. Pelo contrário, com base em seus experimentos, tende a aceitar a presença de um centro genital hipotético nos gânglios cinzentos basais, que poderia ser influenciado pelas associações desenvolvidas no córtex, de cujo centro partiria a comunicação que circula pelo pedúnculo cerebral e medula espinhal. Poderíamos considerar isso, de modo ambíguo, reflexo psicovegetativo, o qual produziria uma sensibilização e hiperexcitabilidade dos centros lombares e sacros. Diz Müller: "Basta observar o que ocorre na natureza, por exemplo o procedimento do galo ou do gamo no cio: o erotismo não só influi sobre o sistema vegetativo, mas também sobre a totalidade do sistema nervoso cerebroespinhal, no sentido de aumentar sua turgidez. O estado de ânimo que atua sobre os órgãos genitais, provocando a ereção e acelerando a ejaculação, é a volúpia, que, analogamente à alegria, à angústia ou ao terror, não pode localizar-se em uma zona determinada do cérebro, em um 'centro'. Ela afeta, faz vibrar todo o sistema nervoso".

No entanto, a tendência fundamental da neurofisiologia é não aceitar a existência de centros específicos, mas considerá-los somente pontos de entrecruzamento, o que leva à noção do organismo como totalidade.

O segundo reflexo, que é o que provoca o acúmulo de esperma na uretra, denomina-se *dermovisceral* e une as terminações motrizes da próstata e das vesículas, por intermédio do nervo pudendo, do centro ejaculador lombar do nervo hipogástrico, plexo pélvico e, provavelmente, do terceiro sacro.

O terceiro reflexo, *visceromotor*, desencadeia as contrações da musculatura uretral e une a mucosa e a parede muscular da uretra aos músculos ejaculadores, ou seja, os músculos estriados, por intermédio do centro ejaculador, unido ao motor correspondente.

Dessa maneira, vê-se que o reflexo expulsivo exige para o seu desenvolvimento normal uma sinergia perfeita dos centros nervosos e um eutônus na musculatura envolvida nos reflexos sucessivos.

Hesnard insiste em assinalar a série de fenômenos neurovegetativos que acompanham o desencadear do automatismo genital, dizendo que se exacerbam em crise, no momento do reflexo expulsivo, sob a forma de uma descarga neurovegetativa e emocional como dilatação pupilar, contrações musculares generalizadas, seguidas de um relaxamento paralelo à descarga emotiva, respiração ofegante e perda completa de consciência.

Diz Hesnard: "Crise tão manifesta que permite compará-la à embriaguez ou à vertigem de certas crises nervosas mórbidas". Talvez se refira ao acesso epiléptico e à grande crise histérica[3].

Diz L. Müller que, por ação de estímulos à entrada da vagina, provoca-se, por via reflexa, a secreção das glândulas de Bartholin, mecanismo reflexo nervoso idêntico à ejaculação masculina. Por conseguinte, cabe admitir que a excitação das terminações nervosas dos pequenos lábios e do clitóris é conduzida pelo nervo pudendo até a medula espinhal sacra, de onde se propaga aos neurônios da substância intermédio-lateral, depois ao nervo eretor ou pélvico e, por fim, aos neurônios do plexo de Frankenhausen e às glândulas de Bartholin. Pela mesma via produz-se o peristaltismo uterino observado por alguns autores durante a cópula, que projeta o tampão de muco do útero.

Z. E. Keher, autor citado por Müller, observou que durante o orgasmo produzem-se na mulher movimentos peristálticos das trompas de Falópio, os quais se propagam ao útero. No relaxamento subsequente do útero, produz-se a aspiração do conteúdo vaginal e, portanto, do sêmen

....
3. Mosovich e Tallaferro assinalam, no artigo *Studies on E.E.G. and Sex Function Orgasm* (Diseases of the Nerv. Syst., XV, 1954), que os EEG registrados durante o orgasmo evidenciam os seguintes aspectos comuns:

1ª fase: observa-se um súbito aumento da atividade rápida, oriundo principalmente das zonas temporais. Ao mesmo tempo há também um rápido aumento dos potenciais de ação muscular, que se sobrepõe em todas as áreas corticais captadas.

2ª fase: simultaneamente à ejaculação no homem e aos efeitos correspondentes na mulher, produz-se um declínio generalizado da atividade elétrica, com três descargas por segundo de atividade generalizada, alternadas com descargas de tipo muscular que persistem.

3ª fase: capta-se uma depressão da atividade elétrica com ritmo alternante e descargas musculares clônicas. Os eletroencefalogramas demonstram a participação de todo o sistema nervoso, sobretudo das porções autônomas e corticodiencefálicas, e evidenciam a resposta fisiológica de um orgasmo.

Os autores discutem a participação de todo o sistema nervoso na produção do orgasmo, assinalando a interrupção corticodiencefálica e destacando, ao mesmo tempo, a semelhança existente entre os registros elétricos de um encefalograma de orgasmo e as convulsões de tipo epiléptico.

ejaculado, dado que deve ser levado em conta ao se considerar o problema da esterilidade feminina.

No homem, o momento do orgasmo associa-se à contração da vesícula seminal e da próstata, contrações rítmicas dos músculos de fibra estriada, ísquio e bulbocavernosos, e movimentos rítmicos dos músculos glúteos que provocam o consequente balanceamento pélvico. Na mulher, as contrações uterinas também se associam a contrações rítmicas do músculo constritor da vagina, que correspondem aos músculos ísquio e bulbocavernosos. Nas mulheres normais, produzem-se movimentos rítmicos de elevação pélvica pela ação conjugada dos glúteos e retos anteriores do abdome, principalmente.

Diferença do potencial bioelétrico da pele durante prazer e angústia

Tratando de elucidar os mecanismos íntimos da oposição entre prazer e angústia ou desprazer, assinalada por Freud, Reich começou a estudar a fisiologia da fricção entre o pênis e a mucosa vaginal. Baseando-se em descobertas de Kraus, iniciou investigações sobre as diferenças de potencial bioelétrico das diferentes zonas erógenas. Apurou assim, em 1934, que Tarchanoff e Veraguth haviam descoberto no começo do século o "fenômeno psicogalvânico", que consiste em mudanças do potencial elétrico da pele como resultado das emoções, mas que nunca tinham sido feitas medições especiais sobre o prazer sexual.

Baseando-se nessas informações, Reich construiu um aparelho semelhante ao eletrocardiógrafo, constituído por uma série de tubos eletrônicos e outros elementos, com o qual iniciou investigações em que alguns de seus colaboradores noruegueses e ele próprio serviram de sujeitos experimentais. Ao iniciar um período de experimentos que se prolongou por dois anos, Reich encontrou, não sem surpresa, que nos gráficos das ondas que representavam a atividade cardíaca, elas eram extremamente pequenas em comparação com as produzidas pelas mudanças de potencial que davam as cargas de superfície.

Em circunstâncias normais, a pele sã mostra um potencial básico biológico normal na superfície do corpo, simétrico e aproximadamente igual em toda a superfície. Essa potência básica varia de indivíduo para indivíduo, dentro de limites muito estreitos (de 10 a 20 milivolts), e apresenta-se como uma linha horizontal.

Em contrapartida, nas zonas erógenas (lábios, língua, lóbulo das orelhas, mamilos, vagina e pênis, entre outras), o comportamento é fundamentalmente diferente do resto da superfície do corpo. A carga dessas zonas pode estar dentro do limite do potencial das outras partes da pele. Mas também pode acontecer de elas apresentarem um potencial superior ou inferior ao que a epiderme geralmente tem. Nos indivíduos vegetativamente lábeis, tanto de um sexo como do outro, o potencial não é constante; na mesma zona erógena, observam-se variações de até 50 milivolts ou mais.

Isso se deve ao fato de as zonas erógenas sexuais caracterizarem-se por uma capacidade de excitação extremamente variável. Por isso, o gráfico da pele em uma zona não erógena apresenta um rápido aumento de potencial, que depois se mantém mais ou menos em um mesmo nível, ao passo que o da zona erógena eleva-se para logo se manter em um ritmo de altos e baixos entre os 25 e os 50 milivolts aproximadamente (*Reich*).

A elevação da onda indica um aumento da carga, e a queda, uma diminuição. O potencial das zonas erógenas não aumenta se não existe uma sensação agradável na respectiva zona. Isso quer dizer que um aumento do potencial em uma determinada zona da superfície corporal está sempre acompanhado de uma sensação agradável, e, inversamente, uma queda de potencial vê-se acompanhada de uma diminuição da mesma.

Disse Reich: "Esses experimentos confirmam a fórmula da tensão e da carga, ao mostrar que a congestão ou a intumescência de um órgão não é suficiente por si só para produzir uma sensação agradável. Para que se produza a sensação de prazer, é necessário que à congestão mecânica do órgão se some um aumento da carga bioelétrica, ou, falando em termos psicanalíticos, é necessário que aumente a libido".

A intensidade psíquica da sensação de prazer corresponde à quantidade somática ou fisiológica da carga bioelétrica ou libido.

Por exemplo, o pênis em estado de flacidez mostra um potencial baixo. A compressão da raiz do pênis e a consequente congestão sanguínea no seu interior não dá como resultado um aumento do potencial. Em contrapartida, em um pênis no começo da ereção por excitação, mede-se uma carga maior do que na ereção mecânica.

O aumento do potencial em uma zona sexual depende, primeiro, da atitude receptiva do órgão e, ao mesmo tempo, da suavidade do estímulo. Quanto maior a suavidade, mais brusco e intenso é o aumento. É preciso levar em conta que o grau dessa reação também depende da boa disposição do organismo para reagir. Assim, verifica-se nos indivíduos emocionalmente bloqueados, nos obsessivos, por exemplo, e, como caso extremo, nos catatônicos, que eles têm diferenças de potencial muito leves.

O mesmo acontece se um indivíduo é contrário às atividades requeridas para o experimento, pois nesse caso um estímulo, em vez de produzir um aumento de potencial, que seria o correspondente à sensação de prazer, gera uma diminuição de potencial, expressão do desprazer que a situação lhe causa.

Isso explicaria por que algumas situações que reuniriam todas as condições para ser agradáveis são vividas pelo indivíduo como desagradáveis. É o caso da histérica que se "submete" a um coito. Antes, durante e depois do ato, se este chega realmente a se materializar, a histérica viverá uma situação totalmente desagradável pela profunda resistência do seu ego, que algumas vezes torna-se tão intensa que chega a ser dolorosa.

Além disso, se em um certo nível da excitação se produz um estado de angústia, por diversos meios – por exemplo, uma explosão, um grito ou a entrada de uma pessoa com quem o sujeito antipatiza, ou simplesmente porque se abordou um tema que não lhe é agradável –, registra-se no gráfico desse sujeito uma acentuada queda de potencial que depois, ainda que persista o estímulo agradável inicial, se recupera de forma muito lenta.

A pressão de qualquer natureza sobre o corpo também produz uma queda do potencial, sobretudo se a pressão atua na região do plexo solar. Mas nesse caso, se a pressão cessa, a carga volta imediatamente ao seu nível anterior.

Diz Reich: "Os experimentos relacionados com as variações do potencial permitem-me afirmar que a excitação sexual agradável é idêntica à carga periférica do organismo, o que significa a descarga do núcleo representado pelo sistema vegetativo" (e que poderia identificar-se com o id). A descarga da periferia e a carga do núcleo criariam os estados de angústia, a angústia de estase. Reich também disse que foi experimentalmente confirmado o conceito de Freud de que a libido é uma medida da energia sexual.

Para melhor compreensão da dinâmica e economia do ato sexual, deve fazer-se uma divisão artificial e considerar separadamente os componentes fisiológicos e os elementos psíquicos e energéticos.

Função dinâmico-econômica do orgasmo[4]

Do ponto de vista energético, a potência orgástica foi definida por W. Reich como a capacidade de abandonar-se, sem inibições, ao livre

....
4. Os conceitos básicos para desenvolver este tema foram extraídos do livro *The Function of the Orgasm*, de Wilhelm Reich.

fluir da energia biológica. O mesmo autor oferece outra definição quando diz que é a capacidade para descarregar completamente toda excitação sexual estancada, por meio de contrações involuntárias de toda a musculatura, mas acrescentemos que só o músculo que se contrai e relaxa em toda a sua possibilidade é capaz de catabolizar energia bruscamente.

É necessário levar em conta que a intensidade do prazer no orgasmo, durante um coito que está livre de ansiedade e desprazer, e que não se faça acompanhar de fantasias conscientes, depende da quantidade de energia que tenha se concentrado previamente nos genitais.

Descrição esquemática do ato sexual orgasticamente satisfatório

Para fazer uma descrição esquemática, que abranja apenas algumas das fases típicas do ato sexual orgasticamente satisfatório, é preciso seguir as descrições de W. Reich, resultado de seus experimentos com as diferenças de potencial bioelétrico e do material clínico de seus pacientes.

Pelos mecanismos particulares que se dinamizam, o desenvolvimento do ato sexual pode dividir-se em duas fases principais:

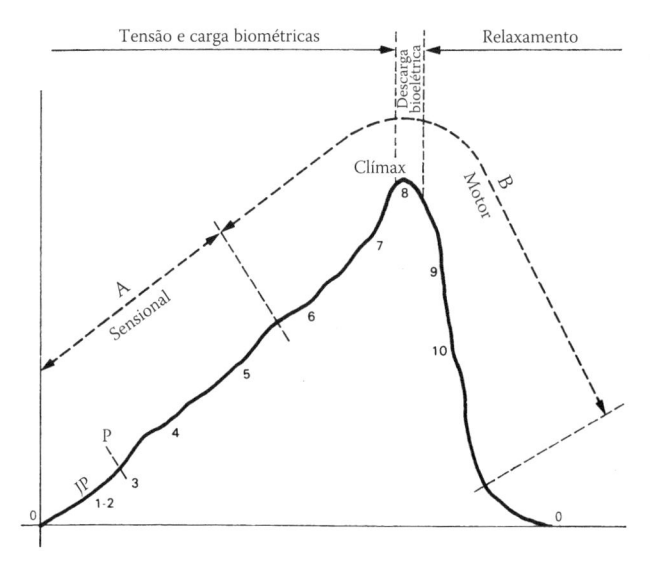

Esquema da curva de um orgasmo normal
(segundo W. Reich)

a) controle voluntário da excitação;
b) contrações musculares involuntárias.

Os jogos preliminares do ato sexual (JP do gráfico) não apresentam uma regularidade que permita a sua generalização, cabendo apenas efetuar, esquematicamente, um estudo da ereção e da conduta do indivíduo.

A ereção normal *é* agradável e não dolorosa, como ocorre nos casos patológicos de priapismo ou quando existe um espasmo dos músculos da pelve ou do cordão espermático.

Durante esse período, o genital não está sobrecarregado ou hiperexcitado, como sucede depois de períodos prolongados de abstinência ou nos casos de ejaculação precoce. Na mulher normal, o genital encontra-se hiperêmico e, como consequência de uma abundante secreção das glândulas genitais, úmido, com um tipo especial de viscosidade e propriedades físicas e químicas (alcalina) que faltam quando a função genital está perturbada. É o que ocorre em alguns casos de frigidez, podendo-se suspeitar de que essa falta de alcalinidade do meio seria um dos tantos fatores de esterilidade.

No homem, a potência orgástica caracteriza-se pelo fato de, durante os jogos preliminares, manifestar-se nele uma urgência ou premência por penetrar na vagina. Na mulher, apresenta-se um desejo ou urgência de ser penetrada. Existem casos em que pode haver ereção sem urgência de penetração, como se observa em muitos fálico-narcisistas, que só têm potência de ereção, e mais particularmente nos caracteres histéricos, em quem a necessidade de penetração ou de ser penetrada não se manifesta, e todo o ato sexual fica reduzido aos jogos preliminares pré-genitais (exibicionismo, toques, carícias, beijos, felação etc.).

A conduta de indivíduos normais durante o ato sexual é espontaneamente suave e gentil, mas é preciso esclarecer que isso não ocorre por formação reativa, ou seja, eles não agem assim para inibir tendências opostas, como os impulsos sádicos. Eles sentem e agem com suavidade em face do objeto porque só sentem amor por ele, sinal de que a ambivalência foi superada, uma vez que, segundo vimos na classificação de Karl Abraham, a etapa genital é pós-ambivalente.

O que se considera desvio patológico nessa fase do ato sexual é a agressividade, mobilizada por impulsos sádicos que se liberam, como acontece em muitos caracteres obsessivos, que conservam potência de ereção, e a inatividade que têm durante o coito muitos caracteres passivo-femininos.

No chamado *coito onanístico* com um objeto não querido, por exemplo uma prostituta, a suavidade e a delicadeza costumam estar ausentes, precisamente porque há uma total prescindência do objeto.

Quanto à atividade da mulher durante o ato sexual, pode-se dizer que normalmente não difere, de modo algum, da do homem. A passividade excessiva da mulher durante o ato sexual é patológica e deve-se, em grande parte, a fantasias masoquistas inconscientes de ser violada, o que, por sua vez, é uma forma de esquivar-se ao sentimento de culpa. A argumentação inconsciente que esse tipo de mulher elabora é a seguinte: "Eu não quis. Fizeram-me isso à força...". A sexualidade feminina é passiva em seu fim pelo simples fato de ser, em si, uma cavidade, mas devemos lembrar que todo instinto é ativo para alcançar seu fim[5].

Chegado o ponto P (cf. gráfico da p. 239), com a introdução do pênis, a excitação agradável, que durante os jogos preliminares manteve-se em um mesmo nível, no indivíduo normal, recrudesce bruscamente, tanto no homem quanto na mulher.

No homem, a urgência de penetração profunda aumenta (4 do gráfico), não chegando, porém, a adquirir a forma patológica de querer "perfurar" a mulher, como sucede em alguns caracteres patológicos, particularmente nos obsessivos. Em consequência das fricções mútuas, suaves, espontâneas e sem esforço, a excitação começa se concentrando na superfície da glande e, na mulher, na parte posterior dos sacos vaginais e colo do útero. Até esse momento, a sensação característica que precede a ejaculação está ausente, ao contrário do que ocorre nos casos de ejaculação precoce. Nesse momento, o corpo ainda está menos excitado do que a parte genital.

A consciência está concentrada na percepção das sensações agradáveis e o ego participa dessa atividade, tentando esgotar todas as possibilidades de prazer, tratando de alcançar um máximo de tensão antes que sobrevenha o orgasmo. Seria quase desnecessário acrescentar que isso não se faz por meio de tentativas conscientes. É algo totalmente espontâneo e diferente para cada indivíduo, com base em expe-

....
5. Uma educação sexual equivocada (pelas repressões e o tabu do sexual dos educadores) é uma das causas, e não a menos importante, que leva a mulher a manter-se quieta durante o ato sexual. Ela considera, erroneamente, que se deixar "arrastar" por suas sensações sexuais agradáveis "não é próprio de uma mulher decente, mas das prostitutas". Outra causa é o fato de, durante a infância, seus desejos inconscientes centrados nas gratificações sexuais dos pais terem levado algumas de suas fantasias a atribuírem aos órgãos e prazeres genitais um caráter prejudicial e perigoso (*M. Klein*).

riências prévias, no sentido de uma mudança de posição, da maneira e do ritmo de fricção etc.

De acordo com as experiências relatadas por homens e mulheres orgasticamente potentes, as sensações agradáveis são tanto mais intensas quanto mais lentas e mais suaves (cf. p. 241) forem as fricções e quanto maior for a harmonia do casal, o que pressupõe uma ampla capacidade de identificação com o objeto de amor[6].

A contrapartida patológica dessa situação consiste na necessidade de efetuar fricções violentas, como ocorre nos caracteres sádico-obsessivos, com anestesia do genital e incapacidade para alcançar a ejaculação, ou a pressa ansiosa dos que padecem de ejaculação precoce.

As pessoas orgasticamente potentes não falam nem riem durante o ato sexual e, se o fazem, é só para dizer palavras isoladas de carinho e ternura. O falar e o rir indicam uma grave falta de capacidade para abandonar-se totalmente, que é o que se requer para uma absorção na sensação de prazer. Por isso, o homem para quem abandonar-se simboliza ser feminino está sempre orgasticamente perturbado; o mesmo ocorre com a mulher que não aceita sua posição feminina de entrega.

Na primeira fase do ato sexual (sensorial do gráfico), em que os movimentos musculares ainda são voluntários, a interrupção da fricção é em si mesma agradável, visto que, produzida a quietude do sujeito, apresentam-se sensações aprazíveis. Quando o ator se mantém imóvel durante certo tempo, a excitação decresce levemente, a menos que desapareça por completo, tal como ocorre nos casos patológicos. Nessa fase (ponto 5), a interrupção do ato sexual por uma re-

---

6. Referindo-se às relações entre o homem e a mulher no ato sexual, Ferenczi disse não haver problema de egoísmo ou de altruísmo, devendo imperar uma ampla reciprocidade – em suma, o que é bom para um deve ser bom para o outro. Como consequência da natural interdependência dos fins instintivos recíprocos, não existe nenhuma razão para que uma das duas partes se preocupe com o bem-estar da outra. Isso pode ser bem estudado nos animais mais evoluídos e também em pessoas muito primitivas, em que o egoísmo ingênuo mantém o papel que lhe cabe no amor das criaturas em relação à mãe. Mas se considerarmos os dois fatores – mãe e filho – ao mesmo tempo, poderemos concordar com Ferenczi que existe uma reciprocidade. No ato sexual, a reciprocidade é o biológico; o egoísmo ingênuo é o aspecto psicológico. E ainda mais: a interdependência biológica possibilita o egoísmo psicológico.

Isso se compreende melhor ainda à luz dos comentários de Alice Balint, que se refere a uma "maternidade instintiva" contraposta a uma "maternidade civilizada". O ato sexual pode iniciar-se como um gesto altruísta, mas, quando alcança o grau máximo de excitação, a atenção que se presta ao objeto, imediatamente antes e durante o orgasmo, é quase completamente esquecida, e é assim que, na crença de estar unido a ele ou a ela, em perfeita harmonia, é possível obter maior grau de prazer.

tirada do pênis não é desagradável, caso ela se realize depois de um período de descanso.

Com o prosseguimento da fricção, a excitação aumenta até alcançar um nível superior ao que precedeu a interrupção, começando a irradiar-se progressivamente à totalidade do corpo, enquanto a carga do genital permanece no mesmo nível.

Finalmente, com outro aumento da excitação, em geral brusco, entra-se na segunda fase (motor do gráfico), a das contrações musculares involuntárias.

Fase das contrações musculares involuntárias

Nessa altura do ato sexual (ponto 6), já não é possível efetuar um controle voluntário do curso da excitação, e, ao longo desse período, encontram-se as seguintes características:

a) o aumento da excitação é voluntariamente incontrolável;
b) corporalmente, a carga bioelétrica vai se concentrando cada vez mais no genital, e toda a personalidade é invadida por uma estranha sensação de fundir-se, derreter-se, dissolver-se, perder a noção de limites[7];
c) a excitação termina primeiro em contrações involuntárias da musculatura total do genital e do assoalho pélvico. As contrações aparecem em ondas. A crista da onda é simultânea à penetração total do pênis; o declínio, ao movimento de retirá-lo.

   Entretanto, assim que a retirada do órgão passa de certo limite, ou seja, quase sai da vagina, aparecem imediatamente contrações espasmódicas desagradáveis e uma sensação de solidão, que acompanham a ejaculação.

   Na mulher, se isso ocorre, apresenta-se uma contração espasmódica da musculatura lisa da vagina e sensação de peso ou dor na região lombar. O mesmo acontece no homem.
d) durante essa fase, a interrupção do ato sexual é extremamente desagradável, tanto no homem quanto na mulher. Em vez das contrações rítmicas que levam ao orgasmo e à ejaculação, surgem espasmos bruscos que provocam uma intensa sensação desagradável. Em alguns casos, é notável a dor no assoalho pél-

---

7. Sensação semelhante é relatada pelos indivíduos intoxicados experimentalmente com mescalina e LSD durante a fase II.

vico e na região sacrolombar. Além de tudo isso, e como resultado do espasmo, a ejaculação aparece mais cedo do que em casos em que o ritmo não foi perturbado.

Com novas intensificações e aumentos na frequência das contrações musculares involuntárias (ponto 7), a excitação recrudesce rápida e bruscamente até o clímax, que normalmente coincide com a primeira contração muscular ejaculatória.

Ocorre simultaneamente uma profunda nebulosidade da consciência (ponto 8). As fricções tornam-se espontaneamente mais intensas, depois de terem se acalmado por alguns momentos, logo após o clímax. A necessidade de penetrar por completo vai se intensificando em cada contração muscular ejaculatória.

Na mulher, as contrações musculares seguem o mesmo curso que no homem e a única diferença é que, durante e imediatamente após o clímax, ela experimenta um desejo de receber por completo.

Ao produzir-se a queda brusca de tensão no genital (ponto 9), a excitação orgástica invade o corpo e acarreta, como resultado, vivas contrações de toda a musculatura[8]. As observações efetuadas em indivíduos normais de ambos os sexos, assim como a análise de certos distúrbios do orgasmo, demonstram que o que Reich denomina *afrouxamento da tensão* e que se experimenta como descarga motora é, predominantemente, o resultado do retorno da carga energética do genital para o corpo. Esse retorno é experimentado como uma diminuição repentina da tensão na região genital.

Em resumo, pode-se dizer que o clímax representa o ponto em que a carga de excitação muda de direção. Até o momento do clímax, a direção da energia é para o genital; no clímax, a trajetória muda de direção, ou seja, encaminha-se para o corpo todo. O retorno completo da excitação ao corpo é o que constitui o gozo e pode-se afirmar, por isso, que a gratificação é produzida por:

1) mudança da direção da corrente energética de excitação no corpo;
2) catabolização da energia pelas contrações musculares;
3) alívio ou descarga do aparelho genital (*Reich*).

....
8. As expressões usadas para exemplificar a sensação, entre outras, são: "estar no paraíso", "milhares de anjos cantando em uníssono", "milhões de taças do mais puro cristal vibrando ao mesmo tempo". Em alguns indivíduos, durante o clímax e nos pontos 8 e 9, aparecem imagens visuais idênticas às percebidas por indivíduos durante experiências com mescalina e LSD.

Antes que a carga energética retorne ao ponto zero (ponto 10) do nível normal, a excitação descreve uma suave curva descendente, sendo imediatamente substituída por um agradável relaxamento psíquico e corporal que, em geral, faz-se acompanhar do desejo de dormir.

Ao mesmo tempo, a relação sensual com o objeto atenua-se e o que se mantém é uma atitude de agradecimento e ternura para com o companheiro. Esse é um dos fatores mais importantes que favorecem a monogamia (pelo menos temporária), pois o sujeito obtém com seu objeto uma descarga total de tensão. A gratificação sexual plena atua, assim, como dupla garantia: de sua própria bondade e da bondade do cônjuge. A segurança que este lhe propicia aumenta, por sua vez, o futuro gozo sexual, ampliando o círculo favorável à paz íntima (*M. Klein*). Nos casos de satiríase e ninfomania, a excitação sexual não diminui.

Em contraposição, no indivíduo orgasticamente impotente produz-se um intenso esgotamento, acentuado desgosto e uma situação de indiferença, resistência ou repulsa, que às vezes chega à aversão ou ao ódio pelo companheiro. Quem disse que o homem e o animal ficam tristes depois do ato sexual era, evidentemente, um impotente orgástico.

A insônia é um dos indícios mais importantes da falta de gratificação, mas, segundo Reich, não se deve cair no outro extremo, o de supor erroneamente a existência de potência orgástica se um indivíduo diz que adormeceu imediatamente depois do coito.

O orgasmo é mais intenso se o máximo de excitação sexual coincide nos dois, o que ocorre nos indivíduos capazes de concentrar no par tanto os sentimentos carinhosos como também os sexuais, sendo essa a regra quando as relações não são perturbadas por fatores internos ou externos. Nesses casos, qualquer fantasia consciente, por mínima que seja, está totalmente ausente, encontrando-se o ego completamente absorto na percepção do prazer.

Com base no que foi dito, há mais um critério para determinar a potência orgástica, que consiste na possibilidade de concentrar-se com toda a personalidade na experiência orgástica, apesar de possíveis conflitos (*Reich*).

É difícil afirmar se existem fantasias inconscientes; mas, pelo que foi dito anteriormente, pode-se supor que também não devem existir fantasias inconscientes.

Analisando as duas fases principais do ato sexual, vemos que a primeira – fase dos movimentos musculares voluntários – está caracterizada pelo sensorial, enquanto a segunda – fase dos movimentos involuntários – é marcada pela experiência motriz do prazer.

As contrações involuntárias do organismo e a completa descarga da excitação podem ser consideradas o mais importante critério da potência orgástica (*Reich*).

A experiência clínica mostra que, como resultado da repressão genital da sexualidade, o homem foi perdendo a capacidade de abandonar-se a fim de permitir o total fluir vegetativo involuntário. Reich quer dizer que "a potência orgástica" é exatamente a capacidade para a excitação e o posterior afrouxamento da tensão[9].

Esse critério, entretanto, não é sustentado por todos os psicanalistas, e diversos pontos de vista foram emitidos a esse respeito, em várias ocasiões. Garma, por exemplo, sustenta que durante o orgasmo o sujeito investe-se de objetos bons e, por isso, sente-se alegre e feliz após a culminação de um ato sexual. Note-se que esse conceito de Garma parece contradizer o que foi dito por Reich e outros a esse respeito, mas se considerarmos a dinâmica e a economia da libido, então a contradição é apenas aparente. Com efeito, ao experimentar um orgasmo, o indivíduo descarrega tensão, sente prazer e alcança o equilíbrio interno. Portanto, o objeto por meio do qual pôde efetuar essa descarga é, para ele, gratificante, ou seja, bom, e isso é o que permite introjetá-lo.

Contudo, ao alcançar o equilíbrio, as tendências agressivas do indivíduo diminuem e, ao deixar de projetá-las no meio, os objetos do mesmo já não são maus e podem, por conseguinte, ser introjetados. Por isso, Garma diz que o sujeito se investe de objetos bons, mas é preciso esclarecer que essa introjeção efetua-se depois de uma descarga de tensões e atenuação de tendências agressivas.

Normalmente, ou seja, na ausência de inibições, o curso do ato sexual não difere muito na mulher e no homem, e seus gráficos podem, por conseguinte, sobrepor-se.

---

9. Um conceito semelhante foi formulado por Franz Alexander quando disse que "a teoria do excedente de sexualidade recebe seu maior apoio na fisiologia. No organismo maduro, a energia sexual é descarregada pelo sistema genitourinário, cuja função fisiológica consiste precisamente em descarregar os produtos corporais e as tensões emocionais que já não são úteis para a autoconservação do organismo. Psicologicamente, as manifestações da sexualidade consistem em descarregar em benefício próprio tensões que não estão subordinadas às necessidades do organismo em sua totalidade. A sexualidade, com sua manifestação fisiológica e psicológica, pode ser considerada um sistema de drenagem de todas as energias desnecessárias à conservação da vida individual mas, pelo contrário, excessivas para as necessidades do organismo. O órgão específico para esse tipo de descarga é a zona genitourinária".

Tipos de orgasmos patológicos

Os diversos tipos de caráter neurótico, algumas neuroses e perversões traduzem-se em uma série de distúrbios característicos – estudados por Reich – que apresenta o orgasmo em algumas neuroses, perversões e caracteres neuróticos típicos.

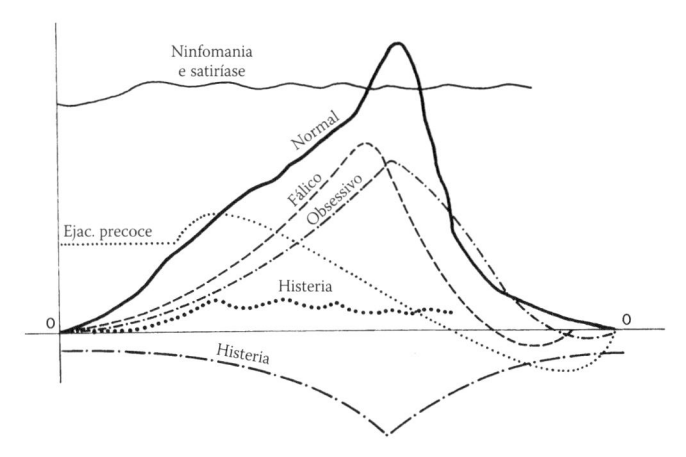

Esquema de curvas de orgasmos patológicos
(segundo W. Reich)

No caráter neurótico-histérico

Observa-se uma falta de excitabilidade localizada na região genital e, em compensação, uma hiperexcitabilidade generalizada.

Seu distúrbio genital típico é a abstinência, resultado da angústia genital, e por esse motivo a sua atividade sexual reduz-se a intermináveis jogos pré-genitais. Os norte-americanos estudaram em detalhe a conduta sexual das histéricas e, assim, qualificaram com diferentes nomes diversos aspectos desses jogos que nunca chegam à materialização plena. Definiram eles como *necking, petting* e *heavypetting* os diversos tipos de atividades que geralmente são preliminares de um ato sexual ou seu total substituto.

Apesar de uma das características da histeria ser, no plano genital, uma vida de abstinência quase total, às vezes, em uma tentativa de negação da existência de sua angústia, as histéricas entregam-se a um ato sexual. Mas, nesse caso, a curva gráfica mantém-se abaixo da linha de normalidade quanto ao prazer (cf. p. 239). Ou seja, há um desprazer contínuo vivido como um incômodo: "O meu marido me incomoda uma vez por semana", dizem as histéricas quando interrogadas a respeito de sua vida íntima.

O homem histérico sofre comumente de impotência de ereção e, também, de ejaculação precoce.

No caráter neurótico-obsessivo

Esse caráter manifesta uma abstinência rígida e ascética, muito bem racionalizada com argumentações de tipo religioso ou pseudocientífico. "Se tenho de exigir virgindade à minha futura esposa", dizem esses indivíduos, com um sentimento religioso, "então também devo chegar casto ao casamento." Mas são muitos os que racionalizam sua abstinência dizendo que o fazem para evitar doenças venéreas, e outros, que o fazem porque acreditam que a ejaculação constitui um desgaste que os prejudicará nos estudos, no trabalho ou na prática de esportes.

As mulheres obsessivas são frígidas e, em geral, não excitáveis, mesmo nas zonas não genitais. O potencial bioelétrico de suas zonas erógenas é extremamente baixo e sua estimulação mal influi nesse potencial.

Os homens obsessivos são, com bastante frequência, potentes para ereção, mas quase sempre impotentes orgásticos.

Existe um grupo formado por homens que revelam uma excessiva potência de ereção, por temor inconsciente à mulher e como defesa contra fantasias homossexuais inconscientes. Aos que integram esse grupo, o ato sexual serve para "provar" sua potência e afirmar sua sexualidade, atuando o pênis como um instrumento penetrante, com fantasias sádicas.

No caráter fálico-narcísico

É um tipo especialmente encontrado entre os militares com aspecto de oficial prussiano, os aviadores, os esportistas, os *"donjuáns"* e aqueles indivíduos ostensivamente seguros de si mesmos. Todos eles sofrem um sério distúrbio orgástico e veem apenas no ato sexual o sentido de uma evacuação higiênica, análoga ao defecar também uma vez por dia. A continuação do ato sexual produz neles reações de repugnância ou, no máximo, uma atitude de indiferença "diante do dever cumprido". Esses homens não tomam a mulher amorosamente, mas a "assaltam"; são os "lanceiros" que veem na mulher algo para "se fazer nela", com um sentido quase esportivo da relação, como prova de uma capacidade, tal como seria um lançamento de peso ou a realização de um gol.

Expressões como "trincar" uma mulher correspondem às tendências agressivas inconscientes em relação a elas, a quem consideram, inconscientemente, suas rivais homossexuais. Como reação lógica, a conduta sexual desses homens gera entre as mulheres uma intensa repulsa, temor e resistência ao ato sexual.

É o homem a quem suas ex-mulheres odeiam e ao qual não voltam, em contraposição com a figura quase lendária de Casanova[10].

A satiríase e a ninfomania

Constituem quadros totalmente distintos. Os homens e as mulheres que, respectivamente, padecem desses distúrbios vivem em constante tensão libidinal, com variações muito leves. Vivem em um estado de permanente excitação sexual, sem chegar à descarga rápida que gera o prazer, razão pela qual se mantêm em um mesmo nível de tensão antes, durante e depois do ato, sem poder atingir um equilíbrio libidinal.

Entre as neurastenias, existe uma forma crônica que se caracteriza pela espermatorreia e uma estrutura pré-genital, caso em que o pênis perdeu o papel de órgão penetrador agradável, representando inconsciente e simbolicamente "um seio dando de mamar" ou "um pedaço de matéria fecal sendo expulso".

Impotência e frigidez

Nunca se deve esquecer, ao examinar esses distúrbios, que sua causa, em alguns casos, pode ser orgânica. Assim, a impotência e a frigidez

---
10. Casanova, um idealista puro, amava em todas as mulheres de sua vida o que havia nelas daquele seu sonho inalcançável; mas era, para todas elas, um sincero e verdadeiro amante. Por esse motivo, conservavam sempre dele uma grata lembrança e era com carinho que o recordavam, de modo que, quando voltava a uma cidade, segundo conta em suas *Memórias*, as mulheres a quem amara ali vinham novamente vê-lo. Muito diferente era o caso de Don Juan, que não amava mulher alguma, pois não buscava o amor, mas apenas a satisfação de seus desejos.

podem ser produzidas pela diabetes, tumores, esclerose em placa, mielite transversa, tabes dorsal, poliomielite e algumas drogas.

Acompanhando Salerno, definimos psicossomaticamente esses distúrbios como a incapacidade do indivíduo, quando exigido por um compromisso erótico, de mobilizar adequadamente sua libido sexualizada e concentrá-la nos genitais a fim de ser descarregada mediante um orgasmo.

Faremos apenas algumas considerações sucintas acerca desses distúrbios.

Frigidez

Trata-se de um distúrbio de que padecem cerca de 70% das mulheres.

Existem várias classificações. Por exemplo, Salerno divide-a em três tipos: frigidez relativa, circunstancial e intrínseca.

De acordo com a intensidade do distúrbio, podemos considerar alguns fatores:

a) incapacidade ocasional e transitória para alcançar o orgasmo;
b) o orgasmo só é sentido raras vezes;
c) sensação muito atenuada de prazer, sem orgasmo;
d) anestesia vaginal sem rechaçar o coito, com libido;
e) recusa total com repugnância e angústia ante a insinuação do ato sexual:
    1) com dispareunia;
    2) com vaginismo.
f) total falta de interesse, sem libido.

Algumas causas conflituais que podem produzir frigidez são as que assinalamos ao estudar os orgasmos patológicos e a angústia orgástica. 1) Medo de castigo por ludibriar as proibições sexuais. 2) Ressentimento inconsciente unido ao desejo de vingar-se do homem, de vingar a mãe dos sofrimentos causados pelo pai e também um sentimento de inveja pela força e liberdade masculinas. 3) Amores incompatíveis: preferir o pai ao marido; amar a si mesma ou amar as mulheres mais do que a ninguém.

M. Klein considera que, na mulher frígida, o ódio e o ciúme derivados do complexo de Édipo levaram-na, em sua infância, a desejar que o pênis fosse algo mau e destruidor para que sua mãe não pudesse ser gratificada. Assim, em sua fantasia atual inconsciente, o pênis de seu companheiro sexual adquire qualidades destrutivas.

Deve-se levar em conta que as causas da frigidez, tal como as da impotência, são múltiplas e interligam-se de forma complexa.

Impotência

Também classificaremos os indivíduos impotentes segundo a profundidade do distúrbio:

a) é potente, mas não sente prazer;
b) é potente, mas evita o coito;
c) deseja, tem libido, mas nem sempre tem ereções;
d) tem ereção inadequada ou parcial;
e) tem ejaculação precoce
- com ereção
  1) ejacula na vagina
  2) ejacula antes da introdução
- sem ereção

f) é totalmente impotente para ereção, com libido;
g) é totalmente impotente para ereção, sem libido.

As causas da impotência, tal como as da frigidez, são múltiplas. Citarei apenas algumas das mais correntes: temor à censura ou ao castigo derivado do conflito edipiano sem solucionar; fantasias incestuosas; hostilidade ao objeto, resultado da frustração de seus desejos genitais na infância, o que despertou nele a fantasia de que seu pênis se transformasse em um instrumento capaz de ferir ou destruir, conforme assinalou M. Klein.

Em alguns casos, o que atua é uma "claustrofobia": o pênis, como parte do ego, angustia-se ao encontrar-se em um lugar pequeno e fechado, a vagina. Os indivíduos que padecem desse tipo de impotência costumam perder a ereção assim que colocam um preservativo.

Outra causa comum nesses distúrbios é o fato de que, quando a união sexual carece de significação, logo se converte em um ultraje à personalidade. A harmonia sexual prolongada requer duas personalidades harmônicas e emotivamente equilibradas, ou seja, constitui uma façanha rara e difícil.

Angústia provocada pelo orgasmo

As excitações pré-genitais e outros tipos não genitais de gratificação, segundo Reich, são mantidas em certos indivíduos por um agudo temor às sensações orgásticas intensas no genital. Isso tem suas consequências, pois se a excitação sexual é refreada ou inibida, origina-se um círculo vicioso: 1º) o retido aumenta a estase, e 2º) a estase, ao aumentar, atua diminuindo a habilidade do organismo para diminuir essa mesma estase, na medida em que revigora a couraça caracterológica. Assim é que o organismo adquire temor à excitação ou, em outras palavras, apresenta-se o que Reich denominou *prazer-angústia* ou *angústia sexual*. Essa ansiedade orgástica nada mais é do que o temor do organismo que chegou a ser incapaz de experimentar prazer ante uma excitação intensa demais.

As manifestações da ansiedade orgástica são mais fáceis de estudar na mulher do que no homem. Nele, a ansiedade orgástica geralmente está encoberta pelas sensações próprias da ejaculação, ao passo que na mulher aparece sob a forma de diversos temores. Um dos mais frequentes é o temor de defecar durante a excitação, deixar escapar gases ou urinar involuntariamente ao relaxar. Por isso, o estudo da etiologia de alguns tipos de frigidez revela que, em muitos casos, a atuação de conflitos não solucionados e vinculados ao controle prematuro e contínuo dos esfíncteres supera em importância a proibição da masturbação genital infantil.

A excitação orgástica reprimida também pode ser experimentada psiquicamente como temor da destruição. Nas mulheres, esse tipo de ansiedade vincula-se, muitas vezes, com a visão ou, mais exatamente, com a recordação do frango que elas viram ser segurado pelas duas patas e partido em dois de um só golpe. Outras vivenciam a introdução do pênis como a entrada de algo perfurante que, dentro delas, fará que estourem como se fossem um balão. É por isso que algumas mulheres temem cair sob o domínio ou o poder de um homem ou ser danificadas no momento da introdução do pênis. Nessas circunstâncias, a vagina transforma-se em um "órgão que morde" e, inconscientemente, em um elemento agressivo contra o "pênis ameaçador" (cf. p. 241)[11].

Muitos casos de vaginismo têm origem nessas fantasias inconscientes. Se o vaginismo se apresenta antes do ato, o seu significado é,

....
11. Nessas mulheres, durante a infância, o ódio e o ciúme pela situação edipiana levaram-nas a desejar que o pênis fosse algo mau e perigoso, que também não pudesse gratificar a mãe, e por tal motivo inconsciente é que o pênis adquiriu para elas qualidades destrutivas persistentes (*M. Klein*).

profundamente, o de recusa da penetração. Se aparece durante o ato sexual, revela um desejo inconsciente de reter, para possuí-lo, o órgão genital que, às vezes, se quer destruir.

Na presença de intensos impulsos destrutivos, o organismo teme "deixar-se ir" por temor de que a fúria destrutiva, a qual são incapazes de controlar, possa fazer-se presente.

As reações corporais femininas diante da ansiedade orgástica são variadas, com características individuais nítidas. Muitas mulheres deixam o corpo quieto, como se mantivessem uma vigilância semi-inconsciente. Outras fazem movimentos intensos e forçados porque percebem, inconscientemente, que os movimentos suaves levam a uma maior excitação (cf. p. 241). Algumas juntam as pernas fazendo pressão; contraem a pelve e, caracteristicamente, retêm a respiração na fase de inspiração, o que se vincula à diminuição da sensação de prazer quando o plexo solar está pressionado (*Reich*).

A ansiedade orgástica também pode ser experimentada como medo de morrer. Os gregos chamavam o orgasmo de "pequena morte". Se isso se apresenta simultaneamente como temor às catástrofes, toda sensação intensa demais é inibida. A sensação de derreter-se e a nebulosidade da consciência, que se apresentam em todo orgasmo normal, convertem-se, pelo que se assinalou, em uma fonte de angústia em lugar de serem vividas como uma experiência agradável. "Tenho de estar vigilante", "não posso perder a cabeça", devem manter constantemente sobre si um controle estrito. Isso reflete-se principalmente em seu rosto e nas suas sobrancelhas como uma expressão fisionômica de alerta. A cabeça tende sempre a levantar-se do travesseiro como se quisessem ver o que está acontecendo em seus genitais, o que se percebe como uma hipertonia dos músculos da nuca, rosto e pescoço, especialmente do esternocleidomastoideo (*Reich*).

Importância da mobilidade pélvica reflexa

O orgasmo reflexo produz-se por ocasião de um processo de elaboração e integração de seus diversos fatores.

O primeiro efeito da atividade genital é o deslocamento de uma onda energética que vai desde o pescoço até o peito, daí ao epigástrio, passando finalmente ao baixo-ventre. Nos casos de impotência orgástica, a pelve não participa desse movimento, conforme assinala Reich em *A função do orgasmo*. De modo geral, ela se mantém em uma posição retraída que provoca, por sua vez, um avanço do abdome. Esses pacientes têm uma sensação de "vazio" na pelve ou de "debilidade dos genitais". São pessoas incapazes de mover a pelve isoladamente dos quadris e do abdome, e mostram-se particularmente contrárias ao seu movimento para frente e para cima.

Nos casos de anestesia genital, as sensações de vazio e de debilidade são muito mais agudas e, na mesma proporção, a pelve perde sua motilidade. Também existe, simultaneamente, uma grave perturbação do ato sexual.

As mulheres mantêm-se imóveis ou tratam de superar o bloqueio de sua motilidade vegetativa por movimentos forçados do tronco e da pelve em bloco.

Nos homens, observam-se movimentos precipitados e voluntários da parte baixa do corpo e, nesses casos, nem nos homens, nem nas mulheres se apresenta uma sensação orgástica vegetativa.

A musculatura da região genital mantém-se tensa, impedindo as contrações normais que constituem a resposta à fricção. A musculatura da região glútea também se mantém tensa, e a falta de resposta desses músculos pode ser superada pela tentativa do paciente de realizar contrações e descontrações voluntárias neles.

Ao retrair a pelve, interrompe-se a corrente vegetativa no abdome, tal como o faz no plano torácico a contração do diafragma e a musculatura da parede abdominal.

Diz Reich: "Essa posição típica da pelve origina-se sempre na infância, apresentando-se no decorrer de duas perturbações características do desenvolvimento. Prepara-se o terreno quando – a título de limpeza – exige-se das crianças que elas controlem seus esfíncteres em uma idade muito precoce e se aplica a elas um severo castigo quando urinam na cama. Tais fatos levam à contração pélvica. Contudo, muito mais importante é a contração da pelve que a criança realiza quando começa a lutar contra as intensas excitações genitais que constituem o incentivo da masturbação infantil. Isso deve-se ao fato de que é possível amortecer qualquer sensação genital agradável mediante uma contração crônica da musculatura pélvica, o que se comprova pelo fato de as sensações genitais agradáveis aparecerem assim que o paciente consegue relaxar a pelve contraída". Para defender-se, devem realizar toda uma série de movimentos voluntários, o que impede o movimento vegetativo natural da pelve. O mais importante e comum desses movimentos voluntários é mover o abdome, a pelve e os quadris como se formassem uma unidade. É perfeitamente inútil, nesses casos, impor ao paciente a realização de exercícios pélvicos enquanto as ações e atitudes defensivas não são descobertas e eliminadas. Somente depois disso poderá desenvolver-se o movimento pélvico reflexo (*Reich*). À medida que se trabalha com mais intensidade sobre a inibição do movimento da pelve, esta começa a participar com maior preponderância na onda de excitação e, à medida que o consegue, move-se – sem esforço por parte do paciente – de trás para diante e para cima. Ele sentirá como se sua pelve fosse arrastada na direção do umbigo por uma força interior, ao mesmo tempo que suas coxas se mantêm quietas.

Reich assinala que é importante fazer uma distinção entre os movimentos reflexos da pelve e os que constituem uma defesa contra os anteriores.

Ao produzir-se o deslocamento da onda energética para a pelve, produz-se uma mudança no caráter do reflexo total. Se o reflexo era essencialmente desagradável e, em alguns casos, até doloroso, se até esse momento havia movimentos defensivos, agora todo o tronco se arqueia para diante, de forma a lembrar o movimento dos vermes. As sensações agradáveis dos genitais e as sensações energéticas em todo o corpo – que se encontram em aumento e acompanham os movimentos – já não deixam dúvidas de que se trata dos movimentos reflexos naturais do coito.

Seu caráter difere basicamente do caráter dos reflexos prévios e das reações corporais. Com maior ou menor rapidez, a sensação de vazio dos genitais dá lugar a uma sensação de plenitude e de urgência. Isso, por sua vez, desenvolve espontaneamente a capacidade para a experiência orgástica no ato sexual.

A *pelve morta*, como Reich a denomina, por sua imobilidade, é um dos distúrbios vegetativos mais comuns no ser humano, sendo secundariamente a origem de diversos mal-estares.

A função da pelve morta é evitar sensações – agradáveis ou de angústia – e materializa-se por uma estreita circunvalação do "centro vegetativo".

A função do orgasmo normal é total. Nada se cria, nada se destrói, tudo se transforma. Assim como em uma caldeira a pressão do vapor gera um movimento e desloca trens e locomotivas, o homem passa por situações de equilíbrio que se veem alteradas por estados de necessidade ou de tensão, e só uma atividade apropriada é capaz de solucioná-las. O orgasmo não é só o produto final de uma atividade que se cumpre com meros fins de reprodução e perpetuação da espécie. É também a descarga da tensão criada em primeira instância pelo fogo constante dos instintos.

Diz Curry em *Las llaves de la vida:* "O amor não serve apenas para os fins da procriação e perpetuação da espécie, mas é também, sem dúvida alguma, uma indispensável válvula de segurança para o organismo, na medida em que dá ao corpo a possibilidade de fazer uma comutação do simpático para o parassimpático e procurar, assim, para uma pessoa excessivamente nervosa, um estado anímico de satisfação e tranquilidade".

Já na Escola de Salerno, no século IV, dizia se: *semen retentum, venenum est*. Os investigadores do final do século passado estabeleceram que uma vida sexual insatisfeita pode dar lugar a certos tipos de neurose. A Escola de Salerno – instituição médica medieval mais antiga em seu gênero, no Ocidente europeu – considerou evidentemente a atividade sexual do ponto de vista fisiológico.

Os estudos mais profundos realizados sobre o assunto por Freud e depois, em um plano mais específico – o energético –, por W. Reich, apoiam com bases biológicas a força da frase salerniana, que era apenas produto da observação direta. Em seu conceito, os dois investigadores integraram o biológico e o psíquico. Quer dizer, entendem que uma descarga total, uma potência orgástica completa, é a base da saúde total do indivíduo.

O estudo de Reich e Freud, em certa medida, não é novo, pois já Maimônides, no século XII, disse que uma completa harmonia psicológica entre o marido e a mulher, durante o ato sexual, resultava em benefício para os filhos.

A experiência amorosa satisfatória muda a perspectiva vital e a atitude do indivíduo para com as pessoas e as atividades em geral. O amor e o apreço do objeto dão ao sujeito o sentimento de ter alcançado plena maturidade e ser igual a seu progenitor. A gratificação sexual atua no sujeito como dupla garantia: de que ele próprio e o objeto são "bons". A segurança que isso lhe propicia aumenta, por sua vez, o futuro gozo sexual, ampliando o círculo favorável à paz íntima (*M. Klein*).

A atividade sexual genital não pode nem deve ser considerada a partir de pontos de vista isolados, pois é um todo em que, mais do que em qualquer outra função do homem, se vê este atuar como uma integridade.

O conceito de Maimônides permite tomar como uma integridade a própria família, pois a harmonia entre os pais, o núcleo central, repercute como uma harmonia do todo.

CAPÍTULO XI

ETIOLOGIA GERAL DAS NEUROSES E PSICOSES

Tendo estudado os elementos e mecanismos mais importantes do aparelho psíquico, pode-se considerar agora a etiologia das neuroses e psicoses. Assim como Freud teve de modificar em diversas oportunidades suas concepções teóricas referentes aos instintos, os resultados de suas experiências com os pacientes em tratamento psicanalítico também o forçaram a reestruturar os conceitos sobre etiologia.

Em 1889, considerou a neurose[1], que até então vinculava à histeria, resultado da fixação de uma vivência inespecífica, intensamente emotiva, que representa o papel de "causa imediata" da doença e a que Freud deu nome de *trauma*. Por sua vez, Nunberg define o trauma como todo estímulo de intensidade tal que não pode ser dominado pelo ego em um determinado prazo, variável para cada indivíduo.

Em 1900, Freud limitou o alcance do conceito de *trauma*, dizendo que não era uma vivência inespecífica, mas de origem sexual. Nessa época, de acordo com o que denominou *teoria traumática das*

---
1. O sentido do termo *neurose* sofreu várias modificações no decorrer do tempo, e, por isso, é útil transcrever o esclarecimento que Bumke apresenta a esse respeito: "O vocábulo, em primeiro lugar, tem um sentido puramente prático. Serve assim para expressar que os neuróticos não são propriamente psicóticos. Em contrapartida, do ponto de vista 'científico', sua delimitação em face das psicoses funcionais não pode ser estabelecida. (...) A palavra *neurose* tem, além disso, outro sentido, só compreensível do ponto de vista histórico. Chamava-se originariamente de neurose todas as afecções observadas dos nervos (meningite, encefalite, tabes, P. G. P. etc). Depois, foram sendo eliminadas dessa acepção algumas afecções do sistema nervoso central e periférico nas quais tinham sido encontradas alterações somáticas, e, assim, a palavra *neurose* passou a ser utilizada apenas para os distúrbios cuja anatomia patológica ainda não tinha sido descoberta. (...) Esses distúrbios receberam então o nome de *neuroses*".

neuroses, sustentou que a histeria era produzida por uma experiência sexual precoce, entre os 4 e 5 anos, acompanhada de uma excitação real dos órgãos genitais, praticada por outra pessoa. Esse trauma deixava uma impressão profunda e estável, aparecendo depois, na enfermidade, representado pelos sintomas. Freud acreditou também ter encontrado, como causa etiológica das neuroses obsessivas, um acontecimento precoce, de caráter sexual, cuja diferença formal dava origem à neurose obsessiva ou à histeria. Se o acontecimento tivesse sido vivido de maneira passiva, ou seja, se tivesse sido tolerado com aborrecimento ou temor, gerava uma histeria. Pelo contrário, se a posição tivesse sido ativa e vivida como uma descarga de tensão, ou seja, como prazer, isso gerava uma neurose obsessiva. Assim, por exemplo, afirmou nessa época, já superada, que, no caso de sedução de um menino por parte de outro, no ativo a vivência geraria uma neurose obsessiva e, no passivo, uma histeria.

Freud, já nessa primeira época, considerava elemento indispensável a presença de um fator constitucional que, ao complementar o *trauma*, produziria a neurose[2].

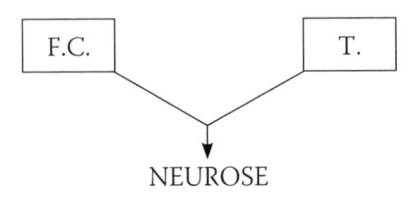

```
  F.C.        T.
      \      /
       \    /
        \  /
         \/
       NEUROSE
```

Mas, à medida que foi aprofundando o estudo dos casos analisados, Freud viu que, embora os pacientes expusessem eventos traumáticos ocorridos em sua infância, as investigações levadas a efeito entre os familiares do doente demonstravam que esses eventos não podiam ter

---

2. Nenhum processo psíquico é condicionado unicamente pela constituição. Ele surge sempre, do mesmo modo, da ação recíproca de uma constituição especial e de condições e destinos externos singulares. "Nunca podemos perguntar a respeito de um todo (por exemplo, de um processo patológico não orgânico, de uma personalidade, da criminalidade etc.), se surgiu do meio ou da constituição. Enquanto continuar sendo um problema de apreciação do todo, podemos chegar, pela decomposição em fatores particulares, a separar em parte os fatores constitucionais dos fatores do meio ambiente" (*Jaspers*).

acontecido e que, por conseguinte, deviam ser considerados produtos da fantasia da criança (cf. protofantasias, p. 149).

Foi então, com base nessa descoberta, que Freud, em 1906, limitou o valor do fator sedução, atribuindo, em contrapartida, maior importância etiológica às fantasias. E nesse ano expressou que, para o inconsciente, todo fato fantasiado tem tanta transcendência quanto o fato real (cf. processo primário, p. 41).

Essa e outras razões que se enumeram posteriormente levaram-no a abandonar sua primitiva "teoria traumática", já que lhe foi possível comprovar que:

1) nem todos os neuróticos sofreram traumas sexuais precoces;
2) nem todos os que sofreram traumas reais contraíram depois uma neurose;
3) as experiências traumáticas podiam não ser genitais, sem deixar, por isso, de ser sexuais. Como já se disse, para a psicanálise, sexual é tudo aquilo que permite a descarga rápida de uma tensão, e, embora todo genital seja sexual, nem todo sexual é genital.

Embora Freud abandonasse, em 1906, a chamada teoria traumática das neuroses, é frequente vê-la citada ainda hoje em trabalhos de crítica e, também, nas obras de outros autores que fazem referência ao conceito psicanalítico das neuroses, conforme destacou Pichon Rivière.

Em um esquema posterior da etiologia das neuroses e psicoses, Freud enunciou o princípio segundo o qual estas são o negativo das perversões, considerando que os dois distúrbios só se diferenciam pelo fato de, nas neuroses, o impulso parcial ser reprimido pelo ego, ao passo que nas perversões esse impulso é aceito por aquela instância psíquica, permitindo sua descarga no mundo exterior de forma direta. Esse conceito, assim expressado, constitui apenas uma generalização, pois, na realidade, o problema das perversões é muito mais complexo.

O último esquema da etiologia das neuroses e psicoses foi enunciado em 1920 e, ao considerar nele os conceitos de fixação, regressão e sublimação, Freud deu-lhe um caráter dinâmico e evolutivo (cf. mecanismos de defesa do ego, p. 77).

O esquema geral é o seguinte:

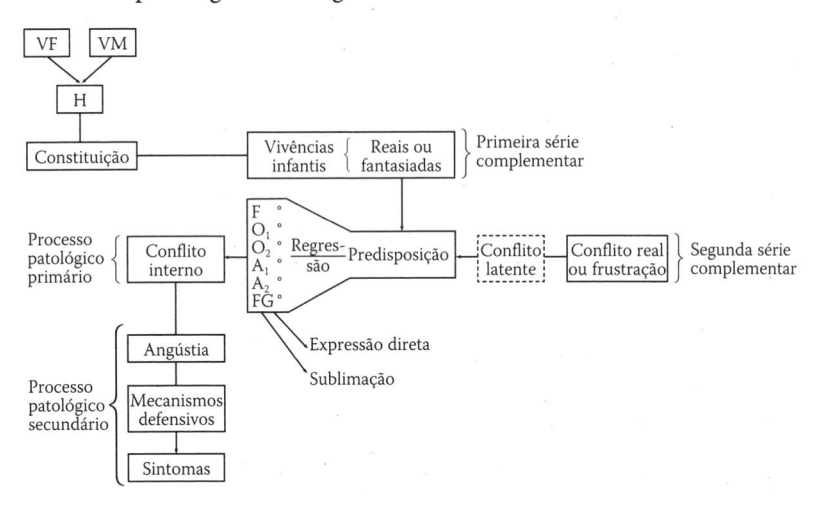

```
┌────┐ ┌────┐
│ VF │ │ VM │
└────┘ └────┘
   │
┌─────┐
│  H  │
└─────┘
┌──────────────┐     ┌─────────────┐ Reais ou      ┌──────────────────┐
│ Constituição │─────│  Vivências  │ fantasiadas   │  Primeira série  │
└──────────────┘     │  infantis   │               │   complementar   │
                     └─────────────┘               └──────────────────┘

                         F  °
┌───────────┐ ┌──────────┐ O₁ °
│ Processo  │ │ Conflito │ O₂ ° Regres-                ┌──────────┐ ┌─────────────┐ ┌──────────────┐
│ patológico│─│ interno  │ A₁ °  são  ─ Predisposição ─│ Conflito │─│ Conflito real│ │ Segunda série│
│ primário  │ │          │ A₂ °                        │ latente  │ │ou frustração │ │ complementar │
└───────────┘ └──────────┘ FG °                        └──────────┘ └─────────────┘ └──────────────┘

                ┌───────────┐          Expressão direta
                │  Angústia │
                └───────────┘            Sublimação
┌────────────┐  ┌───────────┐
│  Processo  │  │ Mecanismos│
│ patológico │──│ defensivos│
│ secundário │  └───────────┘
└────────────┘
                ┌───────────┐
                │  Sintomas │
                └───────────┘
```

O desenvolvimento desse esquema, tomando cada um dos seus elementos, é o seguinte: os fatores hereditários e as vivências maternas atuariam sobre o feto, o que leva a supor a existência de vivências fetais. Estas não são devidamente comprovadas do ponto de vista científico, mas os experimentos realizados com fetos de apenas sete semanas fornecem elementos suficientes para admitirmos que já podem responder a determinados estímulos. Isso condicionaria a constituição do indivíduo[3,4].

A constituição congênita, modificada por diversos fatores, condiciona a constituição visível e invisível do indivíduo, a qual só se faz presente em situações de estresse ou de perigo, ou, também, durante certos

....

3. Walter Frederking relata, em seu trabalho sobre drogas alucinógenas em psicoterapia, o caso de um paciente que, submetido aos efeitos do LSD, disse lembrar-se de alguma coisa grave que pusera sua vida em sério perigo durante o oitavo mês de gestação. A mãe foi consultada e confirmou que, de fato, nessa época da gravidez tinha sofrido um profundo trauma que pusera em perigo sua maternidade, mas o filho jamais fora informado disso. Isso prova que as vivências fetais existem e podem condicionar a constituição do indivíduo.
4. Ingalls sustenta: "Toda substância ou ação que pode matar é capaz de induzir a um desenvolvimento anormal quando atua em doses críticas em um momento apropriado da evolução". Bruce Mayes diz: "A anóxia mata; pode, portanto, ser teratológica. (...) As doze primeiras semanas parecem ser o período crítico para o feto". E Gregg diz: "Os fetos raramente são afetados (quanto à malformação anatômica) após a 14ª semana de gravidez".

períodos da evolução (*Jaspers*). O constitucional[5] seria, pois, a consequência de fatores congênitos hereditários, vivências maternas durante a gravidez e sua repercussão no feto.

Os pontos de fixação da libido são elementos que correspondem à evolução da libido: oral primária, oral secundária, anal primária, anal secundária e fálica. Aparecem como resultado da interação de dois fatores, o primeiro derivado da constituição hereditária, definida por Pichon Rivière como a expressão de certas magnitudes, de um instinto parcial, que predispõe para um determinado tipo de fixação, e o segundo, de um fator originado em vivências infantis, que tanto podem ser reais como fantasiadas.

Conjuntamente com a constituição, as vivências infantis determinam os pontos de fixação, e ambos os elementos constituem o que se denomina *primeira série complementar*.

Os pontos de fixação assim determinados (fator constitucional + vivências infantis) são verdadeiros centros de atração para a libido madura ou genital, aos quais esta regressará cada vez que sua satisfação na realidade for impedida. Eles podem estabelecer-se em qualquer das etapas do desenvolvimento libidinal estudadas e criam o que Freud denominou predisposição para a neurose ou psicose por fixação da libido.

Quando a libido, pela presença de um obstáculo, não pode fluir livremente e, por conseguinte, não obtém sua satisfação no mundo exterior, em primeiro lugar ela se estanca. Se nessas circunstâncias tiver dificuldades para sublimação ou se esta for insuficiente, regressará a posições anteriores, para os pontos de fixação específicos para cada tipo de neurose e psicose, e tentará se descarregar novamente nesse nível.

Se também nesse plano libidinal regressivo a satisfação for impedida e a sublimação continuar sendo insuficiente, produzir-se-á no id uma intensificação da tensão, que o ego é incapaz de dominar em um prazo habitual, desencadeando-se a angústia (cf. p. 171).

A segunda série complementar é constituída pela predisposição que acabamos de mencionar e por um novo elemento etiológico – o fator desencadeante – que, quando provém do ambiente, e com um sentido

....
5. Constituição é o conceito agrupado de todas as condições endógenas da vida psíquica e, portanto, de tal amplitude, que é preciso saber, em cada caso em que a palavra for empregada, de que constituição se trata. Deve-se distinguir a constituição congênita de uma disposição adquirida, pois as possibilidades eventuais do organismo e da alma são, na verdade, primariamente condicionadas pelo que nelas havia de inato, mas também por todos os eventos da vida ocorridos até então: as doenças, as vivências, enfim, pela biografia que constantemente modifica a predisposição individual ou a transforma nas catástrofes dos processos patológicos" (*Jaspers*).

genérico, recebe o nome de *privação, frustração, impedimento externo* ou *conflito real*. Esse elemento pode também originar-se, em alguns casos, nos próprios conflitos internos que alteram a dinâmica e a economia do organismo.

O conflito atual é fácil de se notar nos casos em que, com base em um evento real, apresenta-se subitamente um distúrbio psíquico ou psicossomático no qual é fácil descobrir os indícios de uma frustração de desejos, obrigando a libido a buscar outros objetos e outras formas de expressão. Em outras palavras, o ego vê-se obrigado a utilizar seu mecanismo defensivo de regressão (cf. mecanismos de defesa do ego, p. 77) a fim de evitar a angústia.

Os dois elementos que constituem a segunda série complementar – a predisposição por fixação e a frustração – podem variar sua importância sempre que os dois somarem a magnitude necessária para dar início ao processo patológico[6].

Em alguns casos, a privação, ou conflito real, pode ser muito escassa e até imperceptível, o que faz pensar em uma forte fixação. Mas nos casos contrários, a frustração chega a ser tão intensa que, por si só, é capaz de iniciar o processo de regressão; isso pôde ser observado nitidamente durante a Segunda Guerra Mundial, durante a qual se verificou que, para os indivíduos com alta predisposição, bastava uma bomba explodir perto deles ou sofrerem uma frustração mínima para se produzir neles uma neurose. Em contrapartida, aqueles indivíduos que, por suas vivências infantis e seu fator constitucional, tinham uma predisposição mínima, suportavam maiores quantidades de frustração ou traumas sem que se deflagrasse neles o processo patológico.

Cada ponto de fixação corresponde, de modo geral, a uma entidade clínica. Segundo o quadro, o ponto de fixação oral primário corresponderia à esquizofrenia, o oral secundário, à psicose maníaco-depressiva, o anal primário, à paranoia, o anal secundário, à neurose obsessiva e o fálico, à histeria.

Assinalei que a fixação em uma dada época do desenvolvimento libidinal é capaz de determinar certo tipo de neurose ou psicose, quer

....
6. Bumke assinala que o desenvolvimento de determinada peculiaridade pode requerer o concurso de mais de uma predisposição, caso não tenha a intensidade suficiente para exteriorizar-se no fenótipo. Por exemplo, Schulz apurou que os esquizofrênicos em quem a doença se manifestara em consequência de um trauma psíquico ou físico definido tinham menos irmãos esquizofrênicos do que aqueles em quem a enfermidade não tinha causa externa apreciável. É evidente que no primeiro caso a predisposição hereditária é mais fraca do que no segundo, pois requer, para tornar-se ostensiva, o concurso de fatores ambientais externos.

dizer, é *específica*. Em contrapartida, não ocorre o mesmo com o fator desencadeante que deve ser considerado *inespecífico*, consistindo apenas em um estímulo que põe em movimento o processo, algo semelhante ao gatilho que dispara o tiro.

A libido, que pelas circunstâncias assinaladas teve de regressar ao ponto ou aos pontos de fixação[7], reforça as tendências correspondentes a esse ou esses pontos, que, por sua vez, tentam expressar-se e satisfazer-se. Nesse momento, aparece no quadro geral um novo fator decisivo para o surgimento da sintomatologia, a que se dá o nome de *conflito interno neurótico*. Este não é mais do que o produto do choque entre essas novas tendências parciais reativas e reforçadas pela libido regressiva, por uma parte, e pelo ego a serviço do superego, por outra, que lhe impede novamente a satisfação. Isso gerará novamente a angústia de estase e sinal de alarme para o ego, em virtude do qual este último percebe o perigo e se prepara para a defesa, iniciando a formação de sintomas.

Se não se produzisse um mecanismo de defesa, o ego aceitaria a pulsão censurada, caindo na perversão, como foi definido por Freud. Uma perversão é muitas vezes, portanto, uma válvula de escape que está salvando o indivíduo de uma psicose ou de uma neurose. Também na terapêutica inadequada, severa e brusca de alguns que pretendem reprimir uma perversão de forma radical, vê-se que, em face disso, a libido tenta expressar-se em outro nível, o que, às vezes, desencadeia uma psicose.

A perversão pode ser, em certos casos, o elemento que está solucionando para o indivíduo, em certa medida, seu conflito interno. Portanto, deve-se agir com extrema cautela e atenção diante de toda manifestação perversa que se apresente no decorrer dos tratamentos.

....
7. Muitas vezes, a regressão não se faz para um só ponto de fixação, mas para vários, e apresenta-se então o que na clínica se observa com frequência: os casos de neurose e psicose mistas. Quando a regressão se faz de forma alternante em dois ou mais pontos de fixação, surgem os quadros "móveis", ou seja, em um dado momento, por exemplo, de manhã, aparecem sintomas nitidamente esquizofrênicos e, à tarde, maníacos ou depressivos, com apenas alguns traços esquizofrênicos. Nesse exemplo, a regressão se faria de forma mais intensa nos pontos orais primários pela manhã; pela tarde, com uma regressão menos intensa, o paciente apresentaria um quadro maníaco-depressivo. Muitos maníaco-depressivos a caminho da cura passam por um estado obsessivo antes de alcançá-lo ou ficam nele, sobretudo nos casos em que se utiliza exclusivamente a terapia biológica, dado que esta não é adequada para modificar a neurose obsessiva.

Podemos ver que, quando se produzem regressões, não se investe somente um ponto de fixação, mas se apresentam, em geral, formas mistas. Isso se evidencia pelas informações fornecidas pelo teste de Rorschach, que revelam, por exemplo, a existência de mecanismos paranoides, traços obsessivos e alguns elementos esquizoides por carga dos respectivos pontos de fixação e os mecanismos defensivos adequados a eles.

O conflito interno produz-se como consequência do choque da reativação do instinto parcial, reforçada pela libido que não pôde expressar-se no plano genital. Do confronto desses dois fatores nasce a angústia, que o ego percebe como um sinal de alarme, em face do qual põe em movimento seus mecanismos de defesa. A essa altura do processo também pode atuar a terapia ocupacional como elemento sublimatório, e daí vem a sua importância, uma vez que o conflito pode atenuar-se por esse caminho, como antes pode tê-lo feito por outro mecanismo. Entretanto, isso é difícil, visto que, como assinalaram Reich e outros, a capacidade de sublimação diminui de modo inversamente proporcional à estase libidinal. Portanto, se não começar rapidamente, antes que o processo ultrapasse um certo nível, tornar-se-á impraticável.

Posteriormente, em uma fase mais avançada, estruturam-se os sintomas, cuja finalidade é: 1º afastar a situação de perigo; 2º diminuir a tensão e, por conseguinte, escapar ao mal-estar; 3º dominar a angústia, solucionando o conflito neurótico; e, por último, 4º limitar e mudar o curso do impulso[8].

Os processos defensivos são, em certa medida, específicos para cada uma das neuroses e psicoses. Assim, por exemplo, na histeria predominam a repressão, o deslocamento, a conversão somática e a condensação; na neurose obsessiva, também se manifesta o deslocamento, acompanhado por formações reativas, anulações e isolamento; na paranoia predominam as projeções; na melancolia, a identificação com a introjeção

---
8. Do ponto de vista psicanalítico, o sintoma é o substituto de uma tendência inibida em seu desenvolvimento e uma transação entre o repelido e o que repele, aparecendo como "cristalização" de mecanismos defensivos. A psiquiatria clássica não se preocupa com o modo de se manifestar nem com o conteúdo de cada sintoma. Pelo contrário, o psicanalista concentra sua atenção em um e outro, estabelecendo que cada sintoma tem sentido e encontra-se ligado à vida psíquica do paciente. Mas é necessário saber que é o método psicanalítico que permite a esse sentido tornar-se evidente. Assim considerado, o sintoma apresenta quatro características fundamentais: a) *estrutura*, que é o caráter formal com que se expressa, podendo ser uma ideia obsessiva, uma paralisia, uma ideia delirante etc.; b) *sentido*, ou seja, o sintoma não está desvinculado da história do paciente, mas, pelo contrário, seu conteúdo relaciona-se estreitamente com a biografia do indivíduo; c) *causa*, que é produzida pelo conflito neurótico; d) *finalidade*, que consiste em solucionar o conflito neurótico, evitando o desprazer ao descarregar tensões, o que deve ser considerado um benefício primário, enquanto o secundário é aquele que o indivíduo obtém com seu sintoma influenciando o ambiente – por exemplo, uma indenização por um acidente de trabalho ou a mobilização de sintomas da histeria para obter um benefício do ambiente. Mas é preciso levar em conta que o sintoma é o resultado das séries complementares e que, como diz o povo, "não é louco o que quer, mas o que pode".

do objeto, e, na esquizofrenia, a identificação introjetiva, a projeção e o mecanismo de negação – tudo isso dito em termos muito genéricos.

Observou-se que os indivíduos neuróticos e psicóticos apresentam tendência pronunciada para os conflitos externos e que estes são previamente acondicionados pela conduta do indivíduo, movido, em alguns casos, por um sentimento de culpa e a consequente necessidade de castigo.

Essa tendência aos conflitos, que por sua vez é intensificada pela dificuldade com que esses indivíduos se defrontam para canalizar sua libido pelos caminhos da sublimação, é o que explica certas situações que se reproduzem quando são estudados historicamente ou se traça a biografia deles. Essa dificuldade a que se faz menção deriva da mesma tensão ou estase libidinal, tal como foi afirmado por Reich e outros.

Além disso, toda pessoa, segundo assinala Helene Deutsch, encontra-se em um estado contínuo de *conflito latente*. Quer dizer, está sempre lutando com a realidade, por um lado, e com suas pulsões internas, por outro, na medida em que está incessantemente submetida a frustrações e renúncias de qualidade e quantidade variáveis. Esse *conflito latente* só se transformará em fator desencadeante quando o limite do tolerável tiver sido transposto, limite que é quantitativamente distinto e específico para cada indivíduo.

A incapacidade para tolerar determinadas quantidades de frustração responde a causas distintas: 1º a magnitude da frustração; 2º a debilidade do ego; 3º a afinidade entre o tipo de frustração e as tendências que até esse momento foram reprimidas com êxito; e 4º a estase libidinal.

Ao analisar os conflitos reais de um indivíduo, verifica-se que eles se produziram reiteradamente em sua vida, com uma mesma configuração e em situações semelhantes, dando a impressão de que no decorrer de seu desenvolvimento nada mais fizeram do que atualizar os conflitos da infância. Freud sustenta que o conflito real do neurótico ou do psicótico só se torna plenamente compreensível quando é possível relacioná-lo com a história desse indivíduo.

Pichon Rivière, por sua vez, considera a existência de outros três fatores: 1º a plasticidade ou viscosidade da libido, que dificulta novos investimentos objetais; 2º a dissociação dos instintos; e 3º a influência do automatismo de repetição.

Em termos gerais, de um ponto de vista integral, considera-se que, no surgimento de uma enfermidade mental, influem quatro séries de fatores: fator constitucional hereditário, do qual pouco conhecemos;

outros que dependem do ego, ou do id ou do superego, ou de todos simultânea ou sucessivamente.

Os fatores do ego podem ser sua debilidade, derivada da constituição hereditária, ou debilidade adquirida, produzida pela multiplicidade de conflitos reais, motivados por fatores econômicos, sociais e religiosos, ou por fatores tóxicos e infecciosos, metabólicos e avitaminoses, que debilitam a função sintética e adicionam a hipersensibilidade à angústia. Isso, por sua vez, aumenta a mobilização dos mecanismos de defesa.

Os fatores dependentes do id podem ser os instintos reforçados a) pela regressão e b) por fatores endógenos ou exógenos. Entre os fatores endógenos consideram-se as crises púberes, o climatério, as endocrinopatias, enquanto os fatores exógenos são constituídos a) pelas excitações reais do meio, b) pelos fármacos, como os hormônios, e c) pelos fatores telúricos (cf. p. 53).

O superego, por sua vez, influi com maior severidade e um sadismo mais acentuado devido a fatores sociais (educação, religião etc.) e a outros de origem interna, como as regressões a uma etapa anal, mais os impulsos agressivos que não se descarregam no meio e vão investir-se no superego.

Nunberg traçou um esquema interessante dos fatores etiológicos das neuroses, agrupando-os em duas séries: uma *biológica* e uma *social*.

Como parte da primeira, considera a predisposição dos instintos e a reação insuficiente do ego em face do perigo que eles representam.

Na série social, situa os fatores que dependem de causas externas, como o meio ambiente em que se desenvolve o indivíduo, as condições familiares, econômico-sociais, morais etc. Nunberg coloca o complexo de Édipo, núcleo de toda neurose e toda psicose, entre as duas séries por considerar que ele é, por um lado, um produto biológico relacionado com a vida instintiva e, por outro, uma formação social configurada de acordo com cada meio, época e condição. Nenhuma dessas séries é suficiente para desencadear separadamente um processo psíquico patológico, considerando-se que os fatores biológicos e sociais se complementam. Isso é extremamente importante, dado que os acontecimentos externos são capazes de modificar a predisposição biológica no mais amplo sentido.

Baseando-se nessa relação, Nunberg acredita que uma modificação da estrutura social pode chegar a modificar os fatores etiológicos das doenças mentais e das chamadas psicossomáticas.

W. Reich considera que a fórmula etiológica das neuroses enunciada por Freud é perfeita em quase todas as partes, salvo em uma que, em seu entender, é incompleta. Reich concorda com Freud que o conflito psíquico central é a relação pais-filhos e que tal conflito encontra-se presente em todos os casos de neurose e psicose. Além disso, concorda com Freud que todas as fantasias patológicas provêm da vinculação sexual infantil com os pais. Mas ele discorda ao sustentar que o conflito pais-filhos não poderá chegar a produzir um distúrbio persistente do equilíbrio psíquico, se este não for constantemente nutrido pela estase libidinal real que o próprio conflito originariamente produz.

Diz Reich: "Pode-se afirmar, assim, que a estase libidinal é o fator etiológico originário e que a história do indivíduo somente dá origem aos conteúdos, mas a energia necessária para que estes se ponham em movimento é dada pelo estancamento libidinal".

Além disso, Reich considera que se deve levar em conta o fato de as neuroses atuais, ou neuroses de estase, não estarem isoladas da psiconeurose. Pelo contrário, estão intimamente entretecidas e interatuam mutuamente. Portanto, não poderá haver um conteúdo, que é dado pela própria história do indivíduo com uma patogeneidade determinada, se não houver uma força que seja dada pela estase libidinal.

É indubitável que uma modificação da estase acarretará, por sua vez, uma mudança na patogeneidade. Tal como já dissera Freud e como prova a experiência, vê-se que nem todas as situações traumáticas das crianças geram neuroses.

Quer dizer, uma situação dada só chega a ser traumática quando se produz em um indivíduo com estase libidinal.

Com muita frequência veem-se crianças que sofreram traumas e, apesar disso, não apresentam quaisquer sintomas. Ao estudá-las socialmente, verificamos que são crianças normais, que podem movimentar-se, brincar, correr, estudar, masturbar-se sem sentimento de culpa – em suma, realizar as sublimações e descargas instintivas diretas aceitas, o que lhes permite manter um equilíbrio tensional em seu id. Por tal circunstância, são crianças capazes de suportar situações que, para outras, teriam sido fatais, no sentido de se deflagrar um distúrbio psíquico ou psicossomático.

CAPÍTULO XII
O CLÍNICO GERAL DIANTE DO
PROBLEMA DA PSICOTERAPIA

No final deste livro, cabe fazermos uma referência, ainda que muito rápida, ao tema das possibilidades do clínico geral em face dos problemas que a psicoterapia apresenta.

O conceito de psicoterapia implica o tratamento direto de uma pessoa, como tal, por parte de outra, ou seu tratamento indireto, por meio de outras pessoas ou situações. De acordo com isso, o médico não só faz psicoterapia quando discute os problemas do paciente diretamente com ele, mas também quando consegue um reajuste na vida familiar dele, modificando seu meio ambiente. Isso costuma dar resultados positivos em certos distúrbios do adulto e da criança, quando os problemas não são profundos. De maneira geral, pode-se definir a psicoterapia como um método que visa proporcionar ao paciente novas experiências de vida, que exerçam sobre ele uma influência saudável (*Levine*).

De acordo com essas definições, a psicanálise situa-se no âmbito da psicoterapia, junto com outros métodos, e cabe considerar que ela deve integrar a psiquiatria como um de seus elementos valiosos de investigações e tratamento. A psicanálise como método terapêutico tem suas limitações, pois nem todos os pacientes podem adaptar-se à sua técnica. Além disso, cada analista só pode atender a um reduzido número de pacientes, e estes são numerosos. Outra limitação é o fato de ser um tratamento demorado, supondo-se, consequentemente, a erosão econômica do paciente[1].

....
1. As experiências atualmente realizadas com a psicoterapia de grupo constituem uma tentativa de superar esse inconveniente. Também os experimentos com drogas do tipo da mescalina e do LSD, realizados por Frederking, Slone, Tallaferro, A. de Toledo e outros, são mais uma tentativa nesse sentido.

Por esse motivo, em alguns casos em que é indicada a terapia psicanalítica, isso se torna impossível. Mas nem por isso o paciente deve ser abandonado à sua sorte, uma vez que todo paciente que decide consultar um médico está, consciente ou inconscientemente, buscando ajuda e apoio.

Embora se apresentem casos que deverão ser resolvidos pelo psiquiatra – segundo afirma Levine em *Psicoterapia en la práctica médica* –, não podemos ignorar que também existem muitos outros que não necessitam ser encaminhados a esse especialista. Há diversos distúrbios suficientemente benignos ou superficiais para poderem ser tratados pelo próprio médico, embora este não seja psiquiatra, da mesma forma como existem muitos problemas cirúrgicos suficientemente leves para que o médico possa resolvê-los sem necessidade de recorrer a um cirurgião.

Isso leva à conclusão de que a prática cotidiana exige do clínico geral certo grau de conhecimento dos problemas psiquiátricos. Mas é óbvio que, mesmo para utilizar o que Levine denomina *psiquiatria menor*, o clínico geral deve ter alguns conhecimentos gerais de psiquiatria tal como são administrados hoje em dia em modernas escolas de medicina. Os médicos cuja formação psiquiátrica se reduziu a meia dúzia de demonstrações com psicóticos hospitalizados deverão aprofundar seus conhecimentos nesse campo. Ao consultório de um clínico geral podem chegar, por exemplo, pacientes com uma depressão hipocondríaca, que deve ser tratada em termos psiquiátricos, e não de maneira clínica, tampouco cirurgicamente.

Assim como uma boa terapia clínica depende de uma boa patologia, uma boa psicoterapia depende de uma boa psicopatologia (*Levine*).

As condições mínimas que deve reunir o clínico geral que pretenda levar a cabo uma terapia de tipo menor são, além dos conhecimentos elementares de psiquiatria, os seguintes: a) ter alcançado um grau de maturidade bastante aceitável e não ser dominado por suas emoções em situações de natureza médica; b) ser capaz, no contato com os pacientes, de não exteriorizar sentimentos de raiva, medo, desejo sexual, atitudes de domínio e outras, pois senão lhe será difícil conservar a atitude firme, amistosa e moderadamente objetiva que é valiosa para toda psicoterapia; c) sentir uma certa simpatia pelo paciente com que está trabalhando, pois nesse tipo de relação pessoal não é frequente os sentimentos intensos de antipatia poderem ser superados para possibilitar a realização de um bom trabalho terapêutico. É possível um cirurgião intervir com êxito em uma pessoa que lhe é profundamente antipática, sem que essa antipatia interfira com sua habilidade, proficiência e critério técnico. Mas a psicoterapia implica uma relação mais pessoal, e, justamente por isso, seria um contrapeso muito incômodo para o médico ter de lutar contra sentimentos de antipatia durante a psicoterapia. Quando um médico sente antipatia por um paciente, deverá renunciar a todo trabalho psicoterapêutico, encaminhando-o para outro colega.

Para aplicar os métodos de psicoterapia menor, é necessário entender razoavelmente de psiquiatria, ter amor aos seus semelhantes, certa predisposição em favor da natureza humana e, para com os pacientes, uma atitude equivalente à de um bom pai ou à de um irmão mais velho. Esses métodos são, em parte, uma elaboração das características que tão frequentemente faziam do antigo médico de família um perito em lidar com os problemas pessoais de seus pacientes. Diferem, não obstante, dos utilizados por ele, na medida em que se baseiam nos atuais conceitos psicodinâmicos (*Levine*).

As formas específicas da psicoterapia qualificadas por Levine como terapia menor são as seguintes: 1) o exame físico como psicoterapia; 2) o tratamento somático como psicoterapia; 3) o tratamento medicamentoso como psicoterapia; 4) apoio; 5) terapia ocupacional (ergoterapia); 6) a hidroterapia como psicoterapia; 7) diversões e entretenimentos; 8) o estabelecimento de uma rotina cotidiana; 9) o desenvolvimento de *hobbies*; 10) atitudes autoritárias e de firmeza; 11) terapia por sugestão; 12) hospitalização, incluindo a "cura de repouso"; 13) informação do paciente; 14) eliminação da tensão exterior; 15) orientação e aconselhamento; 16) estímulo à vida social; 17) facilitação de saídas aceitáveis, socializadas, para a agressividade; 18) facilitação de compensações aceitáveis para o medo e para os sentimentos de inferioridade; 19) estímulo à manutenção de relações construtivas que estejam isentas de qualquer atitude condenatória; 20) desconsideração de certos sintomas e atitudes do paciente; 21) satisfação às necessidades básicas frustradas; 22) facilitação da satisfação das necessidades neuróticas; 23) abertura de oportunidade a que se estabeleçam identificações saudáveis.

Na indicação de qualquer tipo de terapia, deve-se dar ênfase, sobretudo, ao diagnóstico, não só ao diagnóstico clínico, mas também ao dinâmico, ou seja, à compreensão dos problemas psicológicos e sociais (*Levine*).

Não é possível, como pretendem alguns, fazer uma distinção entre psicoterapia e psicanálise, pois esta última é apenas uma técnica aplicável dentro da psicoterapia, que dispõe também de outros métodos.

Em geral, as demais técnicas da psicoterapia não são mais fáceis nem menos perigosas do que a psicanálise. Pelo contrário, em alguns casos são mais arriscadas, pois o terapeuta pode achar, erroneamente, que tem mais conhecimentos sobre o psiquismo dos pacientes do que realmente tem – ou seja, pode não ter autocrítica suficiente sobre os seus conhecimentos e sua habilidade. Em outros casos, ocorre que tem conhecimentos, mas estes podem ser equivocados.

Também existem terapeutas que acreditam que, pelo simples fato de terem um psiquismo, estão capacitados a atuar sobre o psiquismo. Segundo esse conceito, qualquer indivíduo que tivesse cabelo estaria em condições de ser cabeleireiro.

Entretanto, existe uma dificuldade muito grave na psicoterapia face a face: é o fato de o paciente estar constantemente observando o terapeuta, criando-se uma situação transferencial sempre que o médico adquire para aquele uma importância muito grande, igual ou maior do que a do pai ou de uma imagem religiosa para a criança. Por isso, uma interpretação ou um conselho inadequados podem produzir danos e traumatizar profundamente o paciente.

Pode ser muito mais difícil realizar uma psicoterapia ou um diálogo face a face do que aplicar a técnica psicanalítica, pois nesta última o terapeuta tem a possibilidade de escutar as associações livres do paciente e pode esperar até possuir material suficiente para fazer uma afirmação ou interpretação do problema apresentado. Mesmo no caso de o paciente fazer uma pergunta direta, o psicanalista poderá protelar a resposta até ter adquirido maior conhecimento do caso.

Na psicoterapia face a face, fica mais difícil furtar-se a uma pergunta e não lhe dar logo uma resposta. Muitas vezes, a vacilação ou a falta de segurança do terapeuta é captada pelo paciente, que pode angustiar-se intensamente por não encontrar segurança e firmeza nessa imagem protetora que, consciente ou inconscientemente, busca no médico.

Em muitos casos, para evitar essa vacilação e superar sua insegurança, o psicoterapeuta inexperiente contesta a pergunta ou dá um esclarecimento rápido, podendo equivocar-se pelo próprio fato de não ter elaborado profundamente a resposta e carecer, talvez, da experiência necessária.

Por tudo isso, consideramos indispensável advertir o clínico geral que não disponha de profundos conhecimentos psiquiátricos e psicodinâmicos de que a psicoterapia não constitui um instrumento simples e isento de perigo. Se ele pretende realizar psicoterapia, há uma técnica que deve conhecer e dificuldades que deve enfrentar. Ele estará tanto mais capacitado quanto mais tiver conhecimentos da dinâmica do psiquismo e quanto mais ampla for a sua autoexperiência e prática no método psicanalítico. O fato de dispor de conhecimentos profundos e de estar livre de conflitos neuróticos lhe permitirá efetuar interpretações exatas e dar conselhos corretos, de forma rápida, segura e sem vacilações.

Em resumo: os métodos psicoterapêuticos não são nem mais fáceis, nem menos perigosos do que a psicanálise, e, se um médico não se sente seguro diante de um paciente, não deverá começar a psicoterapia. Pelo contrário, deverá encaminhar o caso para outro terapeuta, evitando fracassos, traumas e perdas de tempo para o paciente, fator tão importante em psiquiatria quanto em clínica médica ou cirurgia.

BIBLIOGRAFIA CONSULTADA

Aberastury, A.: *Teoria y técnica del psicoanálisis de niños*. Buenos Aires, Paidós, 1962.
Abraham, K.: "Breve estúdio del desarrollo de la libido a la luz de los transtornos mentales", in *Rev. Psico. Arg.*, 1944, II, 2.
Alexander, L.: *Tratamiento de las enfermedades mentales*. Buenos Aires, Ed. Med. Quirg., 1956.
Allen, C.: *The Sexual Pervertions and Abnormalities*.
Arieti, S.: *American Handbook of Psychiatry*. Nova York, Basic Books, 1959.
Balint, A.: *Love for the Mother and Mother Love*. Int. J. of Psychoanal., 1949, vol. XXX, parte IV.
Balint, A.: *Early Developmental States of the Ego*. Int. J. of Psychoanal., 1949, vol. XXX, parte IV.
Bates, W. H.: *Better Sight without Glasses*, 1948.
Benedek, T.: *El ciclo sexual de la mujer*. Buenos Aires, A. Psico. Arg., 1945.
Bergler, E.: *Infortúnio matrimonial y divorcio*. Buenos Aires, Hormé, 1965.
Bikov e Kurtzin: *Teoria córtico-visceral de la enfermedad ulcerosa*. Buenos Aires, Stilcograf, 1965.
Blau, Abraham: *In Support of Freud's Syndrome of "Actual" Anxiety Neurosis*, in J. of Psychoanalysis, 1952, vol. XXXIII, parte IV.
Bonaparte, M.: *Psychoanalyse et Biologie*. França, Presses Universitaires, 1952.
Bromberg, W.: *La mente del hombre*. Buenos Aires, Gil, 1940.
Brun, R.: *General Theory of Neuroses*. Inst. Univer. Press, Nova York, 1951.
Bumke, O.: *Nuevo tratado de las enfermedades mentales*, Barcelona, F. Seix, 1946.
Carcamo, C.: "Impotência y neurosis actuales", in *Rev. Psico. Ar.*, 1944, 1, 3.
Cuatrecasas, I.: *Psicobiologia general de los instintos*. Buenos Aires, A. López, 1939.
Curry, M.: *Las llaves de la vida*. Barcelona, Juventud, 1950.
Chauchard, P.: *La médecine psychosomatique*. França, Presses Universitaires, 1955.

Dalbiez, R.: *El método psicoanalítico y la doctrina freudiana*. Buenos Aires, Dedebec, 1948.
Dali, S.: *La vida secreta de Salvador Dali*. Buenos Aires, Poseidón, 1944.
De Lee, J. B.: *Principies and Practice of Obstetrics*.
Deutch, F.: *Analysis of Postural Behavior*. The Psychoanalytic. Quarterly, 1947, vol. XVI, n. 2.
Deutsch, H.: *Psychoanalysis of the Neuroses*. Londres, Hogarth Press, 1932.
Dick-Read, G.: "Correlations of Physical and Emotional Phenomena of Natural Labor", en *Jour. Obst. and Ginec. Brit. Emp.*, 59, 1946.
Dujovich, A.: "Maimónides", in *Rev. AM. A*. Buenos Aires, 1955, 890.
Dunbar, F.: *Emotions and Bodily Changes*. Nova York, Columbia Univers. Press., 1946.
Dunbar, F.: *Diagnóstico y tratamientos psicosomáticos*. Barcelona, José Janés, 1950.
Dunbar, F.: *Medicina psicosomática y Psicoanálisis de hoy*. Buenos Aires, Paidós, 1958.
Fenichel, O.: *Teoria psicoanalítica de las neurosis*. Buenos Aires, Paidós, 1969.
Ferenczi, S.: *Bausteine zur Psychoanalyse* (trad. E. Blum), 1945.
Ferenczi, S.: "La ontogenia del interés por el dinero", in *Rev. Psico. Arg.*, 1944, II, 1.
Ferenczi, S.: "La influencia de Freud en la medicina", in Lorand, S., Jones, E. et al.: *Psicoanálisis de hoy*. Buenos Aires, Paidós, 1952.
Flügel, J. C: *Psicoanálisis de la família*. Buenos Aires, Paidós, 1961.
Frazer, J. G.: *La rama dorada*. México, Fondo Cultura Econômica, 1944.
Freud, A.: *El yo y los mecanismos de defesa*. Buenos Aires, Paidós, 1961.
Freud, A.: *Introducción al psicoanálisis para educadores*. Buenos Aires, Paidós, 1961.
Freud, S.: *Psicologia de las masas y análisis del yo*. Buenos Aires, Ed. Americana, 1943, t. IX.
Freud, S.: *Consejos al médico en el tratamiento psicoanalítico*. Buenos Aires, Ed. Americana, 1943, t. XIV.
Freud, S.: *Algunas observaciones sobre el concepto de lo inconsciente en psicoanálisis*. Buenos Aires, Ed. Americana, 1943, t. IX.
Freud, S.: *Introducción al narcisismo*. Buenos Aires, Ed. Americana, 1943, t. XII.
Freud, S.: *Historia del movimiento psicoanalítico*. Buenos Aires, Ed. Americana, 1943, t. XII.
Freud, S.: *Los instintos y sus destinos*. Buenos Aires, Ed. Americana, 1943, t. IX.
Freud, S.: *Psicologia de la vida erótica. Generalidades sobre el ataque histérico. Concepto psicoanalítico de las perturbaciones psicógenas de la visión*. Obras completas, tomo XIII.
Freud, S.: *La represión*. Buenos Aires, Ed. Americana, 1943, t. IX.
Freud, S.: *Lo inconsciente*. Buenos Aires, Ed. Americana, 1943, t. IX.
Freud, S.: *Algunos tipos caracterológicos revelados por el psicoanálisis*. Buenos Aires, Ed. Americana, 1943, t. XVIII.

Freud, S.: *Sobre las trasmutaciones de los instintos y en especial del erotismo anal*. Buenos Aires, Ed. Americana, 1943, t. XIII.

Freud, S.: *Las neuropsicosis de defensa*. Buenos Aires, Ed. Americana, 1943, t. XI.

Freud, S.: *La herencia y la etiología de las neurosis*. Buenos Aires, Ed. Americana, 1943, t. XIII.

Freud, S.: *Psicopatología de la vida cotidiana*. Buenos Aires, Ed. Americana, 1943, t. I.

Freud, S.: *Una teoria sexual*. Buenos Aires, Ed. Americana, 1943, t. II.

Freud, S.: *La ilustración sexual del niño*. Buenos Aires, Ed. Americana, 1943, t. XIII.

Freud, S.: *Teorias sexuales infantiles*. Buenos Aires, Ed. Americana, 1943, t. XIII.

Freud, S.: *El caracter y el erotismo anal*. Buenos Aires, Ed. Americana, 1943, t. XIII.

Freud, S.: *Análisis de la fobia de un niño de cinco años*. Buenos Aires, Ed. Americana, 1943, t. XV.

Freud, S.: *El psicoanálisis "Silvestre"*. Buenos Aires, Ed. Americana, 1943, t. XIV.

Freud, S.: *Concepto psicoanalítico de las perturbaciones psicógenas de la visión*. Buenos Aires, Ed. Americana, 1943, t. XIII.

Freud, S.: *Aportaciones a la psicologia de la vida erótica*. Buenos Aires, Ed. Americana, 1943, t. XIII.

Freud, S.: *Los dos princípios del suceder psíquico*. Buenos Aires, Ed. Americana, 1943, t. XIV.

Freud, S.: *Totem y tabú*. Madri, Alianza, 1968, t. XIV.

Freud, S.: *La disposición a la neurosis obsesiva*. Buenos Aires, Ed. Americana, 1943, t. VIII.

Freud, S.: *Más allá del principio del placer*. Buenos Aires, Ed. Americana, 1943, t. II.

Freud, S.: *Apêndice al análisis de la fobia de un niño de cinco años*. Buenos Aires, Ed. Americana, 1943, t. XV.

Freud, S.: *El yo y el ello*. Buenos Aires, Ed. Americana, 1943, t. IX.

Freud, S.: *El psicoanálisis y la teoría de la libido*. Buenos Aires, Ed. Americana, 1943, t. XVII.

Freud, S.: *La organización genital infantil*. Buenos Aires, Ed. Americana, 1943, t. XIII.

Freud, S.: *Neurosis y psicosis*. Buenos Aires, Ed. Americana, 1943, t. XIV.

Freud, S.: *El final del complejo de Édipo*. Buenos Aires, Ed. Americana, 1943, t. XIV.

Freud, S.: *La pérdida de la realidad en la neurosis y la psicosis*. Buenos Aires, Ed. Americana, 1943, t. XIV.

Freud, S.: *Ensayo autobiográfico*. Buenos Aires, Ed. Americana, 1943, t. IX.

Freud, S.: *Esquema del psicoanálisis*. Buenos Aires, Paidós, 1966.

Freud, S.: *Las resistencias contra el psicoanálisis*. Buenos Aires, Ed. Americana, 1943, t. XIX.

Freud, S.: *Inibición, sintoma y angustia*. Buenos Aires, Ed. Americana, 1943, t. XI.
Friedlander, K.: *Psicoanálisis de la delincuencia juvenil*. Buenos Aires, Paidós, 1950.
Fromm, E.: *Ética y psicoanálisis*. México, Fondo Cultura Econômica, 1953.
Funkenstein, D., Greemblatt, M. e Salomón, H.: *Autonomic Changes Paralelling Psychologie Chances in Mentaly Ill Patients*. J. Nerv. and Ment., dic. 1951, 114, 1-18.
Funkenstein, D.: *Fisiología del temor y la angustia*. Scientific American, 1955.
Garma, A.: *Psicoanálisis de los sueños*. Buenos Aires, Paidós, 1968.
Garma, A.: *Sadismo y masoquismo en la conducta*. Buenos Aires, A. Psico. Arg., 1943.
Gavrilov, K.: *El problema de las neurosis en el domínio de la reflexología*. Buenos Aires, Vásquez, 1949.
Graham, D.: *Cutaneus Vascular Reactions in Raynaud's Disease and in States of Hostility, Anxiety, and Depression*. Psychosom. med., 1955, 17, 200-7.
Grande Alurralde, Milano, Paz, Polito, Tallaferro: *El Test de Funkenstein en medicina psicosomática*. Buenos Aires, Primer Congresso Nacional de Psiquiatría, 1956.
Greenacre, Ph.: *The Biologic Economy of Birth*. Psq. Study of Children, 1, 1945.
Grimberg, L.: *Psicoanálisis de una melancolía ansiosa*. Rev. Psicoanál. Arg., t. IX, nº 1, 1952.
Hendrick, I.: *Hechos y teorias del psicoanálisis*. Buenos Aires, Sudamericana, 1950.
Hinsie, L.: *Conceptos y problemas de psicoterapía*. Buenos Aires, Kraft, 1943.
Horney, K.: *La personalidad neurótica de nuestro tiempo*. Buenos Aires, Paidós, 1963.
Ingenieros, J.: *Histería y sugestión*. Buenos Aires, Ed. Spinelli, 1904.
Jacobson, E.: *You Must Relax*. Whittlesey House, 1945.
Jaspers, K.: *Psicopatología general*. Buenos Aires, Beta, 1950.
Jelliffe, S. E.: "Psicoanálisis y Medicina Interna", in *El psicoanálisis de hoy*. Buenos Aires, Paidós, 1952.
Jones, E.: *Papers on Psychoanalysis*. Baltimore, Williams e Williams, 1948.
Kaech, R.: *El Histerismo en la Antigüedad*.
Kaech, R.: *El Histerismo en la Edad Media*.
Kaech, R.: *El Histerismo desde Lepais hasta Charcot*.
Kaech, R.: *El Histerismo desde Charcot*.
Kempf, E.: *The Integrative Function of the Nervous System Applied to some Reactions and the Attending Psychic Function*, 1954.
Kempf, E.: *Postural Tension for Normal and Abnormal Human Behavior and their Significances*, 1931.
Kestemberg, L.: *Notes on Ego Development*. Int. J. of Psychoanal., vol. XXXIV, II, 1958.
Klein, M.: *Desarrollos en Psicoanálisis*. Buenos Aires, Hormé, 1962.

Klein, M.: *Nuevas direcciones en psicoanálisis*. Buenos Aires, Paidós, 1965.
Klein, M., Rivière, J.: *Las emociones básicas del hombre*. Buenos Aires, Nova, 1960.
Knight, R.: *Introyección, proyección e identificación*. Psych. Quart., 1938, IX, 3.
Kobrack: *Arch. f. Hals, Nase und Ohren*. Heildkunde, ano 29, n. 8, 1950.
Koranchevsky, V. y Hall: *The Bisexual and Cooperative Properties of Sex Hormones*. J. Path. Bact., 45.681.
Kubie, L.: *Psicoanálisis*. Buenos Aires, Nova, 1951.
Lace et al.: *Conditionel Autonomic Responses in Anxiety*. Psychosom. Med., XVIII, 3.1955.
Laforgue, R.: *Psychopathologie de l'echec*. Paris, Payot, 1950.
Lagache, D.: *La Psychanalyse*. Presses Universitaires.
Langer, M.: *Maternidad y sexo*. Buenos Aires, Paidós, 1964.
Levine, M.: *Psicoterapía en la práctica médica*. Buenos Aires, El Ateneo, 1951.
Levy Bruhl, L.: *La Mentalidad Primitiva*. Buenos Aires, Lautaro, 1945.
Loosli-Usteri, M.: *La ansiedad en la infancia*. Madri, Morata, 1950.
López Ibor, J. J.: *La angustia vital*. Madri, Paz Montalvo, 1950.
Malinowski, B.: *Estúdios de psicologia primitiva*. Buenos Aires, Paidós, 1949.
Mayer Gross: *Psiquiatría Clínica*. Buenos Aires, Paidós, 1958.
Medina, A. M.: *La influencia de la electricidad atmosférica sobre la salud humana*. El Dia Médico, 1956.
Menninger, K.: *Psychiatry in a Troubled World*. Nova York, MacMillan, 1948.
Menninger, K.: *El trabajo como sublimación de las tendéncias agresivas*. Rev. Psico. Arg., 1943, I, 2.
Menninger, K.: *Amor contra Ódio*. Buenos Aires, Nova, 1951.
Migeron, C. J.: *J. Clin. Endor and Metab*. 1953, XIII.
Mosovich, A. e Tallaferro, A.: *Studies of E. E. G. and Sex Function Orgasm*. J. Dis. of New Sist., 1954, XV, 7.
Müller, L. R.: *Sistema nervioso vegetativo*. Madri, Labor, 1937.
Müller, M.: *La mitología comparada*. Córdoba, Assandri, 1944.
Nunberg, H.: *Teoría general de las neurosis*. Barcelona, Ed. Pubul, 1937.
Otaola, J. R.: *El análisis de los sueños*. Barcelona, Argos, 1954.
Parral, J.: *Freud*. Buenos Aires, Nova, 1946.
Pelin, L. e Bertoyes, L.: *Les enfants qui vomissent*. Paris, Bibli. de Pat. Inf., 1931.
Petersen, W. F.: *Man, Weather, Sun*. Illinois, C. C. Thomas, 1947.
Petö, L.: *Infant and Mother*. Int. J. of Psychoanal., vol. XXX, parte IV, 1949.
Pichon Rivière, E.: *Exposición sucinta de la Teoría Especial de las Neurosis y Psicosis*. Index de Neuro y Psiq., 1946, 6-1.
Portmann, A.: *Particularidad e importancia del cuidado de la cria humana*. Actas C.I.B.A., dic, 1952.
Raphael, C.: *Orgone Treatment during Labor*. Orgone Energy Bulletin, 1951, vol. III, n. 2.

Rascovsky, A.: *Consideraciones psicosomáticas sobre evolución sexual.* Buenos Aires, Revista de Psicoanálisis, 1953, ano I.
Rascovsky, A.: *El psiquismo fetal.* Buenos Aires, Paidós, 1960.
Reca, T.: *Personalidad y conducta del niño.* Buenos Aires, El Ateneo, 1952.
Reich, W.: *Análisis del caráter.* Buenos Aires, Paidós, 1965, 2. ed.
Reich, W.: *La función del orgasmo.* Buenos Aires, Paidós, 1962, 2. ed.
Reich, W.: *Armoring in a Newborn Infant.* Orgone Energy Bulletin, vol. III, n. 8, 1951.
Reich, W.: *Early Identifications as Archaic Elements in the Super-Ego.* J. Ama. Psa. Ass., 1954, 11,2.
Reich, W.: *The Cancer Bipathy.* Nova York, Ed. Orgone Energy Bulletin, 1950, 2-1.
Reich, W.: *Orgonomic Functionalism.* Orgone Energy Bulletin, 1950, 2-1.
Ribble, M.: *Los derechos del niño.* Buenos Aires, Nova, 1954.
Robles Gorriti, A. M.; Medina, A. M.; Mibasham, A. S.: *La ionoterapía.* Buenos Aires, Sem. Med., 1955, 106-28.
Rof Carballo, J.: *Patología psicosomática.* Madri, Paz Montalvo, 1950.
Rof Carballo, J.: *El hombre a prueba.* Madri, Paz Montalvo, 1949.
Rosenberg, E.: *Anxiety and the Capacity to Bear it.* Int. J. Psycho. Anal., 1949, XXX, 1.
Salerno, E.: *Ginecología psicosomática.* Buenos Aires, Ed. l, Escuela Privada Psiquiátrica Social, 1964.
Salerno, E.: *Patogénesis psicosomática de la congestión pelviana.* Buenos Aires, El Dia Médico, 1946, XVIII, Nt 26.
Schilder, P.: *Imagen y apariencia del cuerpo humano.* Buenos Aires, Paidós, 1958.
Schneider, K.: *Las personalidades psicopáticas.* Madri, Morata, 1948.
Sterba, R.: *Introducción de la teoría psicoanalítica de la libido.* Buenos Aires, P. Psico. Arg., 1946.
Stern, W.: *Psicología general.* Buenos Aires, Paidós, 1962.
Super, D.: *Psicología de la vida professional.* Barcelona, Rialp, 1962.
Tallaferro, A.: *Mescalina y L.S.D.* Buenos Aires, Ed. Jurídica, 1956.
Testut-Latarjet: *Anatomía Humana.*
Vallejos Nájera, A.: *Tratado de Psiquiatría.* Barcelona, Salvat, 1954.
Waring, A. J.; Smith, M. D.: JAMA, 1944; 126 (citado en Boletín Lederle, 1953, IV).
Weininger, O.: *Sexo y carácter.* Buenos Aires, Losada, 1945.
Weiss, E. e Spurgeon English, O.: *Psychosomatic Medicine.* Filadélfia, Saunders, 1943.
Wolfe, T.: *Psychosomatic Identity and Antithesis.* International Journal of Sex Economy and Orgone Research, vol. I, 1942.
Wolff: *Headache.* Oxford University Press, 1948.
Zilboorg, G.: *Anxiety Without Affect.* Psycho-anal. Quat., 1933.
Zweig, S.: *La curación por el espírita.* Buenos Aires, Anaconda, 1941.